Algunas cauciones lindantes con la fianza: fiador «real», mandato de crédito, cartas de patrocinio, garantías por anticipos en la compraventa de viviendas en construcción

ALGUNAS CAUCIONES LINDANTES CON LA FIANZA: FIADOR «REAL», MANDATO DE CRÉDITO, CARTAS DE PATROCINIO, GARANTÍAS POR ANTICIPOS EN LA COMPRAVENTA DE VIVIENDAS EN CONSTRUCCIÓN

Gorka Galicia Aizpurua
(Coordinador)

Autoras:
Sandra Castellanos Cámara
Laura Sancho Martínez
Irantzu Beriain Flores

Colección: Atelier Civil

Director
Joan Egea Fernández
(Catedrático de Derecho civil de la UPF)

Esta publicación se ha realizado en el marco del Proyecto de I+D+i 2020-119816GB-I00 «*Las garantías personales en el ordenamiento civil español: claroscuros sustantivos y concursales*» financiado por MCIN/AEI /10.13039/501100011033 y del Grupo de Investigación Consolidado del Sistema Universitario Vasco GIC IT-1445-22 «Persona, familia y patrimonio».

Este libro ha sido sometido a un riguroso proceso de revisión por pares

I.S.B.N.: 978-84-10174-97-9
Depósito legal: B 18580-2024

Diseño y composición: Addenda, Pau Claris 92, 08010 Barcelona
                    www.addenda.es
Impresión: Podiprint

ÍNDICE

PRESENTACIÓN

Todo derecho de crédito tiene una característica congénita, que no es otra que la de su honda inconsistencia: la posición del acreedor es intrínsecamente débil por razón de la naturaleza meramente personal de la relación obligatoria. En efecto, ante un eventual incumplimiento del deudor, surge la necesidad de asegurar, a través de diversos mecanismos jurídicos, la satisfacción del interés de aquel. Según se sabe, el ordenamiento predispone, a tal fin, la posibilidad de ejecución coactiva sobre todos los bienes (presentes y futuros) del sujeto pasivo de la relación obligatoria (art. 1911 CC). Sin embargo, al objeto de prevenir el riesgo de que, al momento de esa ejecución patrimonial, el acreedor actúe sobre un haber insuficiente o incluso inexistente, es recomendable —y aun, en el caso de los acreedores profesionales, ineludible— que, antes de su vencimiento, la obligación obtenga algún otro tipo de refuerzo sobre el que aquel pueda operar, a ser posible con una mayor agilidad procedimental y con un menor coste económico. Pues bien, como es también sabido, a esta seguridad se llega especialmente por medio de dos vías: en primer lugar, atribuyendo al titular de la posición acreedora un poder especial, directo e inmediato sobre un bien concreto del propio deudor o de un tercero, es decir, una garantía real; y, en segundo lugar, creando, en favor del propio acreedor y a cargo de una tercera persona, una nueva obligación idéntica o, al menos, semejante, a la que tiene constituida o prevé constituir con el deudor, de modo que, gracias a esta segunda obligación, queden vinculados dos patrimonios en orden a la satisfacción del interés del titular del crédito: el del principal obligado, por un lado, y el del tercero, por otro. Ahora, comoquiera que por medio de este último mecanismo no se genera un poder directo sobre bienes específicos, sino que se obtiene «solo» la afección genérica de los elementos patrimoniales presentes y futuros del deudor «suplente», dicho refuerzo se identifica como una garantía «personal».

El Derecho común de las garantías personales viene constituido por el régimen que, para la fianza, establecen los artículos 1822 a 1856 el Código Civil. Existen, sin embargo, otras formas de caución muy próximas a ella que, al tener una configuración jurídica diversa, son de tratamiento oscuro y aun (doctrinal y jurisprudencialmente) controvertido, sea porque no hay acuerdo en torno a si comportan o no una auténtica obligación fideusoria, sea porque no hay consenso en cuanto a la posibilidad de aplicarles analógicamente el susodicho régimen. Me refiero a instrumentos tales como la asunción cumulativa de deuda ajena, la garantía a primer requerimiento, el mandato de crédito, las cartas de patrocinio o el seguro de caución. Pero a esta relación cabría añadir, asimismo, la garantía real prestada por tercero en aseguramiento de una deuda ajena: la jurisprudencia afirma que todo fiador contrae una obligación y es, por tanto, deudor, bien que sujeto (si no es solidario) a la *conditio iuris* del impago; en cambio, estima que el hipotecante (o pignorante) ajeno a la deuda no es deudor y, por consiguiente, no puede ser considerado garante análogo al fiador, de modo que no le es aplicable la normativa que el Código contiene en materia de fianza. Sin embargo, y aun reconociendo su distinta naturaleza jurídica, la mayor parte de nuestra doctrina sostiene la conclusión contraria con base en la identidad funcional de ambos supuestos: aunque el fiador deba y responda ilimitadamente con todo su patrimonio y el garante real por deuda ajena no deba y responda limitadamente (pues solo lo hace con el bien gravado), se concluye que en las dos hipótesis se persigue satisfacer la misma finalidad y que, entre fianza e hipoteca o prenda dadas por tercero, solo existe en puridad una diferencia de medida, de técnica garantística o de eficacia; pero nada más. De ahí que se hable de la existencia de una fianza «real» junto a la estrictamente personal que contempla el Código Civil.

La presente obra colectiva recoge tres excelentes estudios realizados en el seno del Proyecto I+D+i 2020-119816GB-I00 *«Las garantías personales en el ordenamiento civil español: claroscuros sustantivos y concursales»* que abordan algunas de aquellas figuras y así, más concretamente, la fianza «real», el mandato de crédito, las cartas de patrocinio y el seguro de caución, si bien, en este último caso, dentro de un marco más amplio y de gran transcendencia práctica, como es el de las garantías que el promotor está obligado a prestar para asegurar la devolución de las cantidades anticipadas a cuenta del precio en la venta de viviendas en construcción (disposición adicional primera de la Ley 38/1999, de 5 de noviembre, de Ordenación de la Edificación). Desde esta perspectiva, la obra viene a ser complemento científico de otras valiosas aportaciones confeccionadas igualmente en el seno de dicho proyecto, en las que encuentra su base y de las que constituye desarrollo. Aludo a aportaciones relativas tanto a la fianza en general [Gorka GALICIA AIZPURUA, «El derecho de regreso del fiador *solvens*: régimen sustantivo y clasificación concursal», *Anuario de Derecho Civil*, nº 1, 2023, pp. 7-74; Mikel M. KARRERA EGIALDE, «La fianza general (global)», *Revista Crítica de Derecho Inmobiliario*, nº 797, mayo-junio 2023, pp. 1339-1391; Leire IMAZ ZUBIAUR, *Fianza: accesoriedad, subsidiariedad y solidaridad*, Atelier, Barcelona, 2024; Sandra CASTELLANOS CÁMARA y Laura SANCHO MARTÍNEZ, «Fianza civil y mercantil», en *Tratado de contratos*, dir. R. Bercovitz, t. IV, 4ª ed., 2024, pp. 5085-5184) como a otras de espectro más acotado, referidas a las otras garantías «singulares» mencionadas (Sandra CASTELLANOS CÁMARA, «La asunción cumulativa de deuda: naturaleza y régimen», *Cuadernos de Derecho Privado*, nº 4, 2022, pp. 7-52; Clara I. ASUA

GONZÁLEZ, «La visión jurisprudencial de la garantía a primer requerimiento», *Cuadernos de Derecho Privado*, nº 7, 2023, pp. 10-44).

Gorka Galicia Aizpurua
Catedrático de Derecho civil
Universidad del País Vasco/Euskal Herriko Unibertsitatea

Investigador Principal del Proyecto de I+D+i 2020-119816GB-I00 *«Las garantías personales en el ordenamiento civil español: claroscuros sustantivos y concursales»* financiado por MCIN/AEI /10.13039/501100011033 y del Grupo de Investigación Consolidado del Sistema Universitario Vasco GIC IT-1445-22 «Persona, familia y patrimonio»

Hipotecante por deuda ajena o «fiador» real: repensando los límites de la fianza[1]

Sandra Castellanos Cámara
Profesora Ayudante Doctora de Derecho Civil
Universidad del País Vasco/Euskal Herriko Unibertsitatea (UPV/EHU)

I. APROXIMACIÓN A LA FIGURA DE LA HIPOTECA POR DEUDA AJENA

Es un recurso cada vez más frecuente en la economía moderna el de adicionar a la responsabilidad por débito propio la de un tercero ajeno a la deuda, con el fin de otorgar mayor seguridad y certeza al acreedor frente a la principal limitación que presenta el principio de la responsabilidad patrimonial universal: que el patrimonio del deudor resulte insuficiente para hacer frente a las obligaciones contraídas,

---

1. Este trabajo es parte del Proyecto de I+D+i 2020-119816GB-I00 «Las garantías personales en el ordenamiento civil español: claroscuros sustantivos y concursales» financiado por MCIN/AEI /10.13039/501100011033 y del Grupo de Investigación Consolidado del Sistema Universitario Vasco GIC IT-1445-22 (Gobierno Vasco) sobre «Persona, familia y patrimonio», de los que es IP el Dr. GALICIA AIZPURUA. Además, es resultado de una estancia de investigación realizada en el seno del Departamento de Derecho Civil de la Universidad de Valencia y en la Cátedra de Derecho Inmobiliario Registral «Bienvenido Oliver».

bien porque así lo fuera desde un inicio bien porque, haciendo uso de su libertad de enajenación (y pese a las acciones subrogatoria y revocatoria) haya transmitido los bienes concretos que lo integraban y que, al pasar a manos de un tercero, escapan del poder de agresión del acreedor.

Entre los distintos mecanismos que permiten conjurar dicho riesgo y reforzar la seguridad del acreedor en el cobro de su derecho de crédito está, de un lado, la posible incorporación del patrimonio de otra persona que se obliga a cumplir en el lugar del deudor (fianza) y, de otro, simultánea o alternativamente, la sujeción de un bien concreto a la satisfacción de la obligación, que seguirá afecto pese a que se produzca un cambio de titular (hipoteca). De la reunión de ambas nace la garantía real por deuda ajena[2], una «mezcla» de garantía real y personal que presenta singulares ventajas: desde la perspectiva del acreedor, le otorga una garantía más reducida pero también más robusta que la fianza, pues, aunque solo puede dirigirse contra el bien gravado y no contra el entero patrimonio del garante, participa de la reipersecutoriedad y preferencia de la hipoteca; mientras que al hipotecante le permite limitar su nivel de riesgo al bien dado en garantía y dejar a resguardo el resto de su patrimonio[3].

El art. 1857 *in fine* CC, en el capítulo consagrado a las disposiciones comunes a la prenda e hipoteca, establece que «*[l]as terceras personas extrañas a la obligación principal pueden asegurar ésta pignorando o hipotecando sus propios bienes*», de donde viene admitiéndose unánimemente que puede constituirse en hipotecante, no solo el deudor de la obligación principal que es objeto de garantía, sino también quien ninguna posición ocupa dentro de dicha relación obligatoria, esto es, cualquier tercero que interceda en condición de mero garante. Admitido como está el pago por tercero (art. 1158 y 1159 CC), ha de admitirse también que cualquier tercero vincule sus bienes al cumplimiento de una obligación ajena[4]. Sin embargo, más allá de dicha expresa mención, no se regula en nuestro Derecho positivo (a diferencia de lo que sucede en otros ordenamientos extranjeros[5]) el régimen jurídico aplicable a dicho sujeto como consecuencia de su intercesión, tanto en la relación acreedor-garante como por lo que hace a los efectos reflejos que de ella pueden desencadenarse para el deudor o para otros cogarantes.

La ausencia de previsión específica y su similitud con otras figuras lleva a cuestionar la aplicabilidad de esas otras normas directa o analógicamente. Entre ellas sobresale la fianza, con la que comparte su carácter ajeno, al ser un tercero quien garantiza el cumplimiento frente al acreedor. Por ello, y en la medida en que ambas desempeñan una misma función de garantía, se ha generalizado para la hipoteca por deuda ajena, por contraposición a la fianza personal, la denominación de «fian-

---

2. MORENO QUESADA, L., *Las garantías reales y su constitución por tercero*, Servicio de Publicaciones Universidad de Granada, 1887, p. 8.

3. BELUCHE RINCÓN, I., *El fiador hipotecario*, Tirant lo Blanch, Valencia, 2002, pp. 14-15.

4. CASTÁN TOBEÑAS, J., *Derecho civil español, común y foral*, T. II: *Derecho de cosas*, V. 2º: *Los derechos reales restringidos*, Reus, Madrid, 1994, p. 519.

5. Así, p. ej., el *Codice civile* (arts. 2868 a 2871), el BGB (§§ 1137 y 1143) o el Código Civil portugués (Artigo 717.º).

za real». Ahora bien, ninguna duda cabe de las notables diferencias que median entre uno y otro garante: el fiador (personal) responde con todo su patrimonio pero no confiere ninguna preferencia crediticia al acreedor (que concurrirá en igualdad de condiciones con los restantes acreedores personales del fiador), mientras que el hipotecante por deuda ajena responde únicamente con el bien gravado y hasta el límite del dinero eventualmente obtenido al realizar la hipoteca (STS 6.10.1995), pero frente a ese bien el acreedor puede dirigirse directa y preferentemente.

De ahí que sea discutido en la doctrina si sus semejanzas permiten aplicar a la hipoteca por deuda ajena el régimen jurídico del negocio fideiusorio o si, por el contrario, media entre ambas una distancia insalvable que debe conducir a negar a este garante la condición de fiador. Claro está, la decisión vendrá determinada, más allá del puro dato gramatical que en ocasiones se emplea para apoyar la tesis de la «fianza hipotecaria» (cfr. arts. 192 LH y 268 RH), por el contenido más o menos amplio, más o menos rígido, con que se conceptúe la fianza y, por supuesto, con el resultado que arroje la eventual compatibilidad de las reglas de esta caución personal con las propias de las garantías reales y, singularmente, de la hipoteca.

Lejos de toda duda se ha posicionado la jurisprudencia, que desde tiempo atrás viene sosteniendo que el hipotecante por deuda ajena no puede asimilarse al fiador porque, a diferencia de este, que responde de una obligación propia (la fideiusoria)[6], el hipotecante en modo alguno se convierte en deudor y tan solo enajena el poder de realización de la cosa hipotecada. Su responsabilidad se agota (y extingue), así, con la realización del bien dado en garantía, e incluso con su pérdida o destrucción, siempre que no medie culpa, pues no cabría exigirle otra hipoteca o cautela.

Concluye entonces el Tribunal Supremo que no procede la aplicación analógica de las normas que regulan la garantía personal por excelencia, *«porque no hay semejanza de supuestos, ni identidad de razón, como exige el apartado 1 del art. 4 del Código Civil, tratándose de dos garantías del crédito, una personal y otra real, de distinta naturaleza y efectos»* (STS 3.11.2004). Así, ha excluido para el hipotecante por deuda ajena, p. ej., la exigencia de notificación con carácter previo al juicio sumario hipotecario que preveía el art. 1435 de la LECiv de 1881 (STS 9.3.2001), el recurso a las acciones de relevación y cobertura del art. 1843 CC (STS 6.10.1995) o la exigibilidad de la extinción de la garantía como consecuencia de la prórroga del plazo de vigencia de la deuda garantizada no consentida por el garante (STS 3.11.2004), así como también el derecho al reembolso y subrogación en aplicación de los arts. 1838 y 1839 CC —aunque, tras la negativa inicial (STS

---

6. En efecto, y pese a la vieja pretensión doctrinal que, con base en la literalidad del art. 1822 CC, presentaba al fiador como un simple responsable suplente o, dicho de otro modo, como alguien que respondía sin deber, la doctrina (vid., por todos, DÍEZ-PICAZO, L., *Fundamentos del Derecho Civil Patrimonial*, T. II: *Las relaciones obligatorias*, Thomson Civitas, Cizur Menor, 2008, p. 482) coincide hoy en apuntar que no nos hallamos ante un supuesto de responsabilidad sin deuda; al contrario, no hay disociación entre el débito y la responsabilidad porque, ciertamente, el fiador *«por la fianza se obliga»* (art. 1822 CC) y, por consiguiente, responde de una obligación propia, la obligación fideiusoria, que es dependiente pero distinta de la obligación garantizada y que no tiene por qué coincidir necesariamente con ella (*cfr.* art. 1826 CC).

23.3.2000), se permita hoy sobre la base del 1210.3° CC (SSTS 3.2.2009 y 15.12.2014)— o, en fin, el derecho de liberación frente al acreedor al amparo del art. 1852 CC (STS 3.2.2009).

Con todo, conviene subrayar lo que *obiter dictum* ha venido finalmente a reconocer el Alto Tribunal y es que «*no cabe excluir la aplicación de ciertas reglas de la fianza al hipotecante por deuda ajena, sobre todo por la deficiencia normativa de la figura (art. 1.857 CC)*», pues «*las diferentes condiciones jurídicas de «responsable no deudor», de uno, y de «deudor y responsable», del otro, no parecen suficientes para justificar la exclusión*» (STS 3.2.2009); al contrario, «*las características comunes de la hipoteca o la prenda a favor de tercero y de la fianza justifican que en ocasiones se haya denominado «fiador real» a quien constituye una garantía real sobre un bien propio a favor de una deuda ajena (…), o que se haya dado un tratamiento común a la fianza y a la prenda o la hipoteca constituida a favor de tercero en ámbitos tales como el de las acciones de reintegración concursales*» (STS 30.12.2015). Pues, en efecto, en el ámbito del concurso se ha admitido finalmente la equiparación entre fiador e hipotecante no deudor (SSTS 20 y 27.7.2021).

En otro orden de cosas, el hipotecante por deuda ajena ha venido a equipararse con el tercer poseedor, quien, como adquirente de un bien hipotecado, también es ajeno a la deuda o tercero en la relación jurídica subyacente, pero responde con el bien gravado. Esta circunstancia, coincidente en ambas figuras, implica que los dos se liberan de responsabilidad si transmiten la propiedad del bien gravado[7]. Además, a ambos puede oponerse durante la fase de seguridad de la hipoteca la acción de devastación que *ex* art. 117 LH se dirige frente al «dueño» o «propietario», e igualmente ambos han de ser requeridos en fase de ejecución (arts. 685.1° y 686.1° LEC y, en relación con ellos, art. 683 LEC). Sin embargo, es cuando menos cuestionable que el hipotecante por deuda ajena sea, como el tercer poseedor, verdadero «tercero», en el sentido de extraño a la deuda, cuando de hecho interviene en el negocio jurídico constitutivo de la hipoteca contrayendo una obligación de garantía frente al acreedor. En cambio, el nuevo adquirente de la propiedad gravada no está llamado a cumplir ninguna función de garantía y, precisamente por ello, dispone de mecanismos para evitar el riesgo que implica la adquisición de un bien hipotecado (cfr. art. 118.2 LH). Por consiguiente, y en la medida en que el trato de favor que se dispensa al tercer poseedor atiende a un fundamento que no puede localizarse en la hipoteca por deuda ajena, a saber, el de no entorpecer el tráfico jurídico inmobiliario ni la mejora de los bienes gravados[8], no se entienden aplicables al hipotecante los beneficios que la ley articula para el tercer poseedor[9], tanto en el ámbito de la extensión objetiva de la hipoteca (arts. 112 y 113 LH) como en la limitación de los intereses de que responde la finca (arts. 114 y 115 LH)[10], o, en fin,

---

7. MORENO QUESADA, *Las garantías…*, cit., p. 90.

8. DÍEZ GARCÍA, H., *El tercer poseedor de finca hipotecada*, Aranzadi, Pamplona, 1998, p. 118.

9. BELUCHE RINCÓN, *El fiador…*, cit., pp. 25-30; CARPI MARTÍN, R., *La hipoteca en garantía de deuda ajena*, Centro de Estudios Registrales, Madrid, 2002, p. 92.

10. ROCA SASTRE, R.M., ROCA-SASTRE MUNCUNILL, L., BERNÀ I XIRGO, J., *Derecho Hipotecario*, t. VIII, Bosch, Barcelona, 2009, p. 224, lo defienden sobre la base de que las ventajas que representan

en cuanto a la facultad de desamparar el bien hipotecado (art. 126 LH) o a la prescripción de la acción que opera para el tercer poseedor por la falta de ejercicio de la acción hipotecaria. En definitiva, hipotecante no deudor y tercer poseedor ocupan una posición análoga, en la medida en que sus bienes están afectos al cumplimiento de una deuda ajena, pero, más allá de eso, son figuras distintas que requieren de un tratamiento jurídico diferenciado[11].

II. EL RÉGIMEN JURÍDICO APLICABLE AL HIPOTECANTE NO DEUDOR: SU BÚSQUEDA EN LAS REGLAS DE LA FIANZA

1. Previo: la aplicación analógica requiere ausencia de norma específica

En un intento por asimilar la fianza y la hipoteca por deuda ajena, que indudablemente son derechos de garantía, de naturaleza accesoria y subsidiaria respecto de la obligación principal[12], se ha defendido la aplicación por vía analógica de todas aquellas normas de la fianza que consagran dicho carácter accesorio; así, p. ej., se entiende aplicable al hipotecante no deudor el art. 1824.1° CC, en cuanto exige la presencia una obligación (principal) válida para la constitución de la garantía o el 1825 CC, que permite asegurar deudas futuras; el art. 1826 CC, en cuanto a la extensión en la que puede obligarse el garante («*a menos, pero no a más que el deudor principal*») o el art. 1827 CC, respecto a la necesidad de que se formalice de manera expresa; o, en fin, aquellas otras reglas que declaran la extinción de la garantía como consecuencia de la extinción de la obligación del deudor (art. 1847 CC)[13].

Sin embargo, debe recordarse que el recurso a la analogía solo es procedente en aquellas hipótesis en las que exista un vacío legal (art. 4.1 CC). Por ello, debemos descartar la aplicación de las reglas anteriores, considerando que estas cuestiones vienen disciplinadas de manera general para cualquier garantía (arts. 1212, 1528

---

los arts. 114 y 115 LH no son atribuibles al hipotecante para otro «*por la razón de que este no es tercero en relación a la hipoteca, sino parte o constituyente de ella*». Sostienen otra opinión respecto de la exigibilidad de la ampliación de la hipoteca que contempla el art. 115 LH, entre otros, MORENO QUESADA, *Las garantías...*, cit., pp. 130-133; CASTILLO MARTÍNEZ, C. C., *Responsabilidad personal y garantía hipotecaria*, Aranzadi, Pamplona, 1999, pp. 94-97; DÍEZ GARCÍA, H., «Efectos del pago efectuado por un hipotecante no deudor mediante la ejecución de la garantía hipotecaria. Comentario a la STS 3 de febrero de 2009 (RJ 2009, 1361)», *Aranzadi civil: revista quincenal*, núm. 3, 2009, p. 2711; y CARPI MARTÍN, *La hipoteca...*, cit., pp. 118-121, quien apela a la dicción literal de la norma, referida en exclusiva al «deudor», así como al hecho de que, siendo el hipotecante un tercero ajeno a la relación garantizada, y habiendo quedado los límites de la garantía prefijados conforme al principio de determinación, cualquier hecho acaecido en la relación acreedor-deudor que implique la existencia de intereses no cubiertos no es oponible a aquel ni puede ser obligado a cubrir dicho exceso.

11. ROCA SASTRE, ROCA-SASTRE MUNCUNILL, BERNÀ I XIRGO, *Derecho...*, cit., pp. 221-224.

12. Sin entrar en el debate existente en torno al significado y alcance de estas características; para ello, vid. IMAZ ZUBIAUR, L., *Fianza: accesoriedad, subsidiariedad y solidaridad*, Atelier, Barcelona, 2024, pp. 94-148.

13. BELUCHE RINCÓN, *El fiador...*, cit., p. 51.

CC) y específicamente en la regulación hipotecaria, de aplicación preferente al hipotecante no deudor dada su naturaleza de garantía real, con soluciones, por supuesto, en ocasiones coincidentes, sobre todo aquellas que se fundan en el principio *accesorium sequitur principale*[14]. En efecto, la hipoteca por deuda ajena solo podrá constituirse si media una obligación válida, presente o futura, por mandato de los arts. 1862 CC y 104, 105, 142, 153 y concordantes LH. Además, su constitución no solo ha de ser «expresa», sino que debe revestir una forma solemne, a saber, escritura pública e inscripción en el Registro de la Propiedad (arts. 1875 CC y 145 LH), especialmente la hipoteca por deuda ajena, que por definición siempre será voluntaria. En lo que hace a la extensión del gravamen habrá que atender, por lo demás, a las exigencias del principio de especialidad (arts. 9 y 12 LH, 51 RH), de modo que la obligación futura que sea objeto de garantía (arts. 142 y 143 LH) solo quedará garantizada en la medida en que haya quedado determinada en el Registro en cuanto a sus elementos básicos y esenciales (entre ellos, la cuantía máxima que es objeto de garantía)[15], lo que excluye, en los términos del art. 1825 CC y en el sentido señalado, que la hipoteca se preste por una obligación «*cuyo importe no sea aún conocido*», como también excluye que pueda plantearse el problema de que el garante se obligue «*a más que el deudor principal*» y deba reducirse su obligación «*a los límites de la del deudor*» (art. 1826 CC)[16]. Por imperativo del principio de especialidad o determinación hipotecaria se va a excluir asimismo la aplicación de las normas de la cofianza (arts. 1837 y 1844 y ss. CC), toda vez que para el hipotecante no deudor son de aplicación los arts. 119 a 121 LH sobre distribución de la responsabilidad hipotecaria. Y, por existir norma específica, también las propias del pago y subrogación, de las que son concreción, en materia de fianza, los arts. 1838 y 1839 CC.

---

14. CORDERO LOBATO, E., «Sentencia de 6 de octubre de 1995. Hipoteca en garantía de obligación ajena: inaplicación de las acciones de relevación y cobertura previstas para la fianza; efectos del pago frente a otros garantes», *Cuadernos Civitas de Jurisprudencia Civil*, núm. 40, 1996, p. 249; CARPI MARTÍN, *La hipoteca…*, cit., p. 137.

15. Además, la Dirección General viene sosteniendo desde antiguo una interpretación restrictiva de los arts. 142 y 143 LH, al exigir que la obligación futura sea precisada de forma inequívoca mediante la identificación de la «relación jurídica básica» en cuyo seno podrá nacer, que vincule ya el deudor y bien deje a la sola voluntad de una de las partes el nacimiento de la concreta obligación asegurada (como ocurre, p. ej., con la apertura de crédito o cualquier precontrato), bien implique deberes a cargo del eventual deudor cuya infracción dé lugar al nacimiento de tal obligación, en el marco de una relación jurídica de tráfico (p. ej., daños y perjuicios, intereses de demora, pena convencional o costas judiciales) o de una relación jurídica familiar o de otro tipo (p. ej., la hipoteca que se constituye en garantía de la obligación de indemnizar que puede surgir como consecuencia de la infracción de los deberes que comporte un determinado cargo). Doctrina que, pese a que en ocasiones ha sido criticada o cuestionado su verdadero fundamento, la Dirección General ha mantenido plenamente vigente para este tipo de hipoteca incluso tras la incorporación del vigente art. 153 bis LH a nuestro ordenamiento jurídico (vid. las RRDGRN 20.6.2012, 28.6.2012, 18.7.2012, 26.7.2012, 27.7.2012, 29.11.2012 y 2.3.2013).

16. CERDEIRA BRAVO DE MANSILLA, G., «El hipotecante no deudor: ¿Un «fiador real» cobijado por la analogía en el régimen de la fianza?», *Anuario de Derecho Civil*, núm. 59, 2006, pp. 1673, 1719 y 1727.

2. La conveniencia de aplicar las normas de la fianza para disciplinar algunos de los efectos de la hipoteca por deuda ajena

Dentro de la regulación que el Libro cuarto, Título XIV del Código Civil consagra a la fianza se distinguen aquellas previsiones relativas a la naturaleza y extensión de la misma, de las que vienen a regular propiamente los efectos del contrato (o relación) de fianza entre todos los sujetos que intervienen en ella. Sobre este último particular la normativa hipotecaria carece de regulación específica, por lo que sí procede preguntarse si cabe trasladar alguno de los remedios que el legislador proporciona al fiador a quien, en condición de hipotecante, viene a desempeñar la misma función de garantía.

A)   En las relaciones entre el acreedor y el hipotecante no deudor

En el ámbito de la relación que media entre el acreedor y el garante real, se plantea, por contraste con la regulación de la fianza, si el acreedor, que indudablemente ocupa una posición aventajada al poder agredir el patrimonio del hipotecante ante el incumplimiento del deudor principal, debe, con todo, observar alguna pauta concreta de comportamiento o, dicho con otras palabras, si el hipotecante no deudor puede hacer valer alguno de los beneficios (excusión o división) o excepciones que se reconocen al fiador y que limitarían su grado de vinculación.

a)   *La incompatibilidad de los beneficios de excusión y división con la hipoteca*

El beneficio de excusión o beneficio de orden es la facultad que se reconoce al fiador, llegado el incumplimiento de la obligación garantizada, para exigir que se proceda ejecutivamente contra los bienes del deudor principal antes de dirigirse contra los suyos (arts. 1830 y 1834 CC) —aunque por razones de economía procesal se permita al acreedor demandar a ambos conjuntamente[17]—. Esta facultad se justifica generalmente por razón del carácter subsidiario de la obligación fideiusoria: comoquiera que el fiador solo responde en el supuesto de que no cumpla, voluntaria o forzosamente, el deudor principal, el acreedor debe tratar de satisfacer su interés a costa de este antes de poder dirigirse frente al garante[18]. Con todo, es bien sabido que la excusión no procede siempre y en todo caso. De hecho, no lo hace en los cuatro supuestos que relaciona el art. 1831 CC: por un lado, en los casos en los que el fiador voluntariamente ha decidido declinar dicha facultad, sea mediante renuncia expresa sea mediante la asunción de una responsabilidad solidaria; por

---

17. SSTS 20.1.1999 y 20.2.2008.
18. GIL RODRÍGUEZ, J., KARRERA EGIALDE, M., DE MIGUEL HERNANDO, D., «El contrato de fianza», en *Contratos civiles, mercantiles, públicos, laborales e internacionales, con sus implicaciones tributarias*, T. IX: *Contratos de financiación y de garantía* (dir. M. Yzquierdo Tolsada), Thomson Reuters-Aranzadi, Cizur Menor, 2014, p. 317.

otro lado, en los supuestos de imposibilidad de cobro al deudor bien porque consta su estado de insolvencia bien porque no se le puede demandar ante los Tribunales, de modo que la excusión, aunque procedente, resultaría infructuosa, y, por tanto, solo propiciaría una dilación injustificada en la efectividad de los derechos del acreedor.

Atendido el amplio alcance de las excepciones enunciadas y su notable presencia en la realidad práctica, donde lo habitual es la renuncia al beneficio o la constitución de la fianza solidaria como cláusula de estilo incorporada en los contratos, lo cierto es que la operatividad del beneficio es más bien limitada y no constituye, en absoluto, la regla general, como podría sugerir el orden sistemático de los arts. 1830 y 1831 CC[19]. Fuera de los supuestos que enuncia el art. 1831 CC, el beneficio de orden también se excluye, por lo demás, en algunas hipótesis concretas y para ciertos fiadores; así ocurre, p. ej., en el ámbito de la fianza judicial (art. 1856 CC) o administrativa (art. 112 LCSP) y, conforme a la interpretación jurisprudencial, en el marco del afianzamiento mercantil[20].

Por ello sorprende que el Tribunal Supremo, cuando contrapone la fianza a la hipoteca por deuda ajena, emplee como argumento el de que este último *«carece del beneficio de orden y excusión»* (STS 6.10.1995), cuando lo cierto es que tampoco todo fiador goza del mismo (así, el solidario o el judicial) y no por ello procede negarles la condición de fiador ni se les puede apartar del resto de normas de la institución. No constituye un elemento esencial de la obligación fideiusoria y, por ello, su falta de concurrencia no debería impedir automáticamente la aplicación de las normas de la fianza[21].

Dicho esto, existe consenso, incluso entre quienes son partidarios de extender a la hipoteca por deuda ajena el régimen jurídico de la fianza, y a salvo alguna puntual excepción[22], sobre que no serían aplicables a él los preceptos que regulan el beneficio de excusión (así también la RDGRN 15.10.2014). La razón fundamental de la negativa, más allá de que hubiera sido una solución contraria a la legalmente sancionada hasta tiempos recientes en el art. 1447 LECiv de 1881, que establecía una preeminencia de la acción ejecutiva privilegiada, reside en la prioridad que confieren las garantías reales y singularmente la hipoteca, con la que, en palabras de la EM de la LH de 1861, *«no se aviene bien»* este beneficio, al destruir su principal ventaja, *«que es la seguridad de un próximo reintegro al vencimiento de la obligación garantizada»*; de ahí que *«la comisión no ha admitido los beneficios de*

---

19. CASTILLA BAREA, «Comentario…», cit., p. 12533.

20. Vid., por todas, la STS 26.5.2004, aunque la doctrina del Tribunal Supremo ha sido vacilante en este punto y parte de la doctrina sostiene, con sólidos argumentos, que los arts. 439 a 442 CCom no conducen a concluir que la fianza mercantil sea, por su propia naturaleza, naturalmente solidaria (vid. CARRASCO PERERA, Á., CORDERO LOBATO, E., MARÍN LÓPEZ, M. J., *Tratado de los Derechos de Garantía*, T. I, Thomson-Reuters Aranzadi, Cizur Menor, 2022, pp. 102-104.

21. BELUCHE RINCÓN, *El fiador…*, cit., pp. 41-42.

22. MORENO QUESADA, *Las garantías…*, cit., pp. 177-179, no ve otra razón para la exclusión de este beneficio que no sea la preferencia del acreedor y su comodidad, que se hace prevalecer sobre el interés del concedente de hipoteca, y defiende que, más allá de cuestiones de índole práctica, no hay motivos conceptuales que justifiquen esta opción.

órden y escusion en las deudas garantizadas con hipoteca, porque, cualesquiera que sean su importancia y su justicia respecto á los fiadores, cuestion ajena del todo a este proyecto, no puede satisfacer al que, por medio de la constitución de un derecho real, mira la cosa hipotecada como principal garantía de su crédito».

Sin embargo, se dice que la inaplicabilidad del art. 1830 CC no obsta para que: i) el acreedor pueda dirigirse primero contra el deudor, dentro de su libertad de elección, en un escenario de pluralidad procesal (*cfr.* art. 681.1 LEC)[23]; y, ii) pueda convenirse un determinado orden de persecución, como viene admitiéndose en algunos ordenamientos vecinos (así, p. ej., en el italiano, donde el art. 2868 del *Codice* prevé que *«chi ha costituito un'ipoteca a garanzia del debito altrui non può invocare il beneficio della preventiva escussione del debitore,* se il beneficio non è stato convenuto»*), de modo que el hipotecante por deuda ajena podría, siempre que estuviera previsto en el contrato, acogerse a tal beneficio de excusión, mediante un pacto que algunos autores entienden perfectamente admisible por ser favorable para el hipotecante[24].

No comparte la misma opinión CERDEIRA BRAVO DE MANSILLA, para quien el fundamento del beneficio de excusión se sitúa en la equidad: es un favor o privilegio, manifestación del más general *favor fideiussoris*, que la ley atribuye al fiador por su condición de tal, es decir, por cuanto debe y responde ilimitadamente, lo que le hace merecedor de esta gracia que la ley le concede. Su regulación excepcional, basada en la equidad del *favor fideiussoris*, impide la aplicación analógica al hipotecante no deudor (cfr. art. 4.2 CC), lo que, además, reputa antieconómico, cuando es práctica habitual que en el mismo contrato de fianza se renuncie a él[25].

La explicación anterior y la razón de que el beneficio se excluya para el hipotecante no deudor —a diferencia, p. ej., de la solución por la que apostaba el Proyecto de 1851: vid. art. 1812)—, no resulta del todo convincente: primero, porque el fiador, aunque efectivamente se convierte en deudor, también puede limitar su responsabilidad (art. 1826 CC: *«puede obligarse a menos, pero no a más que el deudor principal»*); y, segundo, porque el hipotecante no deudor, aunque no responda ilimitadamente, lo hace con un inmueble que bien puede representar su mayor activo patrimonial y, por qué no, constituir, en ocasiones, su vivienda; ¿acaso no merecería entonces el favor del legislador?

Sin embargo, hay una última razón que, conectando con lo que señalaba la EM de la LH de 1861, sí explicaría la diferencia de trato. Y es que, históricamente, el beneficio de excusión se concedía al tercer poseedor por las circunstancias concretas en que adquiría el bien inmueble, en una coyuntura en la que prevalecían las hipotecas generales y ocultas, que perfectamente podía ignorar el adquirente del bien. De hecho, si se demostraba que el tercer poseedor tenía o pudo haber tenido

---

23. Aunque esta no ha sido tampoco una cuestión enteramente pacífica en la doctrina; vid. al respecto el análisis que realiza CARPI MARTÍN, *La hipoteca...*, cit., pp. 150-157, y la conclusión que extrae, y que compartimos, sobre la libertad de elección de acción del acreedor hipotecario.

24. MORENO QUESADA, *Las garantías...*, cit., pp. 177-179; CARPI MARTÍN, *La hipoteca...*, cit., pp. 164-165; BELUCHE RINCÓN, *El fiador...*, cit., pp. 53-60.

25. «El hipotecante...», cit., pp. 1729 y ss.

conocimiento de la hipoteca (p. ej., si la venta se hizo iniciado el pleito ejecutivo, si se mencionaba su existencia en el contrato de compraventa o se hallaba registrada en la Contaduría de Hipotecas), entonces se le privaba de tal beneficio[26], lo que demuestra que era una forma de dispensarle protección frente a los defectos del sistema. Sin embargo, con la aprobación de la LH de 1861 se adopta un nuevo régimen basado en los principios de publicidad y especialidad, que hace decaer la necesidad de tal beneficio para el tercer poseedor y, desde luego, para quien voluntariamente accede a hipotecar un bien en garantía de una deuda ajena: estando inscrita ahora toda hipoteca en el Registro de la Propiedad, y siendo por tanto pública, es eficaz *erga omnes* y goza de preferencia y reipersecutoriedad. De modo que «*no hay, pues, ya lugar lógico necesario para la excusión en nuestro Derecho hipotecario*»[27], por lo que no cabe la aplicación analógica del art. 1830 CC ni debería admitirse la excusión negociada mediante un pacto (inusual, sin duda) que limite la eficacia de la hipoteca y la reduzca al punto de privarle de la principal ventaja que aporta y que es «de esencia» de este contrato: que «*[l]a hipoteca sujeta directa e inmediatamente los bienes sobre que se impone, cualquiera que sea su poseedor, al cumplimiento de la obligación para cuya seguridad fue constituida*» (arts. 1876 CC y 104 LH), de modo que «*vencida la obligación principal, puedan ser enajenadas las cosas en que consiste la prenda o hipoteca para pagar al acreedor*» (art. 1858 CC)[28]. Pacto, por tanto, difícilmente conciliable con las reglas de esta garantía real y de dudosa operatividad, en cuanto a la posibilidad de hacerlo valer en el procedimiento de ejecución hipotecaria, a la vista de las causas tasadas de oposición que regula la normativa procesal.

Por otro lado, es igualmente pacífico en la doctrina científica que ninguna de las reglas de la cofianza (arts. 1844, 1845 y 1850 CC) ni, desde luego, el beneficio de división previsto en el art. 1837 CC —y en virtud del cual el cofiador puede oponerse frente al acreedor que le reclame una cantidad superior a la parte de la deuda que le corresponda satisfacer—, es aplicable analógicamente al hipotecante por deuda ajena[29], por una elemental razón: son incompatibles con las reglas imperativas de la hipoteca que obligan, ante la pluralidad de gravámenes en garantía de un mismo crédito, a distribuir la responsabilidad entre las distintas fincas gravadas (arts. 119, 120 y 121 LH; y 216.I RH), de modo que el acreedor solo puede hacer efectivo su derecho por el importe de la porción de su crédito por la que cada una responda[30].

---

26. *Ibid.*, pp. 1746-1748.

27. *Ibid.*, p. 1751.

28. CARPI MARTÍN, *La hipoteca…*, cit., pp. 162-163, entiende, por ello, que no son solo razones de índole práctica —la celeridad y menor coste asociados a la ejecución— las que justifican la exclusión de este beneficio para el tercero hipotecante, sino también razones conceptuales, que conectan con la naturaleza de derecho real de la hipoteca.

29. BELUCHE RINCÓN, *El fiador…*, cit., p. 64; CORDERO LOBATO, «Sentencia…», cit., p. 250; CERDEIRA BRAVO DE MANSILLA, «El hipotecante…», cit., p. 1720.

30. CORDERO LOBATO, «Sentencia…», cit., p. 250.

Estas normas no son sino concreción del principio de especialidad o determinación hipotecaria, instaurado, junto con el de publicidad, con la LH de 1861 como eje del sistema en la necesaria huida de las hipotecas generales e indeterminadas que regían en nuestro Derecho histórico: la hipoteca no puede concebirse como pública si no es mediante la concreción de la finca gravada y la delimitación de la cantidad a la que se extiende la garantía hipotecaria. Y tal exigencia opera tanto si la garantía se limita a una sola finca registral como si se hipotecan varios inmuebles en garantía de un solo crédito, mediante la consiguiente distribución de la responsabilidad hipotecaria entre las diferentes fincas. Se trata, en definitiva, de preservar el que fuera motor de aquella reforma, el crédito territorial, evitando que el deudor vea minorado su crédito territorial más de lo que en realidad ha desmerecido su riqueza y la garantía que aún ofrecen los bienes inmuebles que posee, rebajadas las obligaciones y cargas a que se hallan afectos (EM de la LH de 1861).

En este sentido, fue especialmente reveladora la RDGRN 24.1.1916, que denegó la constitución de dos hipotecas sobre dos fincas en garantía de una única obligación, en las que pretendía condicionarse la efectividad de la segunda hipoteca a que con el importe obtenido de la realización de la primera no se alcanzase a cubrir la total responsabilidad pactada, es decir, ambas hipotecas estarían destinadas a asegurar una sola obligación principal que gravaba indistintamente los dos inmuebles hipotecados, con subordinación respecto al orden de ejecución. La Dirección General argumentó su negativa sobre la base del principio de especialidad, que se sustenta, conforme a los motivos que tuvo presentes la Comisión redactora de la LH 1861, primero, en la indeseada minoración del crédito territorial que produce la indeterminación o indivisión de las cantidades de las que responden una o varias fincas y, segundo, en la necesidad de poner obstáculos a las inmoderadas e inútiles exigencias de los prestamistas. Desde esta perspectiva, el Centro Directivo puso de manifiesto las evidentes dificultades que el deudor encontraría, de constituirse en esos términos la hipoteca, para concertar otros créditos y agotar la capacidad hipotecaria de las fincas. En efecto, el tercero que tomase alguna de ellas en garantía, lejos de saber con certeza las responsabilidades que sobre la misma se podrían hacer efectivas, tendría que subordinar su derecho al ejercicio que de sus facultades hiciese el dueño de la otra finca o al resultado de sucesos que la deteriorasen o destruyesen. Así, contratos calculados con toda prudencia y precisión podrían convertirse, en palabras de la Dirección, en «juegos de azar». Es más, la dependencia mutua en la que se encontrarían sendos inmuebles impediría al deudor hacer uso del derecho de cancelación parcial que el art. 124 LH le reconoce. En definitiva, si las dos fincas garantizan una misma obligación principal, debe distribuirse necesariamente la responsabilidad entre ambas; pues lo contrario, o sea, la constitución de hipotecas solidarias, está vetado en nuestro ordenamiento jurídico, no porque sean radicalmente nulas, como recordó la RDGRN 16.3.1929, por referencia al art. 123 LH, que permite al acreedor repetir por la totalidad de la suma garantizada contra cualquiera de las nuevas fincas en que se haya dividido otra, sino por no aminorar el crédito territorial del deudor ni proteger las inmoderadas exigencias de los prestamistas, razón por la que nuestra Ley Hipotecaria las prohibió.

En definitiva, es importante tener presente, como recuerda Roca Sastre, que la necesidad de distribuir la responsabilidad hipotecaria es absolutamente ineludible, al venir impuesta por razones de interés público como es el fomento del crédito territorial y, por ello, debe quedar excluida cualquier renuncia o pacto en contrario[31].

b)   Las excepciones oponibles por el hipotecante no deudor

Tal y como acabamos de señalar, el hipotecante no deudor, a diferencia del fiador, no puede desviar la pretensión de cobro del acreedor hacia los bienes del deudor principal (beneficio de excusión) ni hacia los de los restantes cogarantes (beneficio de división). Sin embargo, sí puede recurrir a otra serie de motivos para cuestionar la existencia o virtualidad del crédito y repeler de ese modo la acción, tengan su origen en el propio compromiso asumido por él o en ciertos motivos atinentes a la deuda principal.

En cuanto al primer grupo de causas de oposición, ninguna duda cabe de que podrá oponer las excepciones que atañen a la propia hipoteca por él constituida, sean estas de carácter personal (p. ej., falta de capacidad para contratar) o real, en el sentido de inherentes a la garantía (p. ej., la prescripción). Sin embargo, el hipotecante por deuda ajena, al igual que ocurre con el fiador, no podrá valerse de ninguna excepción que tenga su origen en la relación que le une con el deudor principal (p. ej., el impago de la remuneración convenida con este)[32], puesto que la relación entre el acreedor y el garante actúa con independencia de la relación de cobertura que medie entre deudor e hipotecante, siempre que, claro está, el acreedor no haya asumido como condición de la relación de garantía los móviles que hayan fundamentado la decisión del garante[33].

Pero, además de lo anterior, atendiendo al carácter accesorio de la garantía y con la vista puesta en los arts. 1853 y 1148 CC, se defiende que el hipotecante por deuda ajena puede hacer valer todas las excepciones derivadas de la obligación garantizada[34], sin la distinción, por lo demás, que a estos efectos se realiza en sede de fianza personal, donde la *communis opinio* excluye *ex* arts. 1824.II y 1853 CC que el fiador pueda hacer valer las excepciones *«puramente personales»* del obligado personal; una restricción que, a juicio de Beluche Rincón, no es aplicable al hipotecante por deuda ajena sobre la base de que es un precepto que tiene un carácter absolutamente excepcional[35].

---

31. ROCA SASTRE, R.M., ROCA-SASTRE MUNCUNILL, L., *Derecho Hipotecario*, t. VIII, Bosch, Barcelona, 1998, p. 217.

32. BELUCHE RINCÓN, *El fiador...*, cit., p. 72.

33. MORENO QUESADA, *Las garantías...*, cit., pp. 98 y 102, puntualiza, en este sentido, que la mera intervención del deudor en el negocio constitutivo y el compromiso de pagar una retribución al garante no son suficientes para que esta se convierta en recíproca de la prestación asumida por él, salvo que el acreedor acepte que la garantía se constituye como equivalente contraprestación al beneficio prometido.

34. CORDERO LOBATO, «Sentencia...», cit., p. 245.

35. *El fiador...*, cit., p. 74. En el mismo sentido MORENO QUESADA, *Las garantías...*, cit., p. 189, siguiendo a GORLA, aunque emplea un argumento distinto, y es que, en el tercer dador, a diferencia del fiador, no puede presumirse que se haya obligado a garantizar al acreedor también los daños que

a')   Las excepciones inherentes a la deuda y las (puramente) personales del deudor

La interpretación que generalmente sostiene la doctrina de los arts. 1824.I y 1853 CC radica en que el fiador puede oponer al acreedor las excepciones comunes o reales (*«inherentes a la deuda»*) y las personales relativas a los vicios del consentimiento (al ser estos de carácter objetivo y estar inmediatamente conectados al crédito), pero no las *puramente personales del deudor*, es decir, aquellas que aluden a la carencia de capacidad personal del obligado (minoría o discapacidad).

Sin embargo, tal y como señalamos en otro lugar[36], dicha intelección presenta importantes problemas, pues de ella se sigue que: i) cuando la nulidad pueda hacerse valer por concurrir algún vicio del consentimiento del deudor o por cualquier otra circunstancia que no pueda calificarse como puramente personal del deudor principal, la obligación fideiusoria nacerá y subsistirá con la misma eficacia claudicante de la obligación principal, de modo que la fianza seguiría la suerte de la obligación principal, ya se convalide o anule esta (cfr. art. 1824.I CC); mientras que ii) la concurrencia de una excepción de las señaladas como puramente personales, que el fiador no puede oponer, implicará que siga obligado a pagar incluso aunque la representación del menor de edad (o la persona con discapacidad, sus herederos o, en su caso, la persona a la que hubiera correspondido prestar el apoyo: cfr. art. 1302.3 CC) obtenga la declaración de nulidad o pueda rehusar el pago por razón de la falta de capacidad del obligado principal, para lo que se apela generalmente a la natural cercanía entre fiador y deudor que explica que no se le permita a aquel aprovecharse (liberándose) de una circunstancia (la falta de capacidad del deudor) que conocía o bien pudo conocer[37].

Ahora bien, el hecho de que la obligación principal afianzada pueda anularse en base a una excepción puramente personal del obligado, sin arrastrar la invalidez de la obligación fideiusoria, origina, en palabras de DÍEZ-PICAZO, *«algunas secuelas de difícil solución»*[38]. De hecho, a salvo algunos autores que sostienen que el fiador podría anular su fianza por error cuando contrató ignorando la falta de capacidad del fiado[39], la mayoría entiende que es indiferente si conocía o no dicha circunstancia[40], y, por lo tanto, deberá pagar ante la reclamación del acreedor, aunque no

le pueda ocasionar una hipotética anulación de la obligación por la incapacidad del obligado. No hacen tal distinción y entienden aplicable a la hipoteca por deuda ajena el art. 1853 CC en todos sus términos, entre otros, ROCA SASTRE, ROCA-SASTRE MUNCUNILL, BERNÀ I XIRGO, *Derecho...*, cit., p. 223; GÓMEZ-FERRER SAPIÑA, R. y ALBORCH DOMÍNGUEZ, S., «Capítulo 1.-Parte segunda. La hipoteca», en *Instituciones de Derecho Privado*, T. II: *Reales*, v. 3º (dir. V. M. Garrido de Palma y coord. M. A. Rueda Pérez), Thomson Reuters-Aranzadi, Cizur Menor, 2016, p. 157.

36. CASTELLANOS CÁMARA, S., «Fianza e invalidez de la obligación afianzada», *Actualidad Jurídica Iberoamericana*, núm. 20, 2024, pp. 491 y ss.

37. GARCÍA VICENTE, J. R., «De la nulidad de los contratos», en *Comentarios al Código Civil*, T. VII: *Arts. 1265 a 1484* (dir. R. Bercovitz), Tirant lo Blanch, Valencia, 2013, p. 9262; JEREZ DELGADO, C., *La anulación del contrato*, Aranzadi, Cizur Menor, 2011, p. 241.

38. DÍEZ-PICAZO, *Fundamentos...*, cit., p. 489.

39. GIL RODRÍGUEZ, KARRERA EGIALDE, DE MIGUEL HERNANDO, «El contrato...», cit., p. 309.

40. Por todos, GUILARTE ZAPATERO, V., «Comentario a los artículos 1822 a 1886 del Código Civil», en *Comentarios al Código Civil y Compilaciones Forales*, T. XXIII (dir. M. Albaladejo), Edersa, Jaén, 1979, p. 75.

ostente después, pese a su condición de fiador *solvens*, derecho de reembolso ni acceso a la subrogación (arts. 1838 y 1839 CC) al ser nula la relación de valuta[41]. Una solución que, sin lugar a dudas, supone una anomalía desde el punto de vista del concepto mismo de la fianza, si se tiene en cuenta que: i) hace quebrar el principio de accesoriedad; ii) contraviene la regla de que no puede exigirse al fiador más de lo que cabría exigir, en cuantía u onerosidad, al deudor principal (art. 1826 CC); iii) aniquila la función de garantía propia de la fianza, una vez declarada ineficaz la obligación ajena sobre la que recae; y iv) elimina para el fiador los efectos típicos de la obligación que asume, privándole de toda acción de regreso, a salvo, en su caso, una limitada al enriquecimiento efectivo del menor o persona con discapacidad[42]. De ahí que sea difícil encontrar un fundamento convincente y termine afirmándose que no estamos aquí ante una verdadera fianza, comoquiera que el fiador asume en realidad una obligación autónoma y principal, por la que queda obligado a satisfacer frente al acreedor el interés que correspondería a la obligación anulada[43], de modo que, en palabras de CASANOVAS MUSSONS, «*vendrá obligado a SATISFACER lo que solo quiso GARANTIZAR*»[44].

En vista de lo anterior, entendemos que resulta más razonable atribuir una interpretación distinta a los preceptos en cuestión. Si se parte de la premisa de que el art. 1824.II CC se refiere genéricamente a las obligaciones anulables respecto de las cuales la anulación es una facultad personal del obligado, no transmisible a terceros, podríamos entender que comprende tanto los defectos de capacidad como los vicios del consentimiento[45], «*pues solo el incapaz y la víctima del error, dolo, violencia o intimidación pueden invocar la anulabilidad de la obligación u oponer la excepción de tal anulabilidad*»[46] al nacer de una situación puramente subjetiva y que solo conoce, en principio, quien ha padecido el defecto o vicio. De modo que el art. 1824.II CC estaría contemplando el afianzamiento de una obligación anulable de forma genérica y sin importar la causa que haya provocado tal anulabilidad, estando mencionada la menor edad a meros efectos ejemplificativos, pero no excluyentes de otras posibles causas. Así, tanto la incapacidad como los vicios del consentimiento serían «excepciones puramente personales» del deudor que el fiador no podría, a tenor del art. 1853 CC, oponer al acreedor. Ahora bien, siguiendo a ALVENTOSA DEL RÍO, en cuanto ambos defectos hayan sido denunciados con éxito por el deudor principal, declarada la nulidad de la obligación, «*esta nulidad constituirá una excepción inherente a la deuda, de modo que, si el acreedor se dirige contra el fiador para que cumpla la obligación principal, este podrá oponerle tal excepción en virtud del citado art. 1853*»[47].

---

41. CASTILLA BAREA, M., «Comentario al artículo 1849 del Código Civil», en *Comentarios al Código Civil*, T. IX (dir. R. Bercovitz Rodríguez-Cano), Tirant lo Blanch, Valencia, 2013, pp. 12489-12490.

42. CASTILLA BAREA, «Comentario…», cit., p. 12490.

43. GUILARTE ZAPATERO, «Comentario…», cit., p. 74.

44. CASANOVAS MUSSONS, A., *La relación obligatoria de fianza*, Bosch, Barcelona, 1984, p. 52.

45. DÍEZ-PICAZO, *Fundamentos…*, cit., pp. 488 y 503.

46. ALVENTOSA DEL RÍO, J., *La fianza: ámbito de responsabilidad*, Comares, Granada, 1988, p. 48.

47. ALVENTOSA DEL RÍO, *La fianza…*, cit., p. 54.

En otras palabras: la eficacia de la fianza de una obligación anulable dependerá de que se declare, a instancia del obligado principal, nula la obligación principal anulable. En esta dirección, se hace notar que el art. 1824.II CC no expresa que la fianza «pueda subsistir» con independencia de la existencia de una obligación válida, sino que contempla, simplemente, que la fianza *puede recaer* sobre una obligación anulable, matizando así la afirmación contenida en el párrafo anterior que niega el afianzamiento de una obligación no válida. La «subsistencia» de la fianza dependerá, en fin, de si la obligación principal es finalmente anulada o no, de ahí que sea indiferente que el fiador conozca o ignore la existencia de la causa de anulabilidad: no está legitimado para instalarla, pero sí podrá aprovecharse de ella esgrimiendo frente al acreedor la anulación de la obligación principal, cuando esta se haya invocado con éxito por quien la haya sufrido, o sea, por el deudor principal.

Esta tesis viene a salvar la quiebra del carácter accesorio de la fianza y hace decaer el argumento de que el art. 1824.II CC debe interpretarse de forma limitada dado su carácter excepcional y restrictivo de los derechos del fiador. Por ello, y traído ahora sí al ámbito del hipotecante no deudor, cabría postular idéntica solución: podrá oponer todas las excepciones que sean inherentes a la deuda, pero no las personales (o, si se quiere, puramente personales) del deudor, salvo que este último las hubiera hecho valer dando lugar a la nulidad de la obligación garantizada, lo que arrastrará, por definición y dado el carácter accesorio de la hipoteca, al propio gravamen (cfr. arts. 1857.1º, 1861, 1876 y concordantes de la LH).

Por lo demás, la posibilidad de que el hipotecante por deuda ajena haga valer las excepciones que sean inherentes a la deuda (atinentes a la validez, eficacia y contenido de la obligación garantizada o a la extinción total o parcial por cualquier causa: novación, confusión, compensación, transacción, etc.) se sustenta sobre la base de que concurre igual fundamento por el que se reconoce esta posibilidad al fiador y es que el hipotecante por deuda ajena está llamado a satisfacer el mismo interés del acreedor y por ello es razonable que pueda tener a su disposición iguales herramientas que el deudor para hacer frente a dicha pretensión. Además, solo así se protege eficazmente su derecho de reembolso, evitando que el acreedor pueda conseguir mediante la ejecución de la garantía algo que no podría alcanzar de haberse dirigido contra el deudor[48].

b') Algunos apuntes sobre la novación subjetiva pasiva de la obligación garantizada

Se hace preciso aquí realizar una breve referencia a la novación subjetiva pasiva de la obligación garantizada y a los efectos produce sobre el garante cuando este es un tercero. Es decir, ¿de qué modo afecta al hipotecante por deuda ajena el cambio de deudor? Y si estuviera de acuerdo con dicho cambio, ¿subsistiría en los mismos términos la hipoteca o se estaría creando una garantía nueva?

Por lo que hace a la primera de las cuestiones anunciadas, es pacífico en la doctrina que todo cambio de deudor requiere no solo del consentimiento del acree-

---

48. BELUCHE RINCÓN, *El fiador...*, cit., p. 72.

dor (art. 1205 CC) sino también de los titulares de los derechos accesorios constituidos en garantía de la deuda, caso de que existan y de que pretendan dejarse subsistentes. Estos sujetos, que normalmente concedieron las fianzas, prendas o hipotecas en consideración a la persona del deudor garantizado (bien por sus cualidades personales o por su solvencia), habrán de consentir su pervivencia en el supuesto de que se *transmita* la obligación principal, pues de lo contrario se lesionaría su posición a consecuencia del cambio de deudor, sobre todo si el nuevo resulta insolvente[49]. En definitiva, como sostiene DÍEZ-PICAZO en el ámbito de la fianza, «*la asunción de la deuda significa una alteración sustancial de la base del negocio de fianza y de los términos y condiciones de la obligación del fiador*»[50], por lo que este deberá otorgar un expreso consentimiento a la sustitución si se pretende que siga vinculado, ahora, a un nuevo deudor. Lo mismo cabe sostener para la hipoteca constituida por tercero, destinada a cubrir la obligación de un deudor determinado, de suerte que se extingue si un tercero se subroga en la obligación sin consentimiento del primero (STS 10.5.2012).

Lo anterior se suma a los argumentos que expusimos en otro lugar[51] y que demuestran la confusión que existe en torno a la institución de la novación, desde el momento en que se sostiene que su concepto se ha ampliado de forma considerable en nuestro Derecho hasta el punto de comprender una subespecie de novación *meramente modificativa* que, por contraposición con la romana, extintiva o propia, entraña la subsistencia de la obligación primitiva con el nuevo contenido que resulte de la alteración de alguno de sus elementos objetivo o subjetivos. En efecto, por mucho que quiera sostenerse que la *asunción de deuda* entra dentro de dicha categoría y que las partes pueden, en el marco de su libertad contractual (cfr. art. 1255 CC), configurar la nueva deuda como si se tratase de la antigua, la ficción decae y la realidad termina imponiéndose cuando los terceros garantes se oponen al cambio de deudor, pues, de no prestar consentimiento, actuará el efecto propio de la novación: la extinción de los derechos accesorios (art. 1207 CC). Como acertadamente apunta SANCHO REBULLIDA, lo único que se consigue en realidad es cambiar de nombre a la vieja novación, dándole el de *sucesión*, para añadir que no se trata de verdadera sucesión jurídica[52].

Aún más, aun cuando todos aquellos sujetos (nuevo deudor, acreedor y terceros garantes) se muestren favorables a la identidad sucesoria, existirán siempre unos terceros cuya intervención dejará en evidencia el efecto extintivo —y único— de la novación, enmascarado por la convención de los interesados, a saber, los acreedo-

---

49. Vid. por todos ROCA SASTRE, R. M. y PUIG BRUTAU, J., «La transmisión pasiva de las obligaciones a título singular», en *Estudios de Derecho Privado*, t. I, Aranzadi, Cizur Menor, 2009, pp. 366-367; del mismo modo que se impone, p. ej., en el Derecho alemán (§ 418 *BGB*) y en el *Code civil* francés (arts. 1327 a 1327-2).

50. DÍEZ-PICAZO, L., *Fundamentos del Derecho Civil patrimonial*, T. II: *Las relaciones obligatorias*, Civitas, 5ª ed., Madrid, 1996, p. 454.

51. CASTELLANOS CÁMARA, S., «La asunción cumulativa de deuda: naturaleza y régimen», *Cuadernos de Derecho Privado*, núm. 4, 2022, pp. 26 y ss.

52. SANCHO REBULLIDA, F. A., *La novación de las obligaciones*, Nauta, Barcelona, 1964, p. 182.

res del nuevo deudor[53]. Y es que en ningún caso cabría defender que aquellos queden postergados por un crédito que, aunque de fecha anterior, se haya incorporado al patrimonio del deudor común con posterioridad a la adquisición de su derecho[54]. Antes bien, habrá que atender a la fecha en la que el nuevo obligado contrae el débito: solo a partir de ese instante se incorpora como pasivo a su patrimonio y puede su titular concurrir con los restantes acreedores en igualdad de condiciones[55]. La novación actúa, entonces, como salvaguarda de los derechos de esos terceros, impidiendo que la fecha de la nueva deuda se retrotraiga a la de la primera obligación, que ha quedado, en rigor, extinta por efecto de aquella.

Algunos autores se plantean, incluso, qué ocurre con la posición de aquel garante que consiente seguir obligado en favor del nuevo deudor y, en concreto, de qué forma esta decisión puede influir a sus acreedores, cuyas expectativas de cobro pueden variar en función de la identidad del nuevo deudor, pues aunque la obligación del garante ya existía con anterioridad a la asunción, *«la expectativa de tener que pagar finalmente la deuda y las posibilidades de poder recuperarla a través del regreso contra el deudor pueden variar sustancialmente en función de la identidad de este»*[56]. Por esa razón, y teniendo en cuenta que la deuda *asumida* tendrá frente a los acreedores del asumente la fecha correspondiente al contrato de asunción, esa misma fecha es la que debería considerarse para las garantías, al objeto de no menoscabar los intereses de los acreedores de los garantes que ostenten un título posterior a la primitiva concesión de aquellas garantías, pero anteriores a la renovación del consentimiento. De modo que, en el ámbito hipotecario, en el que la regla *prior tempore* resulta determinante, la fecha de la hipoteca deberá quedar relegada a la de la renovación del consentimiento del garante, para no perjudicar de manera injustificada a los acreedores hipotecarios posteriores[57].

c') *Las causas específicas de extinción de la fianza, ¿y de la hipoteca?*

En virtud del art. 1847 CC, *«[l]a obligación del fiador se extingue al mismo tiempo que la del deudor, y por las mismas causas que las demás obligaciones»*, de donde se colige que son al menos dos las vías que pueden propiciar la extinción de esta garantía personal: una, la concurrencia de las causas propias de la deuda garanti-

---

53. *Ibid.*, p. 406.

54. Esto podría ocurrir cuando el crédito *correlativo a la deuda asumida* y que aparentemente subsiste, goce de privilegio, p. ej., por constar en escritura pública, pues su prelación al entrar en concurso con otros créditos de igual clase debería venir determinada por el orden de antigüedad de las fechas de las escrituras (*cfr.* art. 1924.3 CC).

55. Esta misma solución rige en el sistema alemán, en el que por imperativo del § 418, los privilegios del crédito que el acreedor hubiera podido oponer en el concurso de acreedores contra el deudor, no pueden hacerse valer en el concurso del asumente, *«lo que demuestra que se interpone una especie de membrana cuando la asunción puede perjudicar a los demás acreedores de aquel»*: REY PORTOLÉS, J. M., «La pretendida asunción automática de la deuda por parte del adquirente de finca hipotecada», en *Escritos varios sobre hipotecas y anotaciones preventivas de embargo*, Centro de Estudios Registrales, Madrid, 1995, p. 124.

56. BASOZABAL ARRUE, 2000, 146-149.

57. BELUCHE RINCÓN, *El fiador...*, cit., p. 77.

zada, que arrastran a la fianza por razón de su carácter accesorio; y dos, la de las comunes de extinción de las obligaciones (cfr. art. 1156 CC) que atañen a la obligación fideiusoria y provocan el decaimiento de la garantía, pero dejan subsistente la obligación afianzada. Sin embargo, junto a ellas el legislador prevé ciertas causas específicas de extinción de la obligación del fiador, entre ellas, la dación en pago (art. 1849 CC), la prórroga de la obligación afianzada (art. 1851 CC) y el perjuicio de la subrogación (art. 1852 CC)[58]. Debemos cuestionarnos, entonces, hasta qué punto estas causas de extinción son extensibles al hipotecante por deuda ajena.

Por un lado, la *datio in solutum* que realice el deudor principal y sea aceptada voluntariamente por el acreedor extingue la fianza *ex* art. 1849 CC, aun cuando este último pueda perder el bien entregado a consecuencia del ejercicio de una acción de evicción y, por lo tanto, con independencia de la suerte que corra finalmente la obligación principal. Esta misma solución se entiende extensible al hipotecante por deuda ajena, por razón de que, como afirman algunos autores, en virtud de la dación en pago se extingue la relación obligatoria y, en consecuencia, los derechos de garantía establecidos en favor del acreedor, pues la suerte de todas las garantías debe ser la misma, pese a que el legislador únicamente contemple el supuesto de la fianza[59].

Sin embargo, y aunque compartimos que el tercero hipotecante pueda prevalerse de este mismo efecto extintivo, consideramos que la razón se ubica en otro lugar. Y es que, aun sin entrar al detalle de las diferentes tesis sobre la razón de ser del precepto y las consecuencias que acarrearía la ineficacia sobrevenida de la dación en pago (es decir, si la obligación principal revive o únicamente serían exigibles las consecuencias del incumplimiento de la nueva obligación o del proceso de evicción sufrido por el acreedor)[60], la regla no puede ser una mera concreción del principio de accesoriedad, que nada añadiría a lo previsto en el 1847 CC («*[l]a obligación del fiador se extingue al mismo tiempo que la del deudor*»). Antes bien, parece más razonable entender, con GUILARTE ZAPATERO, que la regla trata de evitar la incertidumbre o perjuicio que para el fiador supondría seguir vinculado, durante un plazo inconcreto y por la exclusiva voluntad del acreedor, en garantía de una obligación que no se sabe extinguida definitivamente para el deudor principal o no, pero que le impediría el ejercicio de los diversos remedios cautelares frente al deudor principal (al haber funcionado, al menos aparentemente, el pago representado por la dación), «*y se le dejaría inerme durante un plazo incierto frente al riesgo que se le haría correr si, producida la evicción, tuviera en último término que responder de la obligación fiada, cuando ya el deudor principal hubiera devenido insolvente*»[61]. La *ratio* del precepto conecta, así, con la necesidad de velar por que el fiador pueda ejercitar eficazmente sus acciones de regreso, aunque para ello

---

58. CASTELLANOS CÁMARA, S. y SANCHO MARTÍNEZ, L., «Fianza civil y mercantil», en *Tratado de Contratos*, T. IV (dir. Rodrigo Bercovitz Rodríguez-Cano y coord. N. Moralejo Imbernón, S. Quicios Molina, S. López Maza), Tirant lo Blanch, 4ª ed., Valencia, 2024, pp. 5129 y ss.

59. BELUCHE RINCÓN, *El fiador...*, cit., p. 79.

60. Vid. a este respecto CASTILLA BAREA, «Comentario…», cit., pp. 12701-12704.

61. «Comentario…», cit., p. 305.

se termine por endosar al acreedor el riesgo de la evicción[62]. De modo que su contenido se explica en virtud de la misma idea que subyace y sirve de fundamento, como luego indicaremos, a los arts. 1851 y 1852 CC.

En cuanto a la traslación de esta regla al ámbito del hipotecante por deuda ajena, cabe señalar lo siguiente: si se entiende que la dación en pago extingue la obligación principal y con ella la fianza, con base en el principio *accesorium sequitur principale*, ninguna duda cabe que comportará idéntico desenlace para la hipoteca (arts. 1857.1.° y 1876 CC, 104, 105, 79 y concordantes LH), la cual, además, difícilmente podría pasar a garantizar la (nueva) obligación de saneamiento por evicción, toda vez que contrariaría el principio de determinación registral de la obligación garantizada[63]; si, por el contrario, se parte de que la ineficacia sobrevenida de la dación (sea por incumplimiento del pacto del que nace sea porque se hace valer frente al acreedor una demanda de evicción concerniente al bien que el deudor entregó a modo de pago) *revive* la obligación originaria, consideramos que el hipotecante no deudor debería quedar igualmente libre, por aplicación, aquí sí, de la regla del 1849 CC, como consecuencia que se anuda al hecho (en este caso, la dación en pago) que pueda eventualmente irrogar un perjuicio para la vía subrogatoria de este garante, cuando ha sido además el acreedor quien voluntariamente ha propiciado esa situación[64]. Esta misma solución se prevé, sin ir más lejos, en la ley 495.I del Fuero Nuevo de Navarra, que reputa extinguida la obligación *«tan solo desde el momento en que el acreedor adquiera la propiedad de la cosa subrogada»*, pero, sin embargo, *«las garantías de la obligación, salvo que sean expresamente mantenidas, quedarán extinguidas desde el momento de la aceptación»* de la dación en pago.

Por otro lado, establece el art. 1835 CC que la transacción realizada por el deudor principal con el acreedor no surte efecto para con el fiador, contra su voluntad. Pero si dicha transacción determina además una prórroga al deudor, no solo no es oponible al fiador, sino que *«extingue la fianza»*, a tenor del art. 1851 CC. Una regla cuya aplicación analógica al hipotecante no reputó procedente la STS 3.11.2004, aunque sin mayores consideraciones.

Como expusimos en otro lugar[65], el fundamento del precepto, ampliamente debatido en nuestra doctrina, no puede ubicarse en el carácter novatorio de la prórroga concedida por el acreedor, al contrario de lo que en ocasiones ha señalado *obiter dictum* el Tribunal Supremo (SSTS 22.1.1916 y 28.3.1985), puesto que dicha teoría ni justifica cuál es la utilidad propia del art. 1851 CC frente a las reglas generales previstas en los arts. 1847 y 1207 CC ni encaja en el instituto de la nova-

---

62. CARRASCO PERERA, CORDERO LOBATO, MARÍN LÓPEZ, *Tratado...*, cit., p. 250.

63. CORDERO LOBATO, «Sentencia...», cit., p. 250.

64. A ello suma CARPI MARTÍN, *La hipoteca...*, cit., p. 196, otro argumento, y es que en el tiempo transcurrido desde que se produce la dación hasta que el acreedor pierde la cosa por evicción, el hipotecante bien ha podido enajenar el inmueble o volver a darlo en garantía, impidiendo el juego de las normas registrales que la hipoteca, extinta y cancelada, pueda revivir, máxime frente a posibles terceros que hayan adquirido algún derecho sobre el bien, como tampoco sería procedente exigir al hipotecante que constituya una nueva garantía sobre un bien distinto.

65. CASTELLANOS CÁMARA, S., *Recargas y novaciones hipotecarias*, Thomson-Reuters Aranzadi, Cizur Menor, 2020, pp. 366-369.

ción, considerando, de un lado, que el término es un elemento secundario de la obligación y, por tanto, alejado del ámbito del art. 1203.1 CC, y, de otro lado, que la novación, como límite a la autonomía de la voluntad de las partes, viene impuesta por la técnica jurídica y excede, por ello, del deseo de los sujetos intervinientes, de modo que, al contrario de lo que sugiere el art. 1851 CC, no admitiría el consentimiento del fiador para dejar subsistente la obligación.

Tampoco puede ubicarse el concreto fundamento del art. 1851 CC en la eficacia relativa de los contratos, toda vez que nada añadiría esta previsión al principio general que contiene el art. 1257 CC y, en particular, a la regla del art. 1835.II CC, además de que el principio *res inter alios acta* no devendría en la extinción de la fianza sino en su falta de oponibilidad al garante, para quien la deuda habría de estimarse ya vencida y, por tanto, iniciado frente a este sujeto el plazo de prescripción de la acción[66]. Mientras que, si se trata de justificar el art. 1851 CC en la equidad o en el principio *favor fideiussoris*, por entender que la prórroga aumentaría las probabilidades de que el deudor principal pudiese devenir insolvente, cabría alegar frente a ello que el fiador ya dispone, para conjurar tal riesgo, de la acción concedida en el art. 1843.4.° CC y, en todo caso, de la posibilidad de pagar y ejercitar el regreso, pues la prórroga no consentida es para él, insistimos, *res inter alios*[67].

En fin, siguiendo a CARRASCO, CORDERO, MARÍN, la razón por la que el fiador puede pretender liberarse por la prórroga es porque, aun cuando aquella no le resulte oponible, impide que pueda en calidad de *solvens* utilizar la subrogación para ejercer el regreso inmediato contra el deudor[68]. El art. 1851 CC solo adquiere sentido, así, en la medida en que protege la vía subrogatoria y siempre y cuando esta sea procedente en beneficio del fiador. Dicho más claramente, el fiador *solvens* podría, no obstante el nuevo *terminus solutionis*, ejercitar *ipso iure* su derecho de recobro frente al deudor, pero no podría valerse, p. ej., de cualesquiera otras concurrentes cauciones si los sujetos gravados por ellas hubiesen prestado consentimiento a la ampliación del plazo, pues estos siempre podrían oponerle como excepción el nuevo término pactado, para el caso de que se dirigiese frente a ellos. De la misma forma, el fiador quedaría privado de la posibilidad de entablar una tercería de mejor derecho, en tanto en cuanto el crédito no haya vencido y resulte exigible[69].

Con la recién expuesta conclusión termina por mostrar su conformidad la STS 3.3.2014, al sostener que la interpretación del art. 1851 CC *«debe atemperarse en atención a la ratio del precepto, que puede hallarse en la protección del fiador frente al perjuicio que le puede deparar la concesión de la prórroga al deudor. Este*

---

66. CERDEIRA BRAVO DE MANSILLA, G., «Extinción de la fianza por la prórroga concedida al deudor sin consentimiento del fiador, o del enigmático art. 1851 CC: comentario a la Sentencia del TS de 1 julio 2009 (RJ 2009, 4324)», *Revista Aranzadi de Derecho Patrimonial*, núm. 25, 2010, pp. 227 y ss.

67. CARRASCO PERERA, CORDERO LOBATO, MARÍN LÓPEZ, *Tratado*…, cit., p. 254.

68. *Ibid.*, cit., p. 255.

69. GALICIA AIZPURUA, G., *La disciplina sobre el pago por tercero y el alcance de la subrogación*, Tirant lo Blanch, Valencia, 2006, p. 86.

perjuicio afloraría cuando la prórroga alargara la incertidumbre y con ello empeorara la situación económica del deudor, e hiciera ilusoria la vía de regreso. Por eso, en esos casos, el fiador podría liberarse de la fianza porque, aun no siéndole oponible la prórroga, le impide una vez pagada la fianza utilizar la subrogación en el derecho del acreedor para ejercer el regreso inmediato contra el deudor. De este modo, como se ha concluido en la doctrina, "el art. 1851 CC sólo tiene sentido en cuanto protege la vía subrogatoria, y siempre que ésta sea procedente en beneficio del fiador"». De ahí que esta misma regla sea aplicable a la hipoteca, que se extinguiría por la prórroga concedida al deudor: *«no porque la prórroga extinga la obligación garantizada, sino porque, como ocurre en la fianza, tampoco el regreso del hipotecante puede ser perjudicado (…) sin su consentimiento»*[70].

Con este mismo fundamento enlaza, por último, el art. 1852 CC, en la medida en que prevé la liberación de los fiadores, incluso solidarios, *«siempre que por algún hecho del acreedor no puedan quedar subrogados en los derechos, hipotecas y privilegios del mismo».* Así, el legislador, además de conceder al fiador *solvens* que cumple determinados requisitos el acceso a la subrogación (art. 1839 CC), protege la efectividad real de dicho beneficio al imponer al acreedor el deber o carga de preservar las restantes garantías y privilegios del crédito que eventualmente pueda aprovechar el fiador como refuerzo en vía de regreso[71]; deber o carga cuyo incumplimiento conlleva, a modo de *sanción*, la liberación del fiador. En palabras del Tribunal Supremo, *«la lesión del derecho del fiador a la subrogación provoca una alteración en las condiciones de actuación de la obligación garantizada, a la que es ajeno el fiador y que no puede perjudicarle sin adulterar el equilibrio prestacional propio del tipo negocial analizado (aquellas condiciones mutadas fueron tenidas en cuenta al convenir la fianza, y el fiador debe poder confiar en que el acreedor conservará con diligencia las garantías ofrecidas por el deudor principal)»*[72].

Una vez más, es al fundamento de la regla del art. 1852 CC al que debemos apelar para sostener la aplicación analógica de la norma y, por ende, la concesión de la *exceptio cedendarum actionarum* al hipotecante por deuda ajena. A saber, si la misma está llamada a proteger la vía subrogatoria, a la que este sujeto también puede acceder *ex* art. 1210.3º CC, su ejercicio debería ser de igual modo tutelado frente al acreedor que la dificulte, sancionándole con la extinción de la garantía. Pues, en efecto, el hipotecante que compromete un bien propio habrá tomado en consideración las garantías concurrentes y privilegios de los que podría beneficiarse al ponderar los riesgos de su intervención, de modo que debería ponerse a su disposición este remedio para evitar que, en última instancia, quede al arbitrio del acreedor agravar su situación[73]. Además, aun cuando se defienda que la hipoteca por deuda ajena no es una variedad de fianza sino una figura autónoma a la que no procede aplicar en bloque el régimen de la primera, ello no debe impedir que

---

70. CARRASCO PERERA, CORDERO LOBATO, MARÍN LÓPEZ, *Tratado…*, cit., p. 791.

71. GIL RODRÍGUEZ, KARRERA EGIALDE, DE MIGUEL HERNANDO, «El contrato…», cit., p. 347; DÍEZ-PICAZO, *Fundamentos…*, cit., p. 529.

72. SSTS 12.11.2020 y 26.5.2021.

73. BELUCHE RINCÓN, *El fiador…*, cit., pp. 64-71.

se apliquen algunas de sus reglas, comunes a las garantías, que no contradigan su carácter real, como es el caso, teniendo en cuenta que la naturaleza personal de la fianza es una circunstancia sobre la que no descansa este remedio[74]. En otras palabras, lo determinante para la solución que prevé el legislador en el marco de la fianza no es que la garantía sea personal, sino que lo sea por deuda ajena, y que puedan peligrar los derechos de reembolso y subrogación que, en palabras de la STS 12.11.2020, forman parte también, como elemento constitutivo, de dicha relación jurídica. Esta es, por otro lado, la regla que impera en Derecho comparado, en aquellos ordenamientos que han regulado expresamente la figura de la hipoteca por deuda ajena (arts. 2869 CC italiano y 717.1 CC portugués).

En contra de la extensión de esta norma al hipotecante se alega que es una previsión excepcional o singular, basada en el *favor fideiussoris*, y se insiste en la idea, antes apuntada, de que el hipotecante no deudor «*se sacrifica menos que el fiador*», al no constituirse en deudor ni responder de manera ilimitada con todo su patrimonio[75]. Además, la subrogación proviene de vías diferentes (1210.3º y 1839, tercero y fiador, respectivamente) y ello encierra, al parecer, alguna diferencia porque, según se sostiene, «*el tercero que paga se coloca en la posición del acreedor al momento de efectuarse el pago, lo que limita considerablemente la extensión de protección de la subrogación que concede el 1852 al fiador*»[76]. Por último, se insiste en la idea de que es una regla de carácter punitivo (que encierra una *sanción* para el acreedor), lo que excluye su aplicación analógica (art. 4.2 CC) y, aunque pueda reputarse injusto, la equidad no es suficiente para integrar un vacío legal (art. 3.2 CC), por lo que no es aplicable *de lege data* y como mucho cabría convenir en la escritura de hipoteca una cláusula de contenido afín, aunque difícilmente puede imaginarse que el acreedor hipotecario esté de acuerdo con la inclusión de una tal cláusula[77].

El Tribunal Supremo, por su parte, se ha sumado a la negativa de aplicar por vía analógica este remedio en la STS 3.2.2009, sobre la base de que: i) supondría la creación de una causa de extinción de la hipoteca que no está prevista por el ordenamiento jurídico, por lo que afectaría sustancialmente a su régimen jurídico; ii) la norma del art. 1852 CC presenta unas características propias muy singulares que le atribuyen una nota de excepcionalidad (como demuestra la denominación

---

74. MORENO QUESADA, *Las garantías…*, cit., p. 191.

Son también favorables a aplicar el art. 1852 CC al hipotecante no deudor: CASTILLO MARTÍNEZ, *Responsabilidad…*, cit., p. 106; ROCA SASTRE, ROCA-SASTRE MUNCUNILL, BERNÀ I XIRGO, *Derecho…*, cit., p. 225; BLASCO GASCÓ, F., *La hipoteca inmobiliaria y el crédito hipotecario*, Tirant lo Blanch, Valencia, 2000, p. 75; GÓMEZ-FERRER SAPIÑA y ALBORCH DOMÍNGUEZ, «Capítulo…», cit., p. 157; y, en referencia al ámbito específico del concurso, HERBOSA MARTÍNEZ, I., «La posición de los terceros garantes personales y reales ante las modificaciones introducidas en un convenio en el concurso de acreedores», *La Ley Insolvencia: Revista profesional de Derecho Concursal y Paraconcursal*, núm. 7, 2021.

75. CERDEIRA BRAVO DE MANSILLA, «El hipotecante…», cit., p. 1694.

76. FÍNEZ RATÓN, J. M., «La extinción de la fianza como sanción al comportamiento del acreedor (estudio del art. 1852 del Código Civil)», *Revista Crítica de Derecho Inmobiliario*, núm. 614, 1993, pp. 50-51.

77. *Ibid.*, pp. 1704-1708.

con la que tradicionalmente se le conoce: *excepción* de cesión de acciones) e impiden hacerla extensible por analogía a otras figuras de garantía; y iii) la función común de garantía no supone identidad de razón suficiente para salvar las peculiaridades de las respectivas figuras de aseguramiento del crédito y determinar por sí sola la aplicación del art. 1852 CC; además de que el mismo criterio habría de aplicarse, en ese caso, a otras formas de garantía, *«y, dada la existencia de un gran número de figuras atípicas y con una especial complejidad, se crearía el riesgo de introducir en el tráfico una incertidumbre y complicaciones imprevisibles, lo que hace conveniente, pese a que el tema es polémico, seguir la solución expresada, tanto más si se tiene en cuenta que las partes pueden adoptar las previsiones contractuales oportunas para precaver riesgos o contingencias como la que el legislador estableció expresamente para la fianza».*

Ahora bien, las razones que esgrime el Alto Tribunal resultan criticables, como de hecho así lo han hecho algunos autores[78]. Primero, porque no se alcanza a ver en qué resulta incompatible este remedio con el régimen jurídico de la hipoteca ni con su naturaleza o esencia, amén de que la creación de una nueva causa de extinción, que efectivamente propiciaría el incumplimiento por el acreedor de su deber de no perjudicar la subrogación, es efecto propio de la analogía, que permite precisamente suplir la laguna legal cuando la norma no contempla un supuesto específico, como ocurre en el caso de la hipoteca por deuda ajena[79]. Además, en lo que hace a la excepcionalidad de la norma, se hace preciso incidir, por un lado, en que la denominación «excepción de cesión de acciones», lejos de entenderse referida a la noción común de *excepción* como sinónimo de «salvedad» o definición, según la RAE, de aquello *«que se aparta de la regla o condición general de las demás de su especie»*[80], se está empleando en un sentido técnico-procesal, como aquella causa que puede oponer el demandado y le permite enervar la acción; y, por otro lado, que no se trata de una previsión «excepcional» en el sentido de que se aparta o desvía del Derecho general, al contrario, es concreción del principio de buena fe

---

78. BERCOVITZ RODRÍGUEZ-CANO, R., «Sentencia de 3 de febrero de 2009: Subrogación de tercero por pago mediante ejecución de hipoteca constituida en garantía de deuda. Relación del tercero hipotecante ejecutado con el acreedor que impide la subrogación en los derechos frente a los fiadores que garantizaban la misma deuda», *Cuadernos Civitas de Jurisprudencia Civil*, núm. 81, 2009, pp. 1235-1238; DÍEZ GARCÍA, «Efectos…», cit., pp. 2720-2723; BELUCHE RINCÓN, I., «La lesión del derecho de subrogación del hipotecante por deuda ajena (a propósito de la STS 3 de febrero de 2009)», *Consultor inmobiliario: Revista mensual de actualidad para profesionales*, núm. 114, 2010, pp. 11-18.

79. Como claramente expresa BERCOVITZ RODRÍGUEZ-CANO, «Sentencia…», cit., p. 1235, *«el efecto de la aplicación analógica es siempre el de crear una norma previamente inexistente por entender que hay una laguna legal, que se viene a integrar precisamente con aquella (…) eso es propio de toda aplicación analógica, luego no puede ser razón para su exclusión en un caso concreto».* También es claro, prosigue, que *«afecta sustancialmente al régimen jurídico de la hipoteca, al reconocer una nueva causa de extinción (…) pero lo que no se llega a saber es por qué no cabe admitir ese cambio sustancial: ¿es contrario a la naturaleza de la hipoteca? ¿contradice alguna característica o función esencial de la misma?* Por su parte, DÍEZ GARCÍA, «Efectos…», cit., p. 2720, nos recuerda que ni la LH ni el CC contienen ninguna previsión que limite a *numerus clausus* las causas de extinción de la garantía real.

80. REAL ACADEMIA ESPAÑOLA, *Diccionario de la lengua española*, 23.ª ed., [versión 23.7 en línea]. <https://dle.rae.es> [4 de julio de 2024].

en la ejecución de los contratos (STS 26.5.2021), máxime cuando la garantía se presta sabiendo de la existencia de otras cauciones, lo que sin duda influirá en la voluntad de consentir[81]. Por último, y pese al criterio reservado y excesivamente prudente que mantiene el tribunal, ante la posibilidad de que el remedio del art. 1852 CC pretenda hacerse valer en todas las figuras atípicas con función de garantía que, indudablemente, han proliferado en los últimos tiempos, sí cabe insistir en que fiador e hipotecante por deuda ajena no solo comparten la misma función de garantía, sino que ambos están expuestos al riesgo que trata de conjurar el legislador, atendida la *ratio* del precepto: ver truncada la posibilidad de subrogación como principal recurso para quien intercede en garantía de una deuda ajena y finalmente se ve abocado a pagar o cumplir por el tercero, con independencia de cuál sea la vía por la que acceda (1212.3° o 1839 CC); máxime cuando esa imposibilidad se debe, como en aquella sentencia, a una renuncia parcial del acreedor (que liberó a los fiadores de una deuda de 4.000 millones de pesetas a cambio de 850 millones) que bien podría reputarse ineficaz por ser contraria a los intereses legítimos de terceros (aquí, el hipotecante), en la filosofía de un Código como el nuestro, que muestra un claro rechazo a la renuncia de derechos en esas circunstancias (cfr. arts. 6.2, 1001, 1111, 1937 CC).

B) En las relaciones entre el deudor y el hipotecante no deudor

Dentro de la regulación que el Código dedica a los efectos que pueden producirse entre el deudor y el fiador, se abordan exclusivamente dos cuestiones: por un lado, las acciones que el fiador puede instar antes de proceder al pago y precisamente con el objetivo de evitarlo o asegurar su recobro (relevación o garantía); y, por otro lado, las que corresponden al garante *solvens* que finalmente ha pagado para repercutir sobre el deudor el perjuicio patrimonial sufrido (reembolso o subrogación). ¿Son extensibles estos remedios al hipotecante por deuda ajena?

a) La posibilidad de poner a cubierto al garante antes del pago o ejecución

El art. 1843 CC enumera una serie de supuestos tasados en los que el fiador puede intentar destruir el riesgo que tiene asumido por su condición de garante, desvinculándose de la obligación fideiusoria o, alternativamente, solicitando del deudor que cubra dicho riesgo mediante la constitución de una garantía adicional *«que lo ponga a cubierto de los procedimientos del acreedor y del peligro de insolvencia en el deudor»*. Se trata, en definitiva, de reconocer al fiador el ejercicio de dos acciones diversas (relevación y cobertura), cuyo fin último es anticiparse al desenlace frustrado que para el garante supondría no poder recuperar del deudor el importe desembolsado, en un contexto en el que es altamente probable que eso suceda.

---

81. BERCOVITZ RODRÍGUEZ-CANO, «Sentencia…», cit., p. 1235.

Sin entrar aquí en el análisis de cada una de las circunstancias y requisitos que deben concurrir para el ejercicio exitoso de sendas acciones[82], lo cierto es que el Tribunal Supremo se ha opuesto a la posibilidad de que dicho precepto sea aplicado analógicamente al hipotecante por deuda ajena, aunque, una vez más, las razones que esgrime en su sentencia de 6 de octubre de 1995 no resultan suficientemente convincentes. Primero, insiste en la idea de que este garante, a diferencia del fiador, *«no es deudor»* y por ello *«no puede ser garante análogo al fiador»*; en segundo lugar, apela a la *«utilidad difícil de imaginar»* de la acción de relevación, que exige el consentimiento del acreedor afianzado y a que *«no parece razonable extender la garantía»* a la hipoteca *«en que, precisamente el titular dominical ha enajenado el poder de realización y disminuido el contenido natural de su propiedad, en virtud del contrato de constitución de la hipoteca, cuya causa incluso puede ser onerosa y que en todo caso se presume»*; y, por último, concluye que en la ejecución hipotecaria no concurre la *ratio legis* de la norma, puesto que *«no se conoce la cantidad que podrá reclamarse hasta la celebración de la subasta»* y es discutible, incluso, si el propietario *«es demandado»* en el sentido del art. 1843.1º CC, *«y no parece que deba tenerse en cuenta el «periculum in mora», propio de las medidas cautelares, cuando el propietario conscientemente constituyó el gravamen»*.

A dichos argumentos se oponen las siguientes consideraciones: primera, que la condición común de ser garantías de deudas ajenas justifica el mismo tratamiento en todo aquello que no sea específico de la fianza u hipoteca, y esta regla no parece tener su razón de ser en alguna de las características de la fianza (singularmente, en la condición de obligado personal del fiador) sino que, al contrario, alguno de los supuestos del art. 1843 se presenta igualmente útil para el hipotecante por deuda ajena, así, p. ej., el que prevé que quede relevado de su responsabilidad cuando el deudor se hubiera obligado a hacerlo en un plazo determinado y este haya vencido[83]; segunda, que ninguna relación guarda la gratuidad u onerosidad de la garantía con la posibilidad de hacer valer las acciones de relevación y cobertura, que competen a todo fiador pese al carácter gratuito u oneroso de la fianza[84] y pese a la utilidad también «difícil de imaginar», si se tiene en cuenta que es el acreedor quien debe aceptar en última instancia la relevación del garante o su sustitución por otra caución y difícilmente lo hará en aquellos casos en los que la solvencia del deudor o sus posibilidades de pago tempestivo estén en entredicho[85]; tercero, que es intranscendente que la hipoteca se haya constituido «conscientemente», porque también el fiador asume el riesgo de manera voluntaria (¿acaso quiere decirse entonces, que las acciones del art. 1843 CC sí están disponibles para quien soporta un gravamen hipotecario «no constituido conscientemente», es decir, para el tercer poseedor?[86]); del mismo modo que en la fianza la cuantía exigible está indeterminada hasta el momento del pago, igual que para el hipotecante, hasta el

---

82. Vid. CASTELLANOS CÁMARA y SANCHO MARTÍNEZ, «Fianza…», cit., pp. 5119-5120.
83. MORENO QUESADA, *Las garantías…*, cit., p. 151.
84. CORDERO LOBATO, «Sentencia…», cit., p. 244.
85. GIL RODRÍGUEZ, KARRERA EGIALDE, DE MIGUEL HERNANDO, «El contrato…», cit., p. 327.
86. *Ibid.*, p. 243.

momento de la subasta; cuarto; que la exigencia del art. 1843.1° CC de que el garante se vea «*demandado judicialmente para el pago*» no debe interpretarse en un sentido estrictamente procesal, pues aspira a excluir el ejercicio de estas acciones cuando la posibilidad de que se concrete el riesgo sea remota, aunque, con todo, el hipotecante no deudor también aparece como demandado en el procedimiento según la norma procesal hoy vigente (art. 685.1 LEC[87]); y, por último, que si el fundamento de la norma es evitar que el garante soporte el riesgo contraído sin posibilidad de recuperar lo desembolsado[88], también debería extenderse al tercero hipotecante, incluso con mayor razón que al fiador, si se tiene en cuenta que, a diferencia de este, no tiene acceso al beneficio de excusión[89] y que las causas de oposición que *ex* art. 695 LEC puede oponer son muy limitadas.

Así, frente a quien ve en la regla una norma de carácter excepcional[90], inaplicable al hipotecante no deudor[91], hay también quien sitúa su fundamento en la relación entre garante y obligado principal, análoga a la que media entre el deudor y el hipotecante, y defiende que las mismas razones de equidad por las que se protege al fiador y su eventual derecho de reembolso, ante la alteración de las circunstancias iniciales y el riesgo de insolvencia del deudor, respaldan la indemnidad del hipotecante por deuda ajena[92] o incluso más «*porque el fiador real ha limitado su responsabilidad: es incluso más justo que pueda liberarse el que se compromete a algo que el que se compromete a todo*»[93].

Es más, si el fundamento de la norma se ubica en la protección del derecho de regreso del garante contra el deudor, es claro que no serán procedentes las acciones que consagra el art. 1843 CC cuando no exista tal derecho de regreso. Es lo que sucedía, de hecho, en el supuesto que resuelve la STS 6.10.1995, de ahí que, pese a la crítica realizada, se entienda ajustado su fallo: en el caso concreto, la exclusión del art. 1843 CC se justifica no por razón de la condición de hipotecantes no deudores de los garantes, sino por la especial vinculación que les une con la sociedad deudora, de la que son socios. Se trataba, así, de una garantía en interés propio que, al igual que la fianza en interés propio, excluye la acción de regreso (arts. 1838 y 1839 CC) y, en la misma lógica, el art. 1843 CC[94]. Sin embargo, siendo procedente el derecho de regreso del hipotecante, también deberían reconocérsele las acciones de relevación y cobertura, que se justifican en aquel[95].

---

87. Vid. las RRDGRN 25.1.2016 y 5.9.1998, que admitió incluso la posibilidad de fijar en la escritura de constitución de la hipoteca dos domicilios, el del garante y el del deudor, «por prudencia», a los efectos de practicar los oportunos requerimientos, según el hoy vigente art. 682.2.2° LEC.

88. CARPI MARTÍN, *La hipoteca*…, cit., p. 142.

89. MORENO QUESADA, *Las garantías*…, cit., p. 151.

90. CERDEIRA BRAVO DE MANSILLA, «El hipotecante…», cit., p. 169.

91. GUILARTE ZAPATERO, «Comentario…», cit., p. 359.

92. CARPI MARTÍN, *La hipoteca*…, cit., p. 140.

93. BELUCHE RINCÓN, *El fiador*…, cit., p. 86.

94. CORDERO LOBATO, «Sentencia…», cit., p. 251.

95. CARRASCO PERERA, CORDERO LOBATO, MARÍN LÓPEZ, *Tratado*…, cit., p. 793.

b) Las acciones que competen al hipotecante solvens por efecto del pago: el reembolso y la subrogación

Uno de los principales recursos de que dispone el fiador que finalmente paga o cumple por el tercero es el de verse resarcido en la medida del perjuicio patrimonial que ha soportado, pues, de lo contrario, se produciría un injustificado enriquecimiento del deudor y un injustificado empobrecimiento del fiador[96]. Los arts. 1838 y 1839 CC articulan el mecanismo a través del cual el fiador *solvens* puede materializar su derecho de regreso: el primero regula su derecho de reembolso, es decir, a reclamar del deudor no solo la deuda efectivamente satisfecha sino también los intereses, gastos, daños y perjuicios que haya soportado hasta su total indemnidad; el segundo consagra la subrogación del fiador *«en todos los derechos que el acreedor tenía contra el deudor»*, esto es, coloca al fiador en la posición jurídica que ostentaba el acreedor dentro de la obligación afianzada.

Son numerosas las cuestiones que ha suscitado la intelección de tales preceptos, tanto por lo que hace a su ámbito de aplicación como al modo en que sendos remedios deben ser conjugados. Sin entrar aquí al detalle de cada una de las soluciones que se proponen, entendemos, siguiendo a GALICIA AIZPURUA, que el análisis debe partir de la siguiente premisa metodológica: la fianza implica el refuerzo por el fiador de una deuda ajena y, en ese sentido, supone una injerencia o intromisión en la esfera jurídica de otro sujeto (el obligado principalmente), lo mismo que sucede cuando alguien, sin asegurarla, paga voluntariamente una deuda ajena; de ahí que pueda apreciarse gran similitud en el tenor literal de los arts. 1158 y 1823. II CC en cuanto a las circunstancias que pueden rodear la intervención del tercero (con el consentimiento, en la ignorancia o incluso con la oposición del deudor principal) y que sea obligado buscar también la misma similitud en los remedios que el legislador articula frente a dicha intervención[97]. Desde tal punto de partida se infiere que el derecho de reembolso que consagra el art. 1838 CC no se reconoce en favor de todo fiador *solvens* sino que, interpretado *sensu contrario* su inciso final (*«[l]a disposición de este artículo tiene lugar aunque la fianza se haya dado ignorándolo el deudor»*), queda excluido quien ha prestado fianza *prohibente debitore*, es decir, contra la voluntad expresa del deudor. Un sujeto al que, sin embargo, parece oportuno dispensar algún recurso para repetir, siquiera en parte, contra el deudor; de ahí que se le reconozca la posibilidad de recurrir al art. 1158 CC para exigirle aquello en que le hubiere resultado útil el pago, como efectivamente se reconoce a quien paga por cuenta de otro y contra su expresa voluntad[98].

Por su parte, el art. 1839.I CC enuncia sin limitación aparente que *«el fiador se subroga por el pago en todos los derechos que el acreedor tenía contra el deudor»* y, por tanto, a él se transfieren *«el crédito con los derechos a él anexos»* (cfr. art. 1212

---

96. DÍEZ-PICAZO, *Fundamentos…*, cit., p. 509.

97. GALICIA AIZPURUA, G., «El derecho de regreso del fiador *solvens*: régimen sustantivo y clasificación concursal», *Anuario de Derecho Civil*, núm. 76-I, 2023, pp. 14-15.

98. DÍEZ-PICAZO, *Fundamentos…*, cit., p. 494; GIL RODRÍGUEZ, KARRERA EGIALDE, DE MIGUEL HERNANDO, «El contrato…», cit., p. 330.

CC), con independencia, al parecer, de las circunstancias por las que haya intervenido. No obstante, ¿cómo explicar la diferencia de régimen entre la acción de reembolso (art. 1838) y la subrogación (art. 1839) cuando ambos remedios responden a la misma finalidad (SSTS 30.12.2015, 16.1.2020 y 3.2.2020) y, por ende, deberían estar sujetos a similares presupuestos?[99]. Una segunda contradicción encierra el planteamiento ampliamente seguido por la doctrina[100] y jurisprudencia[101] de que ambas vías (el reembolso y la subrogación) son caminos distintos y alternativos por los que el fiador *solvens* puede transitar para regresar contra el deudor: según ese planteamiento, la acción de reembolso presupone la extinción del crédito pagado y el nacimiento de un derecho nuevo, que engloba todas las partidas enumeradas en el art. 1838 CC, pero tiene el inconveniente de hacer perder al fiador la antigüedad, privilegios y garantías asociados al crédito anterior (el del acreedor); mientras que la subrogación, entendida en el sentido literal que propugna el art. 1212 CC como transmisión al fiador del crédito originario con los derechos a él anexos, conllevaría la pervivencia de los privilegios y las garantías pero solo, claro está, por el principal de la deuda, de forma que el fiador no podría lograr por este cauce una indemnidad plena (así, p. ej., por los gastos en que haya incurrido —art. 1838.3º— o los daños y perjuicios padecidos —art. 1838.4º—, que nunca se debieron al acreedor).

Las contradicciones anteriores quedan superadas si ambos preceptos se leen de manera conjunta y coordinada, entendiendo que el legislador no ha previsto una duplicidad de acciones a disposición del fiador sino un solo cauce de reembolso, reforzado por el mecanismo de la subrogación, como sostiene la crucial STS 25.5.2012: el fiador «*una vez cumple la prestación debida por su afianzado, está facultado ex lege para recuperar, en vía de regreso, lo que haya pagado. Dispone para ello de la acción de reembolso por la cantidad total de la deuda, en cuyo ejercicio el artículo 1839 CC —en relación con los artículos 1210 CC, regla tercera, y 1838 CC, regla primera, del mismo texto legal— le favorece, al mandar que sea considerado como subrogado en la posición del acreedor satisfecho, con el fin de permitir que se beneficie de la antigüedad del crédito garantizado y de sus privilegios, preferencias y garantías*».

Y es que, pese a que en la *communis opinio* el fenómeno subrogatorio se concibe como una forma de transmitir el crédito con los derechos a él anexos desde el patrimonio del acreedor *accipiens* al del tercero *solvens*, si se transciende de la letra del art. 1212 CC, una interpretación lógica y sistemática del Código abonan la idea de que la subrogación no ha de entenderse como la pervivencia del crédito pagado (extinguido por pago: *cfr.* art. 1156.I CC) sino como la simple comunicación al derecho de reembolso que compete al *solvens* del rango, privilegios y garantías del

99. GALICIA AIZPURUA, «El derecho…», cit., p. 9.
100. Por todos, DÍEZ-PICAZO, *Fundamentos…*, cit., pp. 509-510; GUILARTE ZAPATERO, «Comentario…», cit., p. 206.
101. SSTS 11.6.1984, 13.2.1988, 15.12.1997, 3.7.1998, 3.2.2020, 12.11.2020.

crédito saldado[102]. Son varios los argumentos que sostienen esta tesis y en los que no vamos a detenernos ahora[103], pero, conforme a dicha interpretación, los remedios que consagran los arts. 1838 y 1839 CC, leídos coherentemente con los preceptos dedicados al pago por tercero de deuda ajena (arts. 1158 y 1159 CC) solo se prestan a aquel fiador que pueda ser considerado verdadero gestor del negocio del deudor (arts. 1888 y ss. CC), pero no a quien salió fiador contra la voluntad del deudor o para gestionar un interés propio[104]. Para este último, solo resta el remedio que prevé el art. 1158.III CC, es decir, la facultad de solicitar que se le restituya el efectivo enriquecimiento que ha proporcionado al deudor (*«aquello en que le hubiera sido útil el pago»*) pero no el entero empobrecimiento patrimonial que haya padecido en los términos del art. 1838 CC, ni tampoco tendrá acceso a la subrogación, considerando que esta constituye, en palabras de GALICIA AIZPURUA, un «premio» o privilegio, basado en la equidad, que el legislador dispensa tan solo al tercero *solvens* que, sin atender a un interés propio, allana el terreno del acreedor prestando caución por un débito extraño[105].

Sentado lo anterior, ninguna duda cabe de que al tercero hipotecante debe reconocérsele algún recurso frente al deudor cuando se ve abocado a soportar finalmente el pago o la ejecución pues, al igual que sucede con la fianza (STS 12.11.2020), responde a *«un principio básico de la regulación de las garantías otorgadas por terceros, como es que el tercero que paga, y se convierte por ello en acreedor del deudor principal, no sufra, en lo posible, un quebranto patrimonial y pueda resarcirse con cargo al deudor principal, que no pagó»* (STS 30.12.2015). Como sostiene CARPI MARTÍN, *«entenderlo de otro modo nos llevaría al absurdo de que mientras que a cualquier tercero que pague una deuda ajena, con la que no tiene vinculación alguna, se le concede expresamente el derecho a repetir dicho pago frente al deudor (art. 1158 CC), aquel que como el hipotecante, cumpliendo una función en todo caso beneficiosa para el acreedor y el deudor y en general para el mercado crediticio, garantiza el cumplimiento de la obligación y satisface al acreedor cuando el deudor no cumple, no tendría en principio ningún derecho de reembolso reconocido»*[106].

Así, tras la negativa inicial del Tribunal Supremo (en STS 23.3.2000, oportunamente criticada[107]), es hoy ampliamente aceptado que el tercero hipotecante puede

---

102. CAÑIZARES LASO, A., *El pago con subrogación*, Civitas, Madrid, 1996, pp. 76 y ss.; FERNÁNDEZ VILLA, J., *El pago con subrogación: revisión del artículo 1212 del Código civil español*, Comares, Granada, 1999, pp. 249 y ss.; GALICIA AIZPURUA, *La disciplina...*, cit., p. 51.

103. Vid. GALICIA AIZPURUA, *La disciplina...*, cit., pp. 52-53; CASTELLANOS CÁMARA, *Recargas...*, cit., pp. 262-271.

104. GALICIA AIZPURUA, «El derecho...», cit., pp. 13-32.

105. GALICIA AIZPURUA, *La disciplina...*, cit., p. 64.

106. *La hipoteca...*, cit., p. 180.

107. Vid. BERCOVITZ RODRÍGUEZ-CANO, R., «Ejecución hipotecaria: acciones del poseedor del bien hipotecado (tercer hipotecante) frente a fiadores solidarios del deudor», *Cuadernos Civitas de Jurisprudencia Civil*, núm. 53, 2000, pp. 884-887 y PANTALEÓN PRIETO, F., «Diálogo sobre las desventuras jurisprudenciales del "fiador hipotecario"», *La Ley: Revista jurídica española de doctrina, jurisprudencia y bibliografía*, núm. 4, 2002, pp. 1622-1627.

valerse de la acción de reembolso y del recurso subrogatorio, sea por la vía de aplicar analógicamente las normas de la fianza (arts. 1838 y 1839 CC) sea por aplicación directa de las normas generales sobre pago por tercero y subrogación, singularmente, del art. 1210.3° CC, en el que finalmente la jurisprudencia ha tenido a bien incluir al hipotecante por deuda ajena como el tercero *«interesado»* en el cumplimiento de la obligación que efectivamente es (SSTS 3.2.2009, 15.12.2014, 30.12.2015, 12.11.2020). De hecho, existiendo norma aplicable al caso, coincidimos con los autores que defienden la innecesariedad de acudir al régimen de la fianza[108], al no ser procedente la analogía (art. 4.1 CC): el garante que paga puede *ex* art. 1158.2° CC, entendido como remisión a las normas del mandato y de la gestión de negocios[109], ejercitar el reembolso con sujeción a los arts. 1728 y 1729 CC (acción contraria de mandato) o 1893 CC (acción contraria de gestión), subrogándose en las garantías o privilegios de la deuda satisfecha (art. 1210.3° CC); en cambio, si la hipoteca se hubiera constituido en contra de la voluntad del deudor[110] o para gestionar un interés propio (p. ej., el socio de la mercantil cuya deuda garantiza), pagada la obligación solo podrá repetir, al amparo del art. 1158.3° CC, en la medida del enriquecimiento que haya procurado al deudor, pero no podrá beneficiarse de la subrogación pues no merece, en esos casos, dicho privilegio, en detrimento del resto de acreedores del codeudor, a quienes se desplazaría el peligro de insolvencia del mismo.

C) En las relaciones entre el hipotecante no deudor y otros garantes personales o reales

Bien puede suceder que como refuerzo de una misma deuda se constituyan varias garantías reales o que estas confluyan, a su vez, con alguna garantía personal, de donde surge la necesidad de dilucidar cuál es el régimen de regreso entre los cogarantes, caso de que este sea procedente.

En el ámbito de la fianza, esta circunstancia está contemplada en el art. 1837 CC, siempre que una pluralidad de sujetos se obligue de forma conjunta en garantía de una misma deuda, en beneficio del mismo deudor y frente a idéntico acreedor (STS 4.5.1993). A esta hipótesis se aplica la Sección del Código dedicada a los efectos de la fianza entre los cofiadores (arts. 1844 a 1846 CC), así como el artículo 1850 CC. Sin embargo, más arriba ya desechamos la posibilidad de que dichas normas sean trasladables al supuesto de concurrencia de varias garantías reales, toda vez que nuestro ordenamiento jurídico prohíbe las hipotecas solidarias (a salvo alguna pun-

108. CORDERO LOBATO, «Sentencia…», cit., p. 245; BELUCHE RINCÓN, *El fiador…*, cit., p. 90.

109. DEL OLMO GARCÍA, P., *Pago de tercero y subrogación*, Civitas, Madrid, 1998, p. 62.

110. En efecto, la hipoteca por deuda ajena no requiere para su válida constitución del conocimiento ni anuencia del deudor principal *«y así lo corrobora la negociabilidad del crédito con independencia del deudor (arts. 1198, 1205, 1527 CC), la posibilidad de afianzamiento sin su intervención (arts. 1823 y 1838 CC), la admisión del pago por otro ignorándolo éste (art. 1.158), la posibilidad de la hipoteca unilateral —art. 141 LH-, aun cuando tales hipótesis es indudable que la posición jurídica del obligado no podrá resultar agravada»*: RDGRN 26.5.1986. En el mismo sentido, RRDGRN 20.9.1989, 14.7.1998 y 8.2.2011.

tual excepción: art. 123 LH) y consagra, en su lugar, el principio de distribución de la responsabilidad hipotecaria entre las diversas fincas gravadas en garantía de una misma deuda (arts. 119 y 120 LH). De modo que los distintos inmuebles quedan respondiendo cada uno *de una parte* de la deuda y el acreedor hipotecario solo podrá dirigirse contra cada respectiva finca en atención a la porción concreta de que responde[111], además de que no cabrá frente al hipotecante no deudor repetir por el exceso no cubierto (cfr. art. 121 LH), lo que se permite solo frente a quien ostenta la condición de deudor hipotecante como manifestación del art. 1911 CC y del principio de economía procesal[112]. No concurre, en definitiva, en el caso de la hipoteca, el supuesto de hecho que contempla el Código Civil en materia de cofianza.

La única duda que resta es, entonces, la de la confluencia de una hipoteca y una fianza que garanticen ambas la misma deuda pues, incumplida la obligación por el deudor, el acreedor puede libremente optar por dirigirse contra cualquiera de ellos. Se plantea, así, si el primero que pague o cumpla puede subrogarse en la posición del acreedor y aprovechar la otra garantía como refuerzo de su derecho de reembolso. Ahora bien, con ello se estaría haciendo recaer el riesgo de insolvencia del deudor en el garante no elegido por el acreedor, lo que no se reputa adecuado[113], ni justo ni sensato porque convertiría el conflicto en una improcedente «carrera de velocidad»[114]. Por ello, se ha propuesto como solución, desde hacer prevalecer el derecho del fiador, a quien el legislador expresamente concede la subrogación (arts. 1838 y 1839 CC) y la posibilidad de liberarse cuando por algún hecho del acreedor no pueda acceder a la subrogación (art. 1852 CC)[115], hasta proceder al reparto de responsabilidades, es decir, distribuir la deuda entre los diferentes garantes, en proporción al riesgo asumido por cada uno de ellos, al modo en que lo prevé el art. 1844 CC para la cofianza. Esta última regla, que es la que rige en el Derecho italiano (art. 2871.2° CC), se reputa por algunos autores la más justa y equilibrada[116]. En esa misma dirección apunta también la STS 3.2.2009, que,

---

111. BELUCHE RINCÓN, *El fiador...*, cit., p. 96.

112. CARRASCO PERERA, CORDERO LOBATO, MARÍN LÓPEZ, *Tratado...*, cit., p. 791. En contra, la RDGRN 30.10.2017 sostiene que, a falta de pacto, el art. 221 LH solo es aplicable respecto de terceros (adquirentes posteriores), pero no entre los contratantes (deudor, hipotecante no deudor) *«funcionando la hipoteca entre ellos como si fuera solidaria, teniendo derecho el acreedor a perseguir ejecutivamente todas y cada una de las fincas indistintamente, por la totalidad del crédito hipotecario»*, por aplicación del principio de indivisibilidad de la hipoteca.

113. CARRASCO PERERA, CORDERO LOBATO, MARÍN LÓPEZ, *Tratado...*, cit., p. 794.

114. BELUCHE RINCÓN, *El fiador...*, cit., p. 97.

115. Solución adoptada en el Derecho portugués, siempre que la constitución de la hipoteca sea previa o simultánea a la prestación de fianza: art. 639 CC.

116. BELUCHE RINCÓN, *El fiador...*, cit., pp. 101-104; MORENO QUESADA, *Las garantías...*, cit., pp. 202-204; CARRASCO PERERA, CORDERO LOBATO, MARÍN LÓPEZ, *Tratado...*, cit., pp. 793-795; PANTALEÓN PRIETO, «Diálogo...», cit., pp. 1622-1627; FELIU REY, M. I., «Fianza real, subrogación por pago de tercero interesado y solidaridad no uniforme», *La Ley: Revista jurídica española de doctrina, jurisprudencia y bibliografía*, núm. 7, 2001, pp. 1482-1490, aunque apela a las normas de la solidaridad (art. 1145.II CC); y DÍEZ GARCÍA, «Efectos...», cit., pp. 2723-2725, aunque como solución subsidiaria, pues defiende, y nosotros con ella, que no dispone de acceso al recurso subrogatorio el hipotecante no deudor que pague a través de la realización forzosa de la finca.

aunque rechaza la subrogación del hipotecante no deudor dado que el acreedor había liberado a los cofiadores solidarios antes de producirse el pago, precisa que, de subsistir dicha fianza, la acción del tercero hipotecante *no sería total, sino solo parcial (proporcional)»*, lo que se traduce probablemente, sostiene BERCOVITZ, en 2/3 del crédito, puesto que tanto la hipoteca como las fianzas lo eran por el todo[117].

Sin embargo, ninguna de las soluciones anteriores nos resulta plenamente convincente. La primera, por cuanto supondría reconocer al fiador una preeminencia frente al hipotecante no deudor que nuestro ordenamiento jurídico en ningún punto le dispensa. Además, ambos tienen idéntico derecho a la subrogación, cualquiera que sea el fundamento jurídico que se haga valer (arts. 1158.II y 1210.3°, o 1838 y 1839 CC), pues, como tiene declarado el Tribunal Supremo, también los del art. 1210 CC son casos de subrogación legal, automática y de pleno derecho[118]. Nótese, por último, que el art. 1852 CC no sería oponible en estas circunstancias, como expresamente ha reconocido el Tribunal Supremo de manera reiterada en una jurisprudencia que aglutina la STS 12.11.2020: *«parece evidente que la obligación de conservación de las garantías en que eventualmente pudiera subrogarse el fiador no alcanza a aquellas que precisamente permiten, en caso de impago del deudor principal, promover la venta forzosa o ejecución del bien dado en garantía mediante el ejercicio del ius vendendi ínsito en la garantía real»*, venta forzosa que provoca como efecto propio y legalmente dispuesto *«la cancelación de la propia hipoteca ejecutada (arts. 674 y 692.3 LEC)»*, lo que, sin embargo, no irroga ningún perjuicio al fiador que pueda justificar el efecto liberatorio del art. 1852 CC, *«pues la cancelación de la hipoteca de la finca gravada se consintió por el banco a cambio de recibir el precio pactado por su venta a un tercero con destino a la amortización de la deuda (…),* de modo que se ve *«minorado el importe de la deuda afianzada en el importe del precio de la venta de la finca»*.

En cuanto a la segunda alternativa que se propone, coincidimos con GUILARTE ZAPATERO en que es extremadamente dudosa, ya que el art. 1844 CC, que contiene dicha solución, contempla estrictamente la situación de cofianza personal como vínculo asumido conjuntamente, lo que no sucede en los casos de concurrencia de «fianza real» y personal[119].

La respuesta a esta cuestión, y pese a lo que viene admitiéndose con carácter general por la doctrina y jurisprudencia, nos la proporciona, a nuestro juicio, GALICIA AIZPURUA, para quien la subrogación no procede en aquellos supuestos en los que el acreedor haya debido recurrir a la vía ejecutiva para hacer valer su derecho de crédito, considerando que el legislador solo concede tal remedio excepcional en méritos de quien coopera proactivamente con el acreedor y no de quien muestra una actitud rebelde al cumplimiento o meramente pasiva[120]. De modo que es incierta la afirmación de que, ante la concurrencia de sendas garantías, sería fiar al azar o hacer descansar en la libre decisión del acreedor que insta la ejecución cuál de

---

117. «Sentencia…», cit., p. 1234.
118. STS 3.2.2009.
119. GUILARTE ZAPATERO, «Comentario…», cit., p. 360.
120. GALICIA AIZPURUA, *La disciplina…*, cit., p. 137.

los dos garantes (personal o real) tendría acceso finalmente a la subrogación y, por ende, cuál de los dos podría desviar el riesgo de insolvencia del deudor principal aprovechando la garantía que resta; es incierto porque en esos casos de pago coactivo ninguno de los dos habría ganado, en efecto, el derecho a la subrogación y solo restaría, para ellos, un derecho de regreso limitado frente al deudor principal *ex* art. 1158.III CC.

A esta misma conclusión llega CARPI MARTÍN, por entender que solo tiene cabida en la letra del art. 1210.3º CC el supuesto de *pago voluntario* realizado por quién tiene interés en la obligación: en modo alguno está pagando la deuda, en el sentido de dicho precepto, el hipotecante no deudor cuya garantía se ejecuta, a quien tampoco cabría extender, por aplicación del art. 1209 CC, que impide presumir la subrogación *«fuera de los casos expresamente mencionados en este Código»*, el remedio del art. 1839 CC, lo que, en definitiva, le lleva a sostener que *«el hipotecante por deuda ajena carece legalmente del derecho a subrogarse en los derechos del acreedor cuando el derecho de crédito queda satisfecho mediante la realización de la hipoteca»*[121]. Aun más: una vez ejecutada forzosamente la garantía, como reconoce la STS 3.2.2009, *«desaparece el interés de liberación de la finca»* y, por ende, el tercero hipotecante ha dejado de ser un tercero interesado en el cumplimiento de la obligación *ex* art. 1210.3º CC. Por ello, y pese a que el Tribunal Supremo afirme en esa sentencia que se le debería conceder la subrogación porque lo contrario *«carece de sentido y sería injusto»*, entendemos, con DÍEZ GARCÍA, que la diferencia de trato está plenamente justificada: el hipotecante no deudor que decide rehusar el pago antes de que concluyan las actuaciones ejecutivas y se muestra impasible ante la ejecución del acreedor, podrá solicitar el reembolso, pero su posición resultará menos reforzada que la de aquel otro garante que, teniendo interés en el cumplimiento, paga voluntaria y tempestivamente. Lo contrario sería inequitativo e incluso contrario a los postulados de la buena fe[122].

III. EL HIPOTECANTE POR DEUDA AJENA EN EL PROCESO CONCURSAL: ¿AQUÍ SÍ HAY IDENTIDAD DE RAZÓN?

Una última cuestión que debemos traer a colación guarda relación con la incidencia que tiene el concurso de acreedores cuando existe un tercero hipotecante, sea este quien ostenta la condición de concursado sea el propio deudor garantizado.

En el primero de los casos, y a falta de previsión legal específica en la normativa concursal, el problema que se plantea es si cabe la aplicación del art. 151 TRLCon, referido en exclusiva al tercer poseedor, y en virtud del cual *«[l]a declaración de concurso no afectará a la ejecución de la garantía real»* o, por el contrario, la ejecución frente al hipotecante no deudor se sujeta al régimen general de los arts. 145 a 150 TRLCon de eventual paralización, suspensión o pérdida de la facultad de

---

121. *La hipoteca...*, cit., p. 187.
122. «Efectos...», cit., pp. 2715-2718.

ejecución separada para el acreedor, teniendo en cuenta, además, que este no dispone de ningún crédito frente al concursado, de modo que no ostentaría la condición de acreedor en el seno del concurso. La conclusión sobre si el hipotecante no deudor puede entenderse comprendido en la regla que enuncia el art. 151 TRLCon no es en absoluto unánime, de suerte que algunos autores sostienen que el acreedor garantizado no debería ver limitadas sus facultades ejecutivas[123], mientras que, por el contrario, otros defienden que ha de quedar sometido al régimen general, ya que la inmunidad al concurso que establece dicho precepto no es aplicable porque no concurre la *ratio* que justifica la inmunidad: «*con ella se pretende evitar que el titular de la hipoteca vea involuntariamente limitadas sus facultades ejecutivas por un acto unilateral del deudor (transmisión de la finca hipotecada a un insolvente), pero en el caso del hipotecante no deudor, el titular de la hipoteca sí está en condiciones de comprobar la solvencia de quien le presta la garantía real, valorando, en consecuencia, la posibilidad de que éste pudiera entrar en concurso, y con ello ver afectadas su facultades ejecutivas*» (SAP Murcia 26.9.2019)[124]. Esta última tesis se sigue por la RDGSJFP 19.10.2020, que entiende que el acreedor tendrá que solicitar ante el Juzgado Mercantil del concurso que se pronuncie sobre si el bien es necesario o no para la actividad, antes de iniciar la ejecución. Todo ello sin perjuicio, claro está, del ejercicio fructífero de las acciones de rescisión concursal (arts. 226 y ss. TRLCon) para aquellos gravámenes que se hayan constituido dentro de los dos años anteriores a la declaración de concurso (vid. por todas las SSTS 30.4.2014, 27.6.2017 y 19.12.2018).

Por otro lado, también se sostiene la inmunidad del acreedor hipotecario cuando quien se halla en concurso es el deudor garantizado, de modo que conserva intacta la posibilidad de dirigirse contra el bien hipotecado, sin perjuicio de que comunique su crédito en el seno del concurso, donde se calificaría como crédito ordinario o sin privilegio especial, toda vez que el bien afecto no está integrado en la masa activa[125]. Para ello se recurre, entre otros, al argumento de que, una cosa es que las obligaciones no se puedan exigir al concursado, con ocasión del concurso, y otra distinta que «*vencidos los intereses del préstamo (…) tratándose de una garantía real, puedan ser satisfechas por el fiador real, tercero pignorante, hasta el límite de la garantía constituida*», de modo que el acreedor «*en caso de incumplimiento de la obligación principal por el deudor aun hallándose éste en concurso, puede ejecutarla en los términos convenidos, hasta donde alcance la garantía*» (STS 18.6.2014). Así lo admitió también la RDGRN 15.10.2014, que permitió la inscripción

---

123. AZOFRA VEGAS, F., «La ejecución frente al fiador real en concurso», *Diario La Ley*, núm. 9878, 2021; CARRASCO PERERA, CORDERO LOBATO, MARÍN LÓPEZ, *Tratado…*, cit., pp. 796-797.

124. En el mismo sentido, CASTRO MATUTE, K. J., *Ejecuciones hipotecarias sobre bienes inmuebles y concurso de acreedores*, Thomson-Reuters Aranzadi, Cizur Menor, 2021, pp. 180 y ss., para quien la cuestión ha quedado resuelta en el art. 145.1 TRLCon, cuyas previsiones se aplican *a los titulares de derechos reales de garantía, sean o no acreedores concursales*». De modo que, a su juicio, a la masa activa del hipotecante no deudor se le debe procurar la misma protección que a la masa activa del deudor, a diferencia de lo que sucede con el tercer poseedor, donde el legislador trata de evitar situaciones que provoquen dilaciones innecesarias, ajenas por completo al acreedor.

125. Vid., entre otras, SSAP Pontevedra 26.9.2011 y Murcia 26.9.2019.

de un decreto de adjudicación fruto de un procedimiento de ejecución directa de hipoteca entablado exclusivamente contra los hipotecantes no deudores, siendo que el deudor se encontraba en situación de concurso, bajo la interpretación de que el art. 568.3 LEC permite seguir la ejecución contra el hipotecante no deudor y teniendo en cuenta, además, *«que no cabe aplicar el beneficio de excusión en el ámbito hipotecario, ni siquiera en el ámbito de la fianza personal cuando el deudor ha sido declarado en concurso (cfr. art. 1831.4.° CC)».* Por último, también se ha argumentado que, si la normativa concursal exceptúa de la regla general de paralización de las ejecuciones hipotecarias aquellas que recaen sobre bienes que no son necesarios para la continuidad de la actividad profesional o empresarial del concursado (art. 146 TRLCon), con mayor razón debería permitirse frente a bienes que ni siquiera pertenecen al concursado[126].

Tampoco afectarán al acreedor los acuerdos alcanzados durante el procedimiento concursal (salvo que hubiera sido autor de la propuesta, se hubiera adherido a ella o hubiera votado a favor), por aplicación del art. 399 TRLCon, que, aunque referido solo a los «obligados solidarios», «fiadores» o «avalistas», debe aplicarse analógicamente al hipotecante no deudor. Así lo ha sostenido recientemente la STS 20.7.2021, que ubica la *ratio* de la norma contenida en el art. 135.1 LC (hoy art. 399 TRLCon, que en lo que ahora respecta, dice la sentencia, no ha cambiado) en *«garantizar al acreedor que no vota a favor de la propuesta de convenio que su aprobación no afectará a los derechos que tuviera frente a terceros, ya sean los obligados solidarios con el concursado, ya sean quienes hubieran aportado una garantía».* Pues, pese a que la norma solo se refiera expresamente a las garantías personales, *«tiene sentido que corran la misma suerte las garantías reales prestadas por terceros, como en este caso una hipoteca otorgada por un hipotecante no deudor».* La razón última a la que apela el Tribunal es que solo puede imponerse al acreedor que no acepta la propuesta de convenio el sacrificio de verse arrastrado por lo acordado por los demás (quitas, esperas…), en el seno del concurso y en aras de facilitar la continuidad de la actividad económica del deudor. Pero ese sacrificio no puede exigirse también respecto de las garantías que, en previsión del incumplimiento del deudor, hubiera recabado el acreedor de terceros, ni esos terceros tienen por qué beneficiarse de las razones concursales que justifican tal arrastre de efectos, al hallarse al margen del concurso. En el mismo sentido se ha pronunciado, respecto de una garantía prendaria, la STS 27.7.2021, sentando jurisprudencia sobre la aplicabilidad del art. 399 TRLCon a los garantes reales, pues *«si el legislador prevé la posibilidad de excluir los efectos del convenio respecto a los fiadores, avalistas u obligados solidarios de carácter personal, porque estas garantías aparecen concebidas precisamente para asegurar el pago ante la insolvencia del deudor, como es el caso del concurso, con mayor razón ha de admitirse la no vinculación del convenio respecto a las garantías reales sobre bienes no pertenecientes al concursado, atendida la posición de privilegio de la que parte la ley concursal respecto a los acreedores con garantía real».*

---

126. AZOFRA VEGAS, «La ejecución…», cit.

Ahora bien, como pone de manifiesto FACHAL NOGUER, ambas sentencias resuelven sendas hipótesis en las que el acreedor se había opuesto al convenio concursal (art. 399.1 TRLCon) y, por ende, mantiene intactas sus facultades ejecutivas frente al garante real. Sin embargo, queda pendiente de resolver el supuesto que contempla el apartado segundo, a saber, el de la suerte de las garantías y, singularmente, de la hipoteca por deuda ajena, cuando el acreedor es autor de la propuesta de convenio, se adhiere a ella o vota a favor, en cuyo caso la responsabilidad de los garantes, a tenor de la norma, *«se regirá por los pactos que sobre el particular hubieran establecido y, en su defecto, por las normas legales aplicables a la obligación que hubieren contraído»*[127]. Pero ¿qué normas son estas en el caso del hipotecante no deudor, para quien el Tribunal Supremo excluye la aplicación analógica de la normativa reguladora de la fianza? ¿De qué modo puede protegerse al garante real de los comportamientos del acreedor que pudieran resultar lesivos para sus intereses (p. ej., del convenio en el que consiente una espera), si se descarta la extensión de los remedios previstos en los arts. 1851 y 1852 CC? ¿No resta otra alternativa, como sugiere la autora, que el recurso a la doctrina del abuso de derecho?

Por último, el tercero hipotecante tampoco puede hacer valer la exoneración del pasivo insatisfecho que se conceda al deudor persona física conforme a los arts. 486 a 502 TRLCon y que le permite exonerarse del pasivo pendiente una vez practicada la liquidación de su patrimonio, entre otros, del crédito garantizado hipotecariamente. A este respecto se ha planteado si la exoneración produce la extinción de la obligación asegurada pero hace subsistir, de manera excepcional y contra el principio de accesoriedad, el derecho de garantía[128] o si, por el contrario, solo hace inexigible la deuda al deudor y, en esa medida, vacía el derecho de reembolso o posible subrogación del tercero garante que finalmente cumple frente a dicho obligado, que está exonerado de responsabilidad por ese crédito[129].

Con todo, lo que es hoy indubitado es que se dispensa el mismo tratamiento a fiador e hipotecante no deudor; en efecto, mientras el art. 502 TRLCon, en la versión vigente hasta el 25 de septiembre de 2022, solo excluía los efectos de la exoneración *«frente a los obligados solidariamente con el deudor y frente a sus fiadores o avalistas»*, el vigente art. 492.1 TRLCon incluye ahora de manera expresa también a estos sujetos: *«[l]a exoneración no afectará a los derechos de los acreedores frente a los obligados solidariamente con el deudor y frente a sus fiadores, avalistas, aseguradores, hipotecante no deudor o quienes, por disposición legal o contractual, tengan obligación de satisfacer todo o parte de la deuda exonerada, quienes no podrán invocar la exoneración del pasivo insatisfecho obtenido por el deudor»*. Sin embargo, lo que verdaderamente interesa es que esta solución ya venía aplicándo-

---

127. FACHAL NOGUER, N., «La aprobación del convenio en el concurso del deudor principal y su incidencia sobre el derecho del acreedor a dirigirse frente a los garantes personales y reales», *La Ley Insolvencia: Revista profesional de Derecho Concursal y Paraconcursal*, núm. 5, 2021.

128. CUENA CASAS, M., «El hipotecante no deudor y la exoneración del pasivo insatisfecho (Comentario de la Resolución de la Dirección General de los Registros y del Notariado de 10 de diciembre de 2019)», *Anuario de Derecho Concursal*, núm. 52, 2021.

129. CARRASCO PERERA, CORDERO LOBATO, MARÍN LÓPEZ, *Tratado…*, cit., p. 298.

se antes incluso del cambio normativo (vid. RDGSJFP 4.3.2024 y RRDGRN 10.12.2019 y 20.9.2019), toda vez que, apelando a una interpretación finalista de la norma y dado su objetivo de dar una segunda oportunidad al deudor —pero no al hipotecante no deudor—, se trasladaba la solución prevista para el fiador también a este sujeto, en aras de *«respetar el interés equitativo de los acreedores»*. Además, como pone de manifiesto CUENA CASAS, no se recurría para ello a la aplicación analógica, que ciertamente no resistiría al tratarse de una regla restrictiva de los derechos de los fiadores y garantes, sino que se aplicaba directamente la norma mediante una interpretación extensiva con base en el criterio teleológico (art. 3 CC); solución, a juicio de dicha autora, que era correcta porque *«no admitir la extensión de la regla para fiadores, avalistas y obligados solidarios al hipotecante no deudor generaría una discriminación injustificada a favor del tercero garante y en contra de fiadores, avalistas y obligados solidarios»*[130].

En fin, lo que quiere ponerse de manifiesto es que, aunque no se consideren asimilables ambas figuras (fiador e hipotecante) y pese a que uno es deudor y el otro no, a estos efectos y para protección de los intereses del acreedor garantizado sí termina apreciándose una «identidad de razón» entre la posición del hipotecante no deudor y la del fiador en el proceso concursal. Una identidad que se evidencia, en palabras de la Dirección General —RDGRN 10.12.2019—, en la Ley 5/2019, reguladora de los contratos de crédito inmobiliario, que ha venido a equiparar a fiador y garante, sometiéndoles al mismo régimen de protección (art. 2.1), pues, en última instancia, ambos son garantes que refuerzan el derecho de crédito del acreedor. La cuestión es: ¿acaso no cabe apreciar la misma discriminación al tercero garante cuando se le priva de los remedios que el legislador concede al fiador para la protección de su derecho de regreso?

IV. CONCLUSIONES

I.   En la regulación del Código Civil en materia de fianza podemos encontrar dos tipos de normas: las que guardan relación con la naturaleza y extensión de esta garantía personal y las que disciplinan propiamente sus efectos entre los sujetos intervinientes. Cualquiera que sea la naturaleza jurídica que se asigne a la hipoteca por deuda ajena, ninguna duda cabe de que debe excluirse la aplicabilidad de ese primer conjunto de reglas (arts. 1822 a 1829 CC) para atender a las propias de la regulación hipotecaria: tanto las que se fundan en su carácter accesorio como las que son exigencia del principio de especialidad o determinación hipotecaria o de esencia a este derecho real de garantía. De ahí que deba rechazarse que el hipotecante no deudor pueda tener acceso a los beneficios de excusión y división (arts. 1830 a 1837 CC).

II.   Sin embargo, dentro del segundo grupo de normas a que hacíamos referencia, sobresale un propósito común: preservar la indemnidad de quien asegura una deuda ajena, blindando su derecho a verse resarcido del sacrificio patrimonial que,

---

130. CUENA CASAS, «El hipotecante…», cit.

por su condición de garante, pueda verse obligado a soportar. Sobre esta idea descansan los remedios que el legislador dispensa al fiador en los arts. 1838 y 1839 CC (reembolso y subrogación), pero también la facultad que le confiere para solicitar, en determinadas circunstancias, ser relevado de la fianza o acompañado por otras garantías adicionales (art. 1843 CC), así como la posibilidad de oponer algunas causas de extinción específicas (dación en pago, prórroga de la obligación afianzada y perjuicio de la subrogación: arts. 1849, 1851 y 1852 CC), toda vez que su *ratio* conecta con la necesidad de velar por que pueda ejercitar eficazmente sus acciones de regreso.

III. Tal y como reiteradamente ha sostenido el Tribunal Supremo, el hipotecante por deuda ajena, a diferencia del fiador, no es deudor y su responsabilidad se limita al bien hipotecado. Sin embargo, ambos sujetos están destinados a desempeñar el mismo fin de garantía: asegurar al acreedor la satisfacción de su derecho. Y es de esencia en la regulación de las garantías otorgadas por terceros que quien finalmente paga «*no sufra, en lo posible, un quebranto patrimonial y pueda resarcirse con cargo al deudor principal, que no pagó*» (STS 30.12.2015). Dicho de otro modo: es de esencia a la hipoteca por deuda ajena, pese a que el garante no responda de la obligación asegurada *ex* art. 1911 CC, que pueda paliar las consecuencias que le generará el incumplimiento de aquella obligación por el deudor garantizado y, en particular, que pueda disponer de los remedios que el legislador prevé para hacer efectivo su derecho de regreso. Lo que implica reconocerle no solo el acceso a la subrogación (art. 1210.3° CC) sino también el derecho de reembolso (art. 1158 CC) y todos los mecanismos destinados a protegerlo, es decir, las acciones de relevación o cobertura y la oponibilidad de la extinción de la garantía cuando su regreso pueda verse perjudicado (arts. 1849, 1851 y 1852 CC). Pues, en efecto, estos remedios no se fundan en la condición de deudor que ostenta el fiador sino «*en el hecho de ser un gestor que ha de quedar indemne, circunstancia que es igualmente predicable del hipotecante no deudor*», aunque su intervención responda a una «*técnica de garantía diferente*»[131]. De igual forma que es razonable sostener que el tercero hipotecante pueda hacer valer las mismas excepciones que el deudor pueda oponer para hacer frente a la pretensión del acreedor (arts. 1824 y 1853 CC), estando llamado como está a satisfacer idéntico interés.

IV. Es de celebrar, por ello, que el Tribunal Supremo finalmente haya dejado a un lado las diferencias entre ambas figuras y haya atendido al fundamento de la norma para concluir su equiparación a efectos concursales, en lo que hace, p. ej., a la oponibilidad de los acuerdos alcanzados en el seno del concurso o al alcance de la exoneración del pasivo insatisfecho. Llama la atención, sin embargo, que solo entienda extensibles las normas que claramente perjudican al hipotecante no deudor, en beneficio del acreedor hipotecario y que, en cambio, no haya hecho lo propio todavía con aquellas reglas, recién apuntadas, que están destinadas a proteger al hipotecante tercero como garante y cuya extensión, esperemos, esté por llegar.

---

131. CORDERO LOBATO, «Sentencia…», cit., p. 248.

V. ÍNDICE DE LAS RESOLUCIONES CITADAS

- STS 27.7.2021 (RJ\2021\3665)
- STS 20.7.2021 (RJ\2021\3748)
- STS 26.5.2021 (RJ\2021\2518)
- STS 12.11.2020 (RJ\2020\4565)
- STS 3.2.2020 (RJ\2020\125)
- STS 16.1.2020 (RJ\2020\814)
- STS 19.12.2018 (RJ\2018\5543)
- STS 27.6.2017 (RJ\2017\3037)
- STS 30 de diciembre de 2015 (RJ\2015\6437)
- STS 15 de diciembre de 2014 (RJ\2014\6579)
- STS 18 de junio de 2014 (RJ\2014\3698)
- STS 30.4.2014 (RJ\2014\2907)
- STS 3.3.2014 (RJ\2014\1425)
- STS 10.5.2012 (RJ 2012\7403)
- STS 3.2.2009 (RJ\2009\1361)
- STS 20.2.2008 (RJ\2008\3046)
- STS 3.11.2004 (RJ\2004\6869)
- STS 26.5.2004 (RJ\2004\4261)
- STS 9.3.2001 (RJ 2001\3185)
- STS 23.3.2000 (RJ\2000\2025)
- STS 20.1.1999 (RJ\1999\3)
- STS 3.7.1998 (RJ\1998\5213)
- STS 15.12.1997 (RJ\1997\8817)
- STS 6.10.1995 (RJ\1995\7022)
- STS 4.5.1993 (RJ\1993\3403)
- STS 13.2.1988 (RJ\1988\1985)
- STS 28.3.1985 (RJ\1985\1218)
- STS 11.6.1984 (RJ\1984\3227)
- STS 22.11.1916 (Col. leg. nº 84)
- SAP Pontevedra 26.9.2011 (JUR 2011\349176)
- SAP Murcia 26.9.2019 (JUR 2019\311790)

- RDGSJFP 4.3.2024 (JUR\2024\93114)
- RDGSJFP 19.10.2020 (RJ\2020\3969)
- RDGRN 20.9.2019 (RJ\2019\4541)
- RDGRN 10.12.2019 (BOE núm. 60, de 10 de marzo de 2020)
- RDGRN 30.10.2017 (RJ\2017\6057)
- RDGRN 25.1.2016 (RJ\2016\1252)
- RDGRN 15.10.2014 (RJ\2015\855)
- RDGRN 2.3.2013 (RJ\2013\2912)
- RDGRN 29.11.2012 (RJ\2013\708)
- RDGRN 27.7.2012 (RJ\2012\10377)
- RDGRN 26.7.2012 (RJ\2012\10375)

— RDGRN 18.7.2012 (RJ\2012\10092)
— RDGRN 28.6.2012 (RJ\2012\8829)
— RDGRN 20.6.2012 (RJ\2012\10067)
— RDGRN 8.2.2011 (RJ 2011\2605)
— RDGRN 5.9.1998 (RJ\1998\6596)
— RDGRN 14.7.1998 (RJ 1998\5968)
— RDGRN 20.9.1989 (RJ 1989\6406)
— RDGRN 26.5.1986 (RJ 1986\3044)
— RDGRN 16.3.1929 (LA LEY 10\1929)
— RDGRN 24.1.1916 (LA LEY 4\1916)

VII. BIBLIOGRAFÍA

ALVENTOSA DEL RÍO, J., *La fianza: ámbito de responsabilidad*, Comares, Granada, 1988.

AZOFRA VEGAS, F., «La ejecución frente al fiador real en concurso», *Diario La Ley*, núm. 9878, 2021.

BELUCHE RINCÓN, I., «La lesión del derecho de subrogación del hipotecante por deuda ajena (a propósito de la STS 3 de febrero de 2009)», *Consultor inmobiliario: Revista mensual de actualidad para profesionales*, núm. 114, 2010, pp. 11-18.

BELUCHE RINCÓN, I., *El fiador hipotecario*, Tirant lo Blanch, Valencia, 2002.

BERCOVITZ RODRÍGUEZ-CANO, R., «Sentencia de 3 de febrero de 2009: Subrogación de tercero por pago mediante ejecución de hipoteca constituida en garantía de deuda. Relación del tercero hipotecante ejecutado con el acreedor que impide la subrogación en los derechos frente a los fiadores que garantizaban la misma deuda», *Cuadernos Civitas de Jurisprudencia Civil*, núm. 81, 2009, pp. 1221-1238.

BERCOVITZ RODRÍGUEZ-CANO, R., «Ejecución hipotecaria: acciones del poseedor del bien hipotecado (tercer hipotecante) frente a fiadores solidarios del deudor», *Cuadernos Civitas de Jurisprudencia Civil*, núm. 53, 2000, pp. 879-888.

BLASCO GASCÓ, F., *La hipoteca inmobiliaria y el crédito hipotecario*, Tirant lo Blanch, Valencia, 2000.

CAÑIZARES LASO, A., *El pago con subrogación*, Civitas, Madrid, 1996.

CARPI MARTÍN, R., *La hipoteca en garantía de deuda ajena*, Centro de Estudios Registrales, Madrid, 2002.

CARRASCO PERERA, Á., CORDERO LOBATO, E., MARÍN LÓPEZ, M. J., *Tratado de los Derechos de Garantía*, T. I, Thomson-Reuters Aranzadi, Cizur Menor, 2022.

CASANOVAS MUSSONS, A., *La relación obligatoria de fianza*, Bosch, Barcelona, 1984.

CASTÁN TOBEÑAS, J., *Derecho civil español, común y foral*, T. II: *Derecho de cosas*, V. 2°: *Los derechos reales restringidos*, Reus, Madrid, 1994.

CASTELLANOS CÁMARA, S., «Fianza e invalidez de la obligación afianzada», *Actualidad Jurídica Iberoamericana*, núm. 20, 2024, pp. 474-499.

CASTELLANOS CÁMARA, S., «La asunción cumulativa de deuda: naturaleza y régimen», *Cuadernos de Derecho Privado*, núm. 4, 2022, pp. 7-52.

CASTELLANOS CÁMARA, S., *Recargas y novaciones hipotecarias*, Thomson-Reuters Aranzadi, Cizur Menor, 2020.

CASTELLANOS CÁMARA, S. y SANCHO MARTÍNEZ, L., «Fianza civil y mercantil», en *Tratado de Contratos*, T. IV (dir. Rodrigo Bercovitz Rodríguez-Cano y coord. N. Moralejo Imbernón, S. Quicios Molina, S. López Maza), Tirant lo Blanch, 4ª ed., Valencia, 2024, pp. 5085-5184.

CASTILLA BAREA, M., «Comentario al artículo 1849 del Código Civil», en *Comentarios al Código Civil*, T. IX (dir. R. Bercovitz Rodríguez-Cano), Tirant lo Blanch, Valencia, 2013, pp. 12701-12705.

CASTILLO MARTÍNEZ, C. C., *Responsabilidad personal y garantía hipotecaria*, Aranzadi, Pamplona, 1999.

CASTRO MATUTE, K. J., *Ejecuciones hipotecarias sobre bienes inmuebles y concurso de acreedores*, Thomson-Reuters Aranzadi, Cizur Menor, 2021.

CERDEIRA BRAVO DE MANSILLA, G., «Extinción de la fianza por la prórroga concedida al deudor sin consentimiento del fiador, o del enigmático art. 1851 CC: comentario a la Sentencia del TS de 1 julio 2009 (RJ 2009, 4324)», *Revista Aranzadi de Derecho Patrimonial*, núm. 25, 2010, pp. 223-236.

CERDEIRA BRAVO DE MANSILLA, G., «El hipotecante no deudor: ¿Un «fiador real» cobijado por la analogía en el régimen de la fianza?», *Anuario de Derecho Civil*, núm. 59, 2006, pp. 1659-1766.

CORDERO LOBATO, E., «Sentencia de 6 de octubre de 1995. Hipoteca en garantía de obligación ajena: inaplicación de las acciones de relevación y cobertura previstas para la fianza; efectos del pago frente a otros garantes», *Cuadernos Civitas de Jurisprudencia Civil*, núm. 40, 1996, pp. 237-254.

CUENA CASAS, M., «El hipotecante no deudor y la exoneración del pasivo insatisfecho (Comentario de la Resolución de la Dirección General de los Registros y del Notariado de 10 de diciembre de 2019)», *Anuario de Derecho Concursal*, núm. 52, 2021, pp. 451-464.

DEL OLMO GARCÍA, P., *Pago de tercero y subrogación*, Civitas, Madrid, 1998.

DÍEZ GARCÍA, H., «Efectos del pago efectuado por un hipotecante no deudor mediante la ejecución de la garantía hipotecaria. Comentario a la STS 3 de febrero de 2009 (RJ 2009, 1361)», *Aranzadi civil: revista quincenal*, núm. 3, 2009, pp. 2703-2730.

DÍEZ GARCÍA, H., *El tercer poseedor de finca hipotecada*, Aranzadi, Pamplona, 1998.

DÍEZ-PICAZO, L., *Fundamentos del Derecho Civil Patrimonial*, T. II: *Las relaciones obligatorias*, Thomson Civitas, Cizur Menor, 2008.

DÍEZ-PICAZO, L., *Fundamentos del Derecho Civil patrimonial*, T. II: *Las relaciones obligatorias*, Civitas, 5ª ed., Madrid, 1996.

FACHAL NOGUER, N., «La aprobación del convenio en el concurso del deudor principal y su incidencia sobre el derecho del acreedor a dirigirse frente a los garantes personales y reales», *La Ley Insolvencia: Revista profesional de Derecho Concursal y Paraconcursal*, núm. 5, 2021.

FELIU REY, M. I., «Fianza real, subrogación por pago de tercero interesado y solidaridad no uniforme», *La Ley: Revista jurídica española de doctrina, jurisprudencia y bibliografía*, núm. 7, 2001, pp. 1482-1490.

FERNÁNDEZ VILLA, J., *El pago con subrogación: revisión del artículo 1212 del Código civil español*, Comares, Granada, 1999.

FÍNEZ RATÓN, J. M., «La extinción de la fianza como sanción al comportamiento del acreedor (estudio del art. 1852 del Código Civil)», *Revista Crítica de Derecho Inmobiliario*, núm. 614, 1993, pp. 9-54.

GALICIA AIZPURUA, G., «El derecho de regreso del fiador *solvens*: régimen sustantivo y clasificación concursal», *Anuario de Derecho Civil*, núm. 76-I, 2023, pp. 7-74.

GALICIA AIZPURUA, G., *La disciplina sobre el pago por tercero y el alcance de la subrogación*, Tirant lo Blanch, Valencia, 2006.

GARCÍA VICENTE, J. R., «De la nulidad de los contratos», en *Comentarios al Código Civil*, T. VII: *Arts. 1265 a 1484* (dir. R. Bercovitz), Tirant lo Blanch, Valencia, 2013, pp. 9238-9283.

GIL RODRÍGUEZ, J., KARRERA EGIALDE, M., DE MIGUEL HERNANDO, D., «El contrato de fianza», en *Contratos civiles, mercantiles, públicos, laborales e internacionales, con sus implicaciones tributarias*, T. IX: *Contratos de financiación y de garantía* (dir. M. Yzquierdo Tolsada), Thomson Reuters-Aranzadi, Cizur Menor, 2014, pp. 285-373.

GÓMEZ-FERRER SAPIÑA, R. y ALBORCH DOMÍNGUEZ, S., «Capítulo 1.-Parte segunda. La hipoteca», en *Instituciones de Derecho Privado*, T. II: *Reales*, v. 3º (dir. V. M. Garrido de Palma y coord. M. A. Rueda Pérez), Thomson Reuters-Aranzadi, Cizur Menor, 2016, pp. 141-178.

GUILARTE ZAPATERO, V., «Comentario a los artículos 1822 a 1886 del Código Civil», en *Comentarios al Código Civil y Compilaciones Forales*, T. XXIII (dir. M. Albaladejo), Edersa, Jaén, 1979.

HERBOSA MARTÍNEZ, I., «La posición de los terceros garantes personales y reales ante las modificaciones introducidas en un convenio en el concurso de acreedores», *La Ley Insolvencia: Revista profesional de Derecho Concursal y Paraconcursal*, núm. 7, 2021.

IMAZ ZUBIAUR, L., *Fianza: accesoriedad, subsidiariedad y solidaridad*, Atelier, Barcelona, 2024.

JEREZ DELGADO, C., *La anulación del contrato*, Aranzadi, Cizur Menor, 2011.

MORENO QUESADA, L., *Las garantías reales y su constitución por tercero*, Servicio de Publicaciones Universidad de Granada, Granada, 1887.

PANTALEÓN PRIETO, F., «Diálogo sobre las desventuras jurisprudenciales del "fiador hipotecario"», *La Ley: Revista jurídica española de doctrina, jurisprudencia y bibliografía*, núm. 4, 2002, pp. 1622-1627.

REY PORTOLÉS, J. M., «La pretendida asunción automática de la deuda por parte del adquirente de finca hipotecada», en *Escritos varios sobre hipotecas y anotaciones preventivas de embargo*, Centro de Estudios Registrales, Madrid, 1995, pp. 117-152.

ROCA SASTRE, R.M., ROCA-SASTRE MUNCUNILL, L., BERNÀ I XIRGO, J., *Derecho Hipotecario*, t. VIII, Bosch, Barcelona, 2009.

ROCA SASTRE, R.M., ROCA-SASTRE MUNCUNILL, L., *Derecho Hipotecario*, t. VIII, Bosch, Barcelona, 1998.

ROCA SASTRE, R. M. y PUIG BRUTAU, J., «La transmisión pasiva de las obligaciones a título singular», en *Estudios de Derecho Privado*, t. I, Aranzadi, Cizur Menor, 2009, pp. 361-388.

SANCHO REBULLIDA, F. A., *La novación de las obligaciones*, Nauta, Barcelona, 1964.

El mandato de crédito: algunas consideraciones sobre su configuración a la luz del estudio de las cartas de patrocinio[1]

Laura Sancho Martínez
Profesora Ayudante Doctora de Derecho Civil
Universidad del País Vasco/Euskal Herriko Unibertsitatea (UPV/EHU)

SUMARIO: I. PLANTEAMIENTO. II. DELIMITACIÓN INICIAL DEL MANDATO DE CRÉDITO: SU CONCEPTO, FINALIDAD Y CONTROVERTIDA NATURALEZA. III. EL MANDATO DE CRÉDITO EN LA JURISPRUDENCIA SOBRE CARTAS DE PATROCINIO. *1. Aproximación conceptual a las cartas de patrocinio: la promoción del crédito como elemento uniformador de un fenómeno naturalmente heterogéneo. 2. La construcción de las cartas de patrocinio en la jurisprudencia del Tribunal Supremo: de «garantía semejante a la fianza» a «garantía personal con personalidad propia y diferenciada», pasando por el mandato de crédito.* IV. LA CONFIGURACIÓN DEL MANDATO DE CRÉDITO Y SU EVENTUAL EXPRESIÓN MEDIANTE CARTAS DE PATROCINIO. *1. La configuración del mandato de crédito. 2. El mandato de crédito y la naturaleza de las cartas de patrocinio.* V. ÍNDICE DE LAS RESOLUCIONES CITADAS. VI. BIBLIOGRAFÍA.

I. PLANTEAMIENTO

Junto a la garantía personal típica por excelencia —la fianza—, conviven en nuestro sistema una pluralidad de figuras que, con distinta intensidad, desempeñan una

---

1. Este trabajo es parte del Proyecto de I+D+i 2020-119816GB-I00 «Las garantías personales en el ordenamiento civil español: claroscuros sustantivos y concursales» financiado por MCIN/AEI /10.13039/501100011033 y del Grupo de Investigación Consolidado del Sistema Universitario Vasco GIC IT-1445-22 (Gobierno Vasco) sobre «Persona, familia y patrimonio», de los que es IP el Dr. GALICIA AIZPURUA.

función de aseguramiento que tiende a asemejarse a la proporcionada por aquella, y respecto a las cuales resulta controvertida, por este mismo motivo, su más idónea configuración jurídica y, en particular, la posibilidad de hacerles extensibles todas o determinadas reglas que nuestro ordenamiento ha instituido para la primera[2].

Entre dichos negocios, carentes la mayoría de ellos de ordenación legal propia y fundados en la autonomía privada que el artículo 1255 CC reconoce a los contratantes, cabe situar el mandato de crédito, en el que la responsabilidad que asume el mandante se ha identificado en ocasiones —aunque con elevadas discrepancias doctrinales— con la propia de un fiador, y que, en la práctica negocial, puede aparecer expresado documentalmente a través de las denominadas «cartas de patrocinio»; figura esta última respecto a cuya eficacia existe igualmente una notable confusión, y cuya debatida naturaleza ha llegado a ser incluso, en ocasiones, identificada con aquel primer mecanismo.

De esta guisa, a las incertidumbres que se hallan ligadas al mandato de crédito, se unen las no menos intensas que también arrojan —debido, particularmente, a la vacilante jurisprudencia dictada sobre ellas por el Tribunal Supremo— las cartas de patrocinio; instrumento de carácter atípico que ha tratado no pocas veces de ser asociado íntimamente con aquel primero, en vista de su capacidad estimuladora de la concesión de crédito ligada a una pretendida finalidad caucional que ambas figuras, eventualmente, desempeñan.

Este trabajo tiene por objeto examinar uno y otro fenómeno y, a la luz del análisis de la jurisprudencia dictada por el Alto Tribunal sobre la eficacia de las cartas de patrocinio y su vinculación con el mandato de crédito, ahondar en el estudio de la configuración jurídica que a este último corresponde.

II. DELIMITACIÓN INICIAL DEL MANDATO DE CRÉDITO: SU CONCEPTO, FINALIDAD Y CONTROVERTIDA NATURALEZA

El mandato de crédito —instrumento que, a excepción del Derecho civil navarro[3], carece de positivación expresa en el sistema español— suele ser descrito en nuestra doctrina como aquel negocio por el que una persona (el mandante de crédito) encarga a otra (el mandatario o futuro acreditante) que conceda crédito[4]

---

2. Nos referimos a instrumentos tales como la asunción cumulativa de deuda ajena, la garantía a primer requerimiento o el seguro de caución; además de, por supuesto, el mandato de crédito y su eventual formulación a través de las denominadas «cartas de patrocinio», a cuyo específico tratamiento se dedica este trabajo. Respecto de aquellos primeros mecanismos caucionales, *vid.*, con carácter reciente en nuestra doctrina, CASTELLANOS CÁMARA, S., «La asunción cumulativa de deuda: naturaleza y régimen», *Cuadernos de Derecho Privado*, 4, 2022, pp. 7 y ss.; ASUA GONZÁLEZ, C. I., «La visión jurisprudencial de la garantía a primer requerimiento», *Cuadernos de Derecho Privado*, 7, 2023, pp. 10 y ss.

3. Cfr. ley 526 de la Compilación del Derecho Civil Foral o Fuero Nuevo de Navarra (FNN).

4. En el sentido más amplio, entendiendo por tal desde la conclusión de un mutuo con el beneficiario del encargo, hasta la apertura de crédito, el descuento de efectos, la concesión de una prórroga al vencimiento de una deuda preexistente entre dicho tercero y el mandatario, o cualquier otro mecanismo

con sus propios recursos —esto es, en nombre y por cuenta propios— a un tercero (el beneficiario, acreditado o deudor principal), asegurando quien realiza el encargo, frente al que lo recibe y acepta, el buen fin de la operación de financiación concertada[5].

El mandato de crédito envuelve en último término, en consecuencia, un negocio crediticio de carácter mediato o instrumental[6], en el que la iniciativa en la concesión del crédito parte de quien ocupa la condición de mandante, pero cuya ejecución se ve eventualmente satisfecha, no por aquel que presenta ese directo interés en financiar a un determinado tercero, sino por quien recibe el encargo, que lo acepta y, al fin, ejecuta en nombre y por cuenta propios la concreta gestión en que este consiste, la cual puede llegar a traducirse en la efectiva obtención de crédito por parte del beneficiario[7]. Así pues, resulta idiosincrático de la particular naturaleza de este negocio que el crédito a conferir por el mandatario haya de salir de su propio patrimonio, encontrando aquella encomienda su origen, por consiguiente, en un mandato no representativo en el que el mandatario actúa por cuenta propia al relacionarse con el tercero beneficiario de la gestión, siendo así que los efectos derivados de la actividad realizada en cumplimiento del encargo (la concesión del crédito) permanecen en su propia esfera jurídica, sin llegar a trasladarse a la del mandante[8].

---

de financiación equivalente [*vid.* FERNÁNDEZ MERINO, J., «El mandato de crédito», *Tratado de garantías en la contratación mercantil*, v. 1 (coord. por U. Nieto Carol y J. I. Bonet Sánchez), Civitas, Madrid, 1996, p. 835; RUBIO TORRANO, E., «El mandato de crédito (a propósito de la ley 526 de la Compilación navarra)», *Revista Jurídica de Navarra*, 4, 1987, p. 103; y, en detalle sobre cada una de las posibilidades apuntadas, ARCOS VIEIRA, M.ª L., *El Mandato de Crédito*, Aranzadi, Pamplona, 1996, pp. 197-212].

5. *Vid.* DE MIGUEL PERALES, C. y DE MIGUEL HERNANDO, D., «El mandato de crédito», *Contratos civiles, mercantiles, públicos, laborales e internacionales, con sus implicaciones tributarias*, t. IX (dir. por M. Yzquierdo Tolsada), Thomson Reuters-Aranzadi, Cizur Menor, 2014, pp. 501-502; BUSTO LAGO, J. M., «Contrato de mandato», *Tratado de Contratos*, t. III (dir. por R. Bercovitz Rodríguez-Cano y coord. por N. Moralejo Imbernón, S. Quicios Molina y S. López Maza), Tirant lo Blanch, 4.ª ed., Valencia, 2024, p. 3839; FERNÁNDEZ MERINO, «El mandato de crédito», cit., p. 817; CARRASCO PERERA, Á., CODERO LOBATO, E. y MARÍN LÓPEZ, M. J., *Tratado de los Derechos de Garantía*, t. I, 4.ª ed., Thomson Reuters-Aranzadi, Cizur Menor, 2022, p. 165; DE ANGULO RODRÍGUEZ, L., «Panorama de encuadre de las garantías personales atípicas», *Revista Jurídica del Notariado*, 7, 1993, p. 18; LEÓN ALONSO, J., «El mandato de crédito», *Revista de Derecho Privado*, 1982, 1, p. 1084.

6. De negocio de «mediación en la adquisición de crédito» lo califica GARRIGUES DÍAZ-CAÑABATE, J., *Contratos bancarios*, 2.ª ed. (rev., corr. y puesta al día por S. Moll), Madrid, 1975, p. 37.

7. ARCOS VIEIRA, *El Mandato de Crédito*, cit., p. 196. Es de subrayar, como explica esta autora en momentos posteriores de la misma obra, que, tal y como justifica la propia intervención en la operación del tercero a quien el mandante encarga dar crédito, el mandatario únicamente puede obligarse a, siempre con observancia de la debida diligencia, *ofrecer* a dicho tercero la posibilidad de obtener el crédito en las condiciones establecidas por el mandante, pero será finalmente, en todo caso, del consentimiento libremente emitido por el beneficiario del encargo del que dependa la efectiva obtención de crédito por su parte. Desde esta perspectiva, parece que debe convenirse en que el mandatario de crédito únicamente puede obligarse, una vez aceptado el encargo, a llevar a cabo la concreta gestión encomendada con la debida diligencia, pero no a alcanzar como resultado que el contrato de crédito llegue, efectivamente, a concluirse (ARCOS VIEIRA, *El Mandato de Crédito*, cit., pp. 226-228).

8. BUSTO LAGO, «Contrato de mandato», cit., p. 3839; DE MIGUEL PERALES y DE MIGUEL HERNANDO, «El mandato de crédito», cit., p. 512; GONZÁLEZ CARRASCO, M.ª C., «Comentario a los

De esta forma, el mandato de crédito se caracteriza por que el mandante guarda un evidente interés en promover la concesión de crédito a un determinado tercero, mas sin llegar a acudir para ello a sus propios recursos patrimoniales[9], para lo cual encarga a otro, en orden a la satisfacción de dicho interés, que realice la gestión de conceder crédito a aquel con cargo a su propio peculio, convirtiéndose así el mandatario, una vez perfeccionado el negocio crediticio en cuestión, en acreedor del tercero beneficiado por el encargo.

No obstante, no es solo su finalidad crediticia —siquiera, como antes se indicaba, mediata— lo que identifica al mandato de crédito, pues, tal y como ha sido descrito, a través de este instrumento también se satisface una patente función de garantía personal del crédito que haya nacido para el mandatario-acreditante frente al tercero acreditado como consecuencia de la financiación concedida, en su nombre y con sus propios recursos patrimoniales, en cumplimiento del encargo. Y es que, así como el mandante de crédito podría ser considerado acreedor del mandatario respecto a la diligente ejecución de la gestión por este aceptada, también se entiende que aquel se encuentra obligado a responder frente al mandatario del buen fin de la operación crediticia encomendada[10], siendo controvertido, sin embargo, el origen, contenido y cualificación específicas de dicho deber, lo que conecta con la controvertida naturaleza del mandato de crédito. Y así, se discute, en particular, si aquel se encuentra obligado, en calidad de puro y simple mandante, a mantener indemne al mandatario de todos los daños y perjuicios que, sin culpa ni imprudencia por su parte, puedan haberse derivado de la ejecución del encargo,

---

artículos 1709 a 1739 del Código Civil», *Comentarios al Código Civil*, t. VIII (dir. por R. Bercovitz Rodríguez-Cano), Tirant lo Blanch, Valencia, 2013, p. 11747.

9. Las concretas razones por las que el mandante, a pesar de desear dotar de financiación a un determinado sujeto, decida encargar a otro la realización por su propia cuenta de la gestión en que guarda interés son muy variadas, y pueden abarcar desde la hipótesis de que el mandante no quiera aparecer como acreditante directo de dicho tercero en el mercado, o que prefiera obligarse a garantizar la operación financiera frente al mandatario antes que perder liquidez, hasta la posibilidad misma de que aquel no se halle en condiciones de poder concluir el préstamo con sus propios recursos y precise de la necesaria colaboración de un tercero (v.gr. por falta de liquidez, a pesar de la coexistencia de un sólido patrimonio sin el cual el mandatario no se avendría a aceptar dicho encargo) (*vid*. DE MIGUEL PERALES y DE MIGUEL HERNANDO, «El mandato de crédito», cit., p. 507).

10. Nótese que dicha función de garantía personal únicamente se encuentra presente en el negocio delimitado a comienzos de este epígrafe, que es el que históricamente se ha consolidado como verdadero *mandatum pecuniae credendae* (o *mandatum qualificatum*, en la acepción dada por los pandectistas); es decir, en el encargo de dar crédito *en nombre y por cuenta del mandatario*. Y es que, aunque ya en las fuentes del Derecho romano se localizan diversas modalidades de *mandatum credendi*, no todas ellas satisfacen aquella función caucional. Así, en lo que nos interesa, en un mandato de dar crédito en el que el mandatario actúa, no por cuenta propia, sino por cuenta del mandante —en el que se financia, en consecuencia, con recursos patrimoniales propios de y con efectos jurídicos para este—, el encargo es reconducible llanamente al esquema de la representación, y no a la esfera de las garantías personales, pues es claro que, en esa clase de *mandatum credendi*, el riesgo del crédito prestado corre directamente de cuenta del mandante (*vid*., GONZÁLEZ-PALENZUELA GALLEGO, M.ª T., *El mandato de crédito en el Derecho romano y su proyección en el Derecho actual: Estudio histórico-comparativo*, Dykinson, Madrid, 2024, p. 18, n. 10; TORRES PARRA, M.ª J., *El mandato de crédito como garantía personal*, Dykinson, Madrid, 1998, pp. 49-50).

incluyendo los procedentes del incumplimiento del crédito de financiación concedido (*ex* art. 1729 CC)[11]; o si, antes bien, dicho instrumento no puede reconducirse al esquema del mandato típico —caso de considerarse que resulta de esencia al mismo que el negocio realizado por el mandatario pertenezca al mandante (cfr. art. 1709 CC)—, y debe, por el contrario, entenderse que el elemento principal que lo caracteriza es la garantía asumida por este último, lo que llevaría a identificarlo funcionalmente con un contrato de fianza[12]; o si, en realidad, cabría considerar que el negocio objeto de interés es contrato de mandato pero que, a su vez, comporta para el mandante de crédito el nacimiento de una obligación fideusoria en garantía de la deuda de restitución que incumbe al obligado principal frente al mandatario-acreditante[13].

---

11. A favor de esta tesis, *vid.* DE MIGUEL PERALES y DE MIGUEL HERNANDO, «El mandato de crédito», cit., pp. 511 y ss.; DE CASTRO MARTÍN, J. L., *Las Cartas de Patrocinio*, Cuadernos del CGPJ, Madrid, 1994, pp. 164 y ss.; ARCOS VIEIRA, M.ª L., «Comentario a la Sentencia del Tribunal Supremo de 13 de febrero de 2007», *Cuadernos Civitas de Jurisprudencia Civil*, 77, 2008, pp. 532-534 y *El Mandato de Crédito*, cit., pp. 182 y ss.; INFANTE RUIZ, F. J., *Las garantías personales y su causa*, Tirant lo Blanch, Valencia, 2004, pp. 169-170; ROBLES ÁLVAREZ DE SOTOMAYOR, A., «El mandato de crédito», *Revista Crítica de Derecho Inmobiliario*, 243-244, 1948, pp. 536-538. No obstante, para este último autor, el mandato de crédito no es, en realidad, un mero mandato ordinario, sino una subespecie de este contrato a la que, por la específica finalidad que satisface y la concreta forma en que se estructura, no resultan de aplicación ciertas disposiciones propias de este negocio, lo que le lleva en último término a afirmar que «[n]o resultan convincentes los esfuerzos que se han hecho para configurar el mandato de crédito como fianza o puro mandato precisamente, porque esta figura tiene elementos de ambos contratos» (ROBLES ÁLVAREZ DE SOTOMAYOR, *op. cit.*, p. 536).

12. Esta es la opinión sostenida en nuestra doctrina por DE LA CÁMARA ÁLVAREZ, para quien el mandato de crédito no puede ser considerado un verdadero mandato en nuestra legislación positiva por faltar en él la actuación del mandatario por cuenta ajena, pero sí puede en cambio ser visto, según el autor, como un negocio atípico encuadrable en el esquema de la fianza, con base en lo previsto en el artículo 1825 CC, que admite la constitución de fianza en garantía de deudas futuras (*vid.* DE LA CÁMARA ÁLVAREZ, M., «La revocación del mandato y del poder», *Anales de la Academia Matritense del Notariado*, 4, 1948, pp. 588-589). En la misma dirección, se ha apuntado por parte de otros autores que el mandato de crédito es una «hipótesis semejante a la de la fianza» (GARRIGUES DÍAZ-CAÑABATE, *Contratos bancarios*, cit., p. 302), así como que «[e]n la práctica contractual, un supuesto de fianza de obligación futura es el llamado mandato de crédito: en virtud de este contrato, una de las partes (mandatario, normalmente, una entidad bancaria) se obliga frente a la otra parte (mandante) a conceder un crédito a un tercero en nombre y por cuenta propios. En este caso, el mandante responde como fiador de dicho crédito y, por tanto, de un crédito futuro» (BLASCO GASCÓ, F., *Instituciones de Derecho Civil: Contratos en particular*, 2.ª ed., Tirant lo Blanch, Valencia, 2022, p. 457). Por su parte, BUSTO LAGO afirma que, si se confronta el mandato de crédito «con la regulación del contrato de mandato que se contiene en los arts. 1709 y ss. CC, es fácil percibir que su estructura no se adecua al contrato de mandato típico (...). Desde esta perspectiva, se ha negado al mandato de crédito su calificación como mandato, asimilándolo a una modalidad atípica de fianza, posible de conformidad con lo dispuesto en el art. 1825 CC» (BUSTO LAGO, «Contrato de mandato», cit., p. 3839).

13. *Vid.*, en este sentido, CARRASCO PERERA, Á., *Fianza, accesoriedad y contrato de garantía*, La Ley, Madrid, 1992, pp. 98-102 y 112; y, más recientemente, CARRASCO, CORDERO y MARÍN, *Tratado...*, t. I, cit., pp. 165-166.

La controvertida naturaleza del mandato de crédito, que tradicionalmente siempre ha oscilado entre las instituciones del mandato y la fianza[14], se deja ver en la ordenación positiva que sobre dicha figura han acometido algunos Códigos Civiles de nuestro entorno. Y así sucede que, por ejemplo, el Código suizo de las Obligaciones (*Obligationenrecht*) ubica sistemáticamente la regulación del mandato de crédito bajo el título relativo al mandato[15] —aunque no en el primer capítulo de cuantos le dedica, rubricado «*Del mandato propiamente dicho*»—; y, sin embargo, expresamente establece que el mandante de crédito responde como un fiador, remitiendo a las disposiciones que regulan la relación entre el fiador y el deudor principal para determinar el régimen aplicable a la relación entre el mandante y el tercero acreditado (cfr. arts. 408 y 411 OR). En Alemania, el § 778 BGB regula dicha figura en el último de los parágrafos dedicados a la fianza, para establecer que la responsabilidad del mandante de crédito es la propia de un fiador, si bien la doctrina mayoritaria de dicho país defiende que el régimen de dicho negocio debe ser complementado en todo caso con la normativa propia del mandato, optando por la teoría —también defendida por un importante sector de la doctrina suiza— de que el mandato de crédito es una figura de naturaleza mixta, en la que habrían de resultar aplicables las reglas propias del mandato hasta la efectiva concesión de crédito por parte del mandatario, para pasar a regirse el negocio, a partir de dicho momento, por las disposiciones relativas a la fianza[16]. Por su parte, los artículos 1958 y 1959 del vigente *Codice Civile* italiano —que sitúan el mandato de crédito justo a continuación, aunque en capítulo aparte, del dedicado a la fianza— estable-

---

14. Los antecedentes históricos muestran que el *mandatum pecuniae credendae* comenzó siendo considerado en el Derecho romano una figura especial de mandato que, a la par de promover la concesión de financiación, satisfacía una función de garantía personal de constitución más flexible que la *fideiussio*. En este sentido, se admitía que el mandatario-acreditante pudiese dirigirse frente al mandante mediante el ejercicio de la *actio mandati contraria* a fin de hacerle responder del incumplimiento de la deuda del acreditado, asumiendo así el mandante el riesgo de la operación crediticia encomendada. No obstante, dicha función caucional condujo a su progresiva asimilación a la fianza, hasta ser, finalmente, prácticamente equiparada a esta última cuando, en la legislación justinianea, pasó a ser considerada una obligación accesoria a la que había de aplicarse la regulación propia de esta forma de garantía. Esta naturaleza del mandato de crédito —muy próxima a la fianza, pero caracterizada por la posición del mandante como promotor del crédito— se mantuvo en el Derecho común y tuvo su incidencia posterior en algunos Códigos Civiles germánicos, que recibieron la figura y atribuyeron al mandante de crédito la responsabilidad propia de un fiador —como el *Obligationenrecht* suizo y el *Bürgerliches Gesetzbuch* (BGB) alemán, a los que siguieron otros Códigos de influjo pandectístico, como los vigentes *Codice Civile* italiano y Código Civil portugués (*vid.* GONZÁLEZ-PALENZUELA GALLEGO, M.ª T., «El *mandatum pecuniae credendae* en el Derecho Romano: de instrumento para la promoción del crédito a instrumento de garantía», *Revista General de Derecho Romano*, 25, 2015, pp. 2-16 y «El mandato de crédito: de los Códigos Civiles modernos al Derecho Romano», *Revista General de Derecho Romano*, 38, 2022, pp. 2-3; TORRES PARRA, *El mandato de crédito…*, cit., pp. 47 y ss.; ARCOS VIEIRA, *El Mandato de Crédito*, cit., pp. 22-35).

15. Cuestión que debe ser conectada con el hecho de que el mandato se concibe en el ordenamiento civil suizo con un carácter muy amplio, en el que ninguna exigencia legal se establece respecto a la actuación por cuenta ajena del mandatario, y que incluso subsume la figura del arrendamiento de servicios (cfr. art. 394 OR) (*vid.*, al respecto, ARCOS VIEIRA, *El Mandato de Crédito*, cit., pp. 65-66).

16. *Vid.* GONZÁLEZ-PALENZUELA GALLEGO, *El mandato de crédito…*, cit., pp. 135-141.

cen que el mandante responde como fiador de una deuda futura. No obstante, a pesar de la restringida concepción de mandato que existe en dicho ordenamiento —en el que se exige, en principio, que la gestión se realice *«por cuenta de otro»* (cfr. art. 1703 *Codice Civile*)—, una parte de la doctrina italiana considera, como sucede en otros sistemas, que el mandato de crédito no puede ser encuadrado únicamente en el esquema de la fianza —de la que el legislador, por lo demás, se encarga de separarla en capítulo aparte—, sino que la preeminencia del interés del mandante en la concesión de crédito determina que dicho negocio participe también de la disciplina propia del mandato, aunque adaptada a su particular objeto y estructura. En la misma dirección se sitúa, en fin, el artículo 629 del Código Civil portugués, que, con un contenido muy similar a la normativa italiana, regula el mandato de crédito en sede de fianza, estableciendo que el mandante responde como un fiador; y, sin embargo, prevé la aplicación expresa a dicho negocio de determinadas reglas características del mandato[17], como la facultad del mandante de revocar el encargo, así como la posibilidad del mandatario de renunciar al mismo, aunque limitada en este último caso a la hipótesis de que la situación patrimonial del mandante o del tercero sea tal que ponga en peligro la satisfacción de su futuro derecho de crédito (cfr., en similar sentido, el art. 1959 del *Codice Civile*)[18].

De regreso al ámbito interno, en el caso del Fuero Nuevo de Navarra, la ley 526 también ha optado por ubicar el mandato de crédito en el capítulo dedicado a la fianza, donde expresamente dispone que *«[q]uien manda a otro que preste una cantidad o conceda un crédito a un tercero se hace fiador de la obligación contraída por éste. El mandatario podrá liberarse del mandato si las condiciones patrimoniales del mandante o del tercero se hubieran hecho tales que resulte más difícil la satisfacción de la deuda».* Así pues, la posición jurídica que establece para el mandante de crédito presenta una patente connotación fideiusoria; y, sin embargo, su denominación y, especialmente, su régimen jurídico conecta íntimamente con el contrato de mandato, en cuya sede sistemática la ley 556.I FNN establece que *«[e]l mandato debe interesar al mandante; y se entiende que le interesa en los casos previstos en la ley 526».* Al respecto de esta regulación, interesa destacar, en primer término, que, por contraste con la ordenación que sobre el contrato de mandato realiza el Código Civil español, el mandato es concebido en la legislación navarra en un sentido notablemente más amplio, como la realización de una *«gestión que interesa al mandante»* (cfr. ley 555 FNN), lo que permitiría entender subsumido al mandato de crédito bajo su ámbito (arg. *ex* ley 556.I FNN), aunque haya sido ubicado sistemáticamente en sede de fianza debido a la patente función de garantía personal que aquel presenta[19]. La doctrina especializada entiende, en este sentido,

---

17. Negocio que, al igual que sucede en el ordenamiento italiano, es concebido también con un carácter restringido, en el que la gestión jurídica efectuada por el mandatario debe serlo siempre por cuenta del mandante (cfr. art. 1157 CC portugués).

18. *Vid.* ARCOS VIEIRA, *El Mandato de Crédito*, cit., pp. 71-79; GONZÁLEZ-PALENZUELA GALLEGO, *El mandato de crédito…*, cit., pp. 145-150.

19. *Vid.* ARCOS VIEIRA, M.ª L., «Comentario a las leyes 555 a 562», *Comentarios al Fuero Nuevo: Compilación del Derecho Civil Foral de Navarra* (dir. por E. Rubio Torrano y M.ª L. Arcos Vieira), 2.ª ed.,

que la expresa remisión efectuada por la ley 556 FNN al mandato de crédito demuestra que este negocio «pertenece claramente a la órbita del mandato», por lo que llega a concluirse que, al menos en el Derecho civil navarro, aquel es un verdadero mandato, y que la conversión del mandante de crédito en fiador de la deuda del tercero acreditado «carece de justificación suficiente, resultando además innecesaria si se considera que el mandato de crédito no se extingue en el momento de celebración del contrato crediticio, sino que continúa vigente en tanto perdura la relación establecida a instancia del mandante»[20]. En suma, se defiende que la expresión relativa a que el mandante de crédito *se hace fiador* (ley 526 FNN) no debería ser interpretada en un sentido literal, sino que sirve para resaltar la idea de que aquel no podrá desentenderse del negocio crediticio celebrado en virtud de su encargo y, por consiguiente, se halla obligado a mantener indemne al mandatario de los perjuicios que la ejecución de la gestión le haya causado —incluyendo los daños derivados del impago de la deuda por parte del tercero acreditado—, y ello a pesar de que el mandatario lleve a cabo una actividad jurídica carente de cualquier clase de representación[21].

Por lo que hace, en fin, al ordenamiento común español, aunque el mandato de crédito representa un instrumento atípico cuya validez ha sido siempre pacíficamente admitida con fundamento en el principio de libertad contractual, las dudas que arroja su específica naturaleza y consecuente régimen jurídico nunca han sido convenientemente resueltas por la jurisprudencia, que solo se ha ocupado de la figura con carácter muy puntual. En efecto, el Tribunal Supremo encontró temprana oportunidad de pronunciarse respecto a dicha clase de negocio en las remotas SSTS de 8 de octubre de 1927 y de 22 de diciembre de 1941, aunque solo para señalar que no era esta la figura que estrictamente concurría en los supuestos litigiosos, pues en ambos casos la Sala Primera llegó a la conclusión de que el encargo efectuado consistía en dar crédito *por cuenta de los mandantes*, y no por cuenta propia del mandatario. De esta guisa, el Alto Tribunal no solo vino a admitir, en la jurisprudencia indicada, la posibilidad de pactar un negocio como el estudiado al amparo de la libertad contractual, sino que —lo que resulta más trascendente— eleva a característica definitoria esencial del mandato de crédito, como señalábamos antes, que el crédito sea concedido *en nombre y por cuenta propios del mandatario*, pues, de obrar este último por cuenta del mandante, nos hallaríamos simplemente ante un mandato típico, directa o indirectamente representativo, y no ante un negocio atípico con función de garantía personal[22].

Thomson Reuters-Aranzadi, Cizur Menor, 2020, pp. 2307-2308 y 2312-2313.

20. ARCOS VIEIRA, *El Mandato de Crédito*, cit., pp. 294-296.

21. *Ibid*., pp. 193 y 295. *Vid*. también ARCOS VIEIRA, M.ª L., «Comentario a la ley 526», *Comentarios al Fuero Nuevo…*, cit., p. 2227, donde la autora señala que la obligación de indemnizar al mandatario es, como se encargaría de recordar la mención al fiador en la ley 526 FNN, una deuda subsidiaria, en el entendido de que sería necesaria la reclamación previa al acreditado incumplidor.

22. *Vid*. POLO, A., «Comentario a la Sentencia del Tribunal Supremo de 22 de diciembre de 1941», *Revista de Derecho Privado*, 1942, pp. 416-418; ROBLES ÁLVAREZ DE SOTOMAYOR, «El mandato de crédito», cit., p. 547; ROCA SASTRE, R. M.ª, «Afianzamiento mercantil. Su diferencia con el aval. Su diferenciación del mandato de tipo comisión mercantil y del mandato de crédito», *Dictámenes jurídicos*,

No obstante, a salvo los aislados pronunciamientos recién señalados, ha sido, sin embargo, a propósito de otro instrumento de naturaleza igualmente controvertida, y que también suele ser calificado de garantía personal atípica[23], donde mayor consideración se ha dedicado al mandato de crédito, a saber: las conocidas en la práctica negocial bajo las múltiples acepciones de —entre muchas otras— cartas de confort, de apoyo, de responsabilidad, de intención o de conformidad, usualmente aglutinadas bajo la designación común de «cartas de patrocinio»[24].

En consecuencia, deviene indispensable, a fin de ahondar en la naturaleza que presenta el mandato de crédito en nuestro ordenamiento, extraer las inferencias que puedan resultar relevantes respecto al mismo de la jurisprudencia dictada con ocasión de la eficacia de las cartas de patrocinio, lo que a su vez nos conducirá a indagar sobre el grado de conexión existente entre ambos instrumentos y determinar si, en último término, pueden llegar a ser asimilados, en vista de la íntima relación que de ambos suele predicarse.

III. EL MANDATO DE CRÉDITO EN LA JURISPRUDENCIA SOBRE CARTAS DE PATROCINIO

1. Aproximación conceptual a las cartas de patrocinio: la promoción del crédito como elemento uniformador de un fenómeno naturalmente heterogéneo

Ha sido usual la afirmación por parte de la doctrina especializada de que, a pesar de su origen remoto y su controvertida naturaleza, el mandato de crédito sigue presentando un indiscutible interés en el mercado dada su paralela función promotora y aseguradora del crédito, pues permite, a quien no puede o no quiere aparecer en el tráfico como acreditante directo, conceder financiación a un determinado tercero mediante la actuación de otra persona en su propio nombre y por su propia cuenta[25].

Bosch, 1984, p. 1168; LEÓN ALONSO, «El mandato de crédito», cit., p. 1114; RUBIO TORRANO, «El mandato de crédito…», cit., pp. 106-107.

23. *Vid*. DE ANGULO RODRÍGUEZ, «Panorama de encuadre…», cit., pp. 26-32.

24. Al respecto del alcance de las diversas denominaciones con las que son conocidas las cartas de patrocinio en la práctica, que no son sino reflejo del heterogéneo contenido que suelen presentar, nos remitimos a los comentarios realizados por DUQUE DOMÍNGUEZ, J. F., «Las cartas de Patrocinio», *Nuevas entidades, figuras contractuales y garantías en el mercado financiero* (coord. por A. Alonso Ureba, R. Bonardell Lenzano y R. García Villaverde), Civitas, Madrid, 1990, pp. 719 y 724 y ss.; SUÁREZ GONZÁLEZ, C., *Las declaraciones de patrocinio: Estudio sobre las denominadas «cartas de confort»*, La Ley, Madrid, 1994, pp. 12-15; e ILLESCAS ORTIZ, R., «Cartas de acreditación y cartas de garantía», *Estudios de Derecho Bancario y Bursátil: Homenaje a Evelio Verdera y Tuells*, t. II, La Ley, Madrid, 1994, pp. 1284-1286.

25. FERNÁNDEZ MERINO, «El mandato de crédito», cit., pp. 832-833; DE MIGUEL PERALES y DE MIGUEL HERNANDO, «El mandato de crédito», cit., p. 507; GARRIGUES DÍAZ-CAÑABATE, *Contratos bancarios*, cit., p. 302.

No obstante, se ha advertido también que, a pesar de su relevancia, en la práctica resulta poco frecuente encontrarse frente a mandatos de crédito en estado puro, siendo lo más probable que su formulación negocial llegue a materializarse a través de declaraciones expresadas por medio de cartas de patrocinio[26]. De hecho, ha sido precisamente en relación con estas últimas y la controversia suscitada al respecto de su naturaleza y efectivo alcance jurídico, como antes se adelantaba, donde mayor atención se ha prestado al mandato de crédito[27], pues, en ocasiones, el Tribunal Supremo ha sostenido —con apoyo en la opinión defendida en ese sentido por una parte de nuestra doctrina científica— que las cartas de patrocinio pueden resultar asimilables, con carácter global, a aquel primer instrumento.

Y es que, ante la evidente atipicidad que presentan las cartas de patrocinio en nuestro ordenamiento, ha sido una constante en la doctrina y la jurisprudencia tratar de despejar su naturaleza y averiguar si y en qué medida aquellas pueden ser reconducidas a otras figuras funcionalmente equivalentes; tarea que viene dificultada desde un inicio por la inmensa variedad de contenidos con las que dichas cartas se exteriorizan en el tráfico, lo que las convierte en un fenómeno intrínsecamente heterogéneo. Así, la propia observación de la práctica negocial constata que las declaraciones que los emisores de dichas cartas (los denominados patrocinantes) dirigen a sus destinatarios —financiadores respecto a los que esencialmente se desea que concedan crédito a un tercero apadrinado en la carta— son absolutamente diversas, consistiendo normalmente o bien en aseveraciones que se realizan a fin de informar o constatar frente al destinatario de la misiva la concurrencia de una serie de cualidades o circunstancias con respecto al tercero patrocinado (v.gr. que el emisor de la carta cuenta con una cierta participación en el capital social de la patrocinada, o que la administración de esta le es de su entera confianza, o que conoce la existencia y características del crédito que va a serle concedido), o bien incluso en la asunción de una serie de compromisos por parte del patrocinante, más o menos concretizados, de que adoptará una cierta conducta o realizará una determinada actividad relacionada con la operación financiera a que la carta se refiere (v.gr. que el patrocinante informará al receptor de la misiva de cualquier cambio que se produzca en su control social sobre la patrocinada, que aquel velará por dotar a esta de medios suficientes para que pueda hacer frente al pago del crédito que la beneficiaria de la carta le conceda, o que adoptará todas las medidas que sean necesarias para que el crédito resulte satisfecho)[28].

---

26. DE MIGUEL PERALES, C., «El encargo de dar crédito. Naturaleza jurídica del mandato de crédito, y su expresión a través de cartas de patrocinio», *Revista Jurídica del Notariado*, 16, 1995, p. 46.

27. BUSTO LAGO, «Contrato de mandato», cit., p. 3840; GONZÁLEZ CARRASCO, «Comentario...», cit., p. 11747.

28. *Vid.* SÁNCHEZ ÁLVAREZ, M. M.ª, «Las cartas de patrocinio», *La contratación bancaria* (dir. por A. Sequeira, E. Gadeo y F. Sacristán), Dykinson, Madrid, 2007, p. 1154; SÁNCHEZ-CALERO GUILARTE, J. y FUENTES NAHARRO, M., «Las cartas de patrocinio y aval cambiario», *Tratado de Derecho Civil: Las garantías*, t. I, v. 1 (dir. por L. Prats Albentosa), Wolters Kluwer, Madrid, 2016, p. 372; EGUSQUIZA BALMASEDA, M.ª Á. y ARCOS VIEIRA, M.ª L., «Acuerdos no vinculantes: visión general y planteamiento en el Fuero Nuevo», *Revista Jurídica de Navarra*, 27, 1999, pp. 110-111.

Ante la diversidad de contenidos —potencialmente indeterminables, por su propia naturaleza fáctica[29]— que se observan en la práctica, han sido varios los métodos desarrollados por la doctrina científica a fin de tratar de sistematizar las declaraciones de patrocinio más frecuentes y facilitar su estudio[30]; no obstante, de entre todos ellos destaca, por haber sido este el sistema del que mayor eco se ha hecho la jurisprudencia, el que diferencia entre las denominadas «cartas fuertes» y «cartas débiles», que aplica un criterio clasificatorio basado en la eficacia jurídica de la declaración. Aunque no son uniformes los términos empleados en la doctrina para diferenciar entre ambas categorías[31], creemos que la más precisa es aquella que entiende por declaraciones de patrocinio[32] «fuertes» aquellas que comportan una declaración de contenido negocial frente al beneficiario de la carta, llamadas así por la «fortaleza» de los efectos jurídico-obligacionales que conllevan, mientras que las «débiles» se corresponden con aquellas otras declaraciones que no implican la asunción de ningún deber negocial de prestación por el patrocinante y que se limitan a enunciar determinadas circunstancias o expresar ciertos juicios u opiniones respecto al patrocinado[33], lo cual no significa necesariamente que reduzcan su valor a un plano meramente moral y que carezcan de relevancia jurídica[34].

---

29. CARRASCO PERERA, Á., «Las nuevas garantías personales: las cartas de patrocinio y las garantías a primer requerimiento», *Tratado de garantías en la contratación mercantil*, t. I (coord. por U. Nieto Carol y J. I. Bonet Sánchez), Civitas, Madrid, 1996, p. 632.

30. Entre otros, cabe resaltar, por su exhaustividad, los desarrollados por DUQUE DOMÍNGUEZ, «Las cartas de Patrocinio», cit., pp. 745-746; VALENZUELA GARACH, F., «La "seriedad" de las llamadas cartas de patrocinio», *Revista de Derecho Mercantil*, 185-186, 1987, pp. 385-390; CARRASCO PERERA, «Las nuevas garantías personales…», cit., pp. 633-636; SUÁREZ GONZÁLEZ, *Las declaraciones de patrocinio…*, cit., pp. 20-39; y DE CASTRO MARTÍN, *Las Cartas de Patrocinio*, cit., pp. 49-70.

31. *Vid.* CARRASCO, CORDERO y MARÍN, *Tratado…*, t. I, cit., p. 431.

32. Aunque el sistema clasificatorio que estamos tratando diferencia tradicionalmente, en un sentido literal, entre clases de «cartas», debe entenderse que, en realidad, lo que se sistematiza en dos conjuntos diferenciados no son tales documentos en su globalidad, sino cada una de las distintas declaraciones materiales que en ellos se contienen, que pueden merecer clasificaciones distintas; es decir, es posible, y de hecho relativamente frecuente, que en una misma carta se contengan a un tiempo declaraciones de patrocinio tanto débiles como fuertes.

33. *Vid.* FUENTES NAHARRO, M. y DE MIGUEL HERNANDO, D., «Las cartas de patrocinio», *Contratos civiles, mercantiles, públicos, laborales e internacionales, con sus implicaciones tributarias*, t. IX (dir. por M. Yzquierdo Tolsada), Thomson Reuters-Aranzadi, Cizur Menor, 2014, pp. 463-464; CARRASCO PERERA, Á., «Comentario a la Sentencia del Tribunal Supremo de 30 de junio de 2005», *Cuadernos Civitas de Jurisprudencia Civil*, 71, 2006, p. 903.

34. Como una buena parte de nuestros autores ha hecho notar, incluso la emisión de declaraciones de patrocinio consideradas «débiles» por no comportar la asunción de un compromiso o deber negocial de prestación frente al beneficiario de la carta, pueden presentar valor jurídico —por mucho que las mismas suelan tildarse de meras «recomendaciones» o «compromisos morales o sociales» carentes de tal relevancia—, especialmente desde la perspectiva de la responsabilidad extracontractual (*vid.* SUÁREZ GONZÁLEZ, *Las declaraciones de patrocinio…*, cit., pp. 55-82; FUENTES NAHARRO y DE MIGUEL HERNANDO, «Las cartas de patrocinio», cit., pp. 477-485; LÓPEZ URIEL, S., «Comentario a la Sentencia del Tribunal Supremo de 16 de diciembre de 1985», *Cuadernos Civitas de Jurisprudencia Civil*, 10, 1986, p. 3326; DUQUE DOMÍNGUEZ, «Las cartas de Patrocinio», cit., p. 755; ARAMENDIA GURREA, F. J., «La llamada "Carta de Confort" y su problemática jurídica», *Revista de Derecho Bancario y Bursátil*, 16, 1984, p. 789; VALENZUELA GARACH, «La "seriedad" de las llamadas…», cit., pp. 408-419; ESPIGARES HUETE,

En cualquier caso, debe tenerse presente, como bien ha advertido la doctrina especializada, que las declaraciones formuladas por medio de las cartas de patrocinio se caracterizan por presentar siempre una ambigüedad manifiesta, cuidadosamente buscada por el emisor de la carta y aceptada plenamente en dichos oscuros términos por su receptor, por lo que suele afirmarse que, precisamente, la indeterminación —al menos, inicial— de sus efectos jurídicos constituye una de las características más representativas de esta figura, cuyo sentido último resulta deliberadamente relegado por las partes al potencial escenario de conflicto ulterior[35].

No obstante, frente a la enorme diversidad de contenidos que caracteriza a las cartas de patrocinio, su deliberada ambigüedad y la pretendida indefinición inicial de sus efectos, doctrina y jurisprudencia no han resistido a observar en ellas ciertos comunes denominadores que las singularizan como categoría. Y es que todas las cartas de patrocinio comparten, como elemento común que dota de unidad a un fenómeno naturalmente heterogéneo, su virtualidad de favorecer, agilizar, promover, inducir o impulsar la concesión de crédito por cuenta del destinatario de la carta a un tercero, recurriéndose para ello a la remisión de un documento —que tradicionalmente adopta formato epistolar— en el que el patrocinante efectúa una variedad de declaraciones que, como se ha visto, pueden presentar un contenido muy diverso, pero que en todo caso tienen por finalidad última llevar al ánimo del receptor de la misiva el refuerzo en su seguridad respecto al buen fin de la operación de financiación patrocinada[36]. En efecto, la doctrina que se ha ocupado de las cartas de patrocinio coincide por lo general en señalar que estas satisfacen siempre una función de garantía[37], aunque sea en sentido lato, pues invariablemente buscan fomentar en su destinatario la seguridad de que el negocio crediticio que respaldan —y cuyas condiciones, en buena parte de las ocasiones, habrá negociado el propio

---

J. C., «La evolución doctrinal y jurisprudencial de las cartas de patrocinio», *Análisis crítico de los derechos de garantía en el tráfico mercantil* [dir. por F. J. Camacho de los Ríos y J. C. Espigares Huete y coord. por M.ª C. Ortiz del Valle y C. Soler Samper], Thomson Reuters-Aranzadi, Cizur Menor, 2021, pp. 296 y ss.).

35. CARRASCO, CORDERO y MARÍN, *Tratado...*, t. I, cit., pp. 447-448; SÁNCHEZ ÁLVAREZ, «Las cartas de patrocinio», cit., pp. 1154-1155; DE CASTRO MARTÍN, *Las Cartas de Patrocinio*, cit., pp. 44-46.

36. Coinciden en esta finalidad uniforme más o menos amplia de las cartas de patrocinio, BUSTO LAGO, J. M., «Cartas de patrocinio», *Tratado de Contratos*, t. IV (dir. por R. Bercovitz Rodríguez-Cano y coord. por N. Moralejo Imbernón, S. Quicios Molina y S. López Maza), Tirant lo Blanch, 4.ª ed., Valencia, 2024, p. 5185; CARRASCO, CORDERO y MARÍN, *Tratado...*, t. I, cit., p. 427; SÁNCHEZ ÁLVAREZ, «Las cartas de patrocinio», cit., p. 1157; FUENTES NAHARRO y DE MIGUEL HERNANDO, «Las cartas de patrocinio», cit., pp. 461-462; DE MIGUEL PERALES, «El encargo de dar crédito...», cit., pp. 42-43; SÁNCHEZ-CALERO GUILARTE y FUENTES NAHARRO, «Las cartas de patrocinio...», cit., p. 371.

37. *Vid.* en este sentido, entre otros, ESPIGARES HUETE, «La evolución doctrinal y jurisprudencial...», cit., pp. 287-288; BUSTO LAGO, «Cartas de patrocinio», cit., p. 5191; SÁNCHEZ-CALERO GUILARTE y FUENTES NAHARRO, «Las cartas de patrocinio...», cit., p. 371; SÁNCHEZ ÁLVAREZ, «Las cartas de patrocinio», cit., p. 1163; VALENZUELA GARACH, «La "seriedad" de las llamadas...», cit., pp. 419-423; DE ANGULO RODRÍGUEZ, «Panorama de encuadre...», cit., p. 26; DUQUE DOMÍNGUEZ, «Las cartas de Patrocinio», cit., p. 722; SUÁREZ GONZÁLEZ, *Las declaraciones de patrocinio...*, cit., p. 15.

patrocinante con la entidad financiera[38]— llegará a buen término, favoreciendo así con su emisión la efectiva conclusión del contrato de financiación entre el receptor de la carta y la patrocinada. Hasta tal punto se halla vinculada la conclusión del negocio crediticio a la emisión de tales cartas, que llega incluso a afirmarse que «sin CP [carta de patrocinio], no hay financiación», pues esta última habrá sido concedida en contemplación de la declaración o declaraciones dirigidas al acreditante por medio de la misiva, las cuales se elevarían, por tanto, a condición de la efectiva concesión de crédito al patrocinado[39].

Así pues, atendido el propósito de favorecer la concesión de crédito a un tercero expresamente señalado por el patrocinante con recursos propios del receptor de la misiva, teniendo en consideración el refuerzo que dicha carta promueve en la confianza de este último en cuanto al feliz desenvolvimiento del negocio de financiación promocionado, y visto además que las condiciones de dicho crédito habrán sido negociadas directamente por el propio patrocinante en las hipótesis regulares, no es de extrañar que una parte de nuestra doctrina haya propuesto que las cartas de patrocinio merezcan ser reconducidas, como categoría unitaria, al

---

38. En la hipótesis regular de las cartas de patrocinio, el emisor de la carta y el tercero patrocinado suelen pertenecer al mismo grupo empresarial, del que aquel es normalmente la sociedad matriz o dominante que, con motivo de la necesidad de financiación externa por parte de la filial, habrá negociado previamente con una entidad financiera las condiciones del crédito a serle concedido y, en dicho contexto negocial, habrá emitido una carta de patrocinio —normalmente, a petición de la propia financiera— para, a través de la realización de declaraciones de diverso contenido, tranquilizarle sobre el buen fin de la operación de financiación con la sociedad integrada en su grupo. No obstante, aunque este sea el supuesto más habitual, ello no significa necesariamente, desde luego, que no puedan existir otros escenarios diversos en los que se presten declaraciones de patrocinio, incluso ajenos al ámbito de las relaciones intragrupo; y así por ejemplo, entre otras posibilidades, que la carta de patrocinio sea emitida por una entidad bancaria a favor de un cliente, por un accionista respecto a su empresa, por una sociedad a otra con la que exista una relación de asociación o corresponsalía, por una filial respecto a otra filial o en beneficio de su propia matriz, e incluso entre particulares (*vid.* FUENTES NAHARRO y DE MIGUEL HERNANDO, «Las cartas de patrocinio», cit., pp. 471-474; CARRASCO, CORDERO y MARÍN, *Tratado...*, t. I, cit., pp. 427-429; BUSTO LAGO, «Cartas de patrocinio», cit., p. 5186; DUQUE DOMÍNGUEZ, «Las cartas de Patrocinio», cit., p. 723; SUÁREZ GONZÁLEZ, *Las declaraciones de patrocinio...*, cit., pp. 109 y 119 y ss.; VALENZUELA GARACH, «La "seriedad" de las llamadas…», cit., pp. 370 y ss.).

Debido a ello, merecen ser rechazadas soluciones como la inicialmente adoptada en la STS de 16 de diciembre de 1985 (ECLI:ES:TS:1985:1643), en la que se establecía como requisito de la eficacia de las declaraciones de patrocinio, entre otras exigencias, que estas hubiesen sido emitidas por una sociedad matriz en favor de su filial, cuando, como con toda razón se ha señalado, no existen restricciones jurídicas que impidan que tales declaraciones sean prestadas en otros contextos subjetivos, habida cuenta del principio de libertad de elección de tipos negociales que rige en nuestro ordenamiento privado (CARRASCO, CORDERO y MARÍN, *Tratado...*, t. I, cit., p. 429). Debe valorarse positivamente, en consecuencia, el paulatino cambio observado al respecto de la delimitación subjetiva de las cartas de patrocinio, que en pronunciamientos posteriores se amplía (como v.gr. en la STS de 27 de junio de 2016 [ECLI:ES:TS:2016:3055], en la que la carta sometida a valoración fue emitida por socios minoritarios de la patrocinada).

39. SÁNCHEZ ÁLVAREZ, «Las cartas de patrocinio», cit., p. 1157.

mandato de crédito[40]; y que, de hecho, la jurisprudencia haya llegado incluso, en ocasiones, a asimilar ambos instrumentos con carácter abstracto.

2. La construcción de las cartas de patrocinio en la jurisprudencia del Tribunal Supremo: de «garantía semejante a la fianza» a «garantía personal con personalidad propia y diferenciada», pasando por el mandato de crédito

La admisión de las cartas de patrocinio adquirió «carta de naturaleza»[41] en nuestro sistema jurídico mediante la STS de 16 de diciembre de 1985[42], en la que el Tribunal Supremo tuvo oportunidad de pronunciarse por primera vez respecto a la validez y naturaleza de este instrumento. Sin embargo, a pesar de su temprana aceptación, la jurisprudencia ha sido particularmente vacilante y poco precisa en su argumentación a la hora de calificar los compromisos asumidos por los patrocinantes frente a los receptores de dichas misivas, oscilando, en todo caso, los pronunciamientos dictados al respecto del valor jurídico-obligacional de las cartas de patrocinio en torno a un eje inamovible: su pretendida función de garantía del crédito concedido al deudor patrocinado, que, en la mayoría de los supuestos litigiosos, era enarbolada por el tenedor de la carta para suplicar la condena del patrocinante al abono de la deuda de financiación impagada por aquel último.

De este modo, una vez admitida la elemental diferenciación entre las declaraciones de patrocinio meramente enunciativas o «débiles» y las que contienen un auténtico deber negocial de prestación —distinción acogida desde el primer momento por el Alto Tribunal y que se conserva hasta la actualidad—, la determinación de cuál sea la concreta naturaleza jurídica de la relación obligacional entre el patrocinante y el receptor de la carta de patrocinio ha sido una cuestión que no ha gozado de una respuesta uniforme.

En un primer momento, nuestro Alto Tribunal manifestó, con vocación de generalidad, que las cartas de patrocinio *responde[n] en el campo de la financiación al designio de proporcionar una garantía semejante a la fianza*, mediante la cual el emisor contrae una obligación accesoria de indemnizar [sic] en beneficio del acreedor para el evento de que el deudor principal incumpla lo pactado en sus relaciones con el segundo» (STS de 16 de diciembre de 1985, FJ 2.º)[43]. No obstante, se advierte también en ese primer pronunciamiento que tal «novedosa» figura de garantía —*semejante a la fianza*, pero que al parecer, *no lo es*, sino que solo se asemeja a ella por

---

40. Esta es la posición defendida en nuestra doctrina, muy señaladamente, por DE CASTRO MARTÍN, *Las Cartas de Patrocinio*, cit., pp. 160 y ss., cuya opinión resulta compartida por GONZÁLEZ-PALENZUELA GALLEGO, M.ª T., «Cartas de patrocinio y *"mandatum pecuniae credendae"*: ¿creación o retorno de una figura jurídica?», *Revista General de Derecho Romano*, 27, 2016, pp. 2 y ss. y GARCÍA MEDINA, J., *Nuevas y especiales formas de garantía en el comercio (Estudio sistemático y crítico)*, La Ley, Madrid, 2009, pp. 116-118.

41. BUSTO LAGO, «Cartas de patrocinio», cit., p. 5189.

42. ECLI:ES:TS:1985:1643.

43. La cursiva es añadida.

aproximación funcional—, únicamente presenta dicho valor jurídico cuando el patrocinante efectúa declaraciones en las que asume «compromisos de resarcimiento para el caso de que la [patrocinada] incumpla lo convenido», u obligaciones de «apoyo financiero» o «deberes positivos de cooperación» con la deudora —aunque, nótese bien, estas últimas declaraciones no incorporen estrictamente compromisos directos de reembolso del crédito frente a la acreedora—; y no así, en cambio, cuando la misiva solo recoge declaraciones débiles limitadas a la expresión de un hecho o la manifestación de un parecer sobre la solvencia y situación financiera de la patrocinada[44]. Además, se añade que esas cartas de patrocinio en las que excepcionalmente se produce una traslación de la responsabilidad al patrocinante por la emisión de «promesas de garantía», deben estar basadas en expresiones claras e inequívocas por aplicación de lo dispuesto en el artículo 1827 CC, que el Tribunal Supremo estima operante en el caso *por palmarias razones analógicas* en la situación objeto de conflicto»[45].

Así pues, en este primer pronunciamiento sobre la admisibilidad y alcance jurídico de las cartas de patrocinio, el Tribunal Supremo vino a sostener, en lo que a efectos de este trabajo interesa, que tales instrumentos únicamente presentan un auténtico valor jurídico-obligacional en la medida que puedan ser calificadas como un contrato análogo al de fianza, lo que al parecer sucederá cuando las declaraciones emitidas por el patrocinante contengan inequívocas promesas de apoyo financiero o de cooperación activa con el patrocinado orientadas al cumplimiento de sus prestaciones frente a la receptora de la carta, o compromisos de resarcimiento directo para el caso de que aquel incumpla lo convenido frente al acreditante.

Esta opinión será mantenida en la posterior STS de 14 de noviembre de 1988[46] —en la que se calificó la carta «fuerte» litigiosa como contrato de fianza[47]—; y, a decir de la propia Sala Primera cuando, veinte años después, encuentre oportunidad de volver a pronunciarse respecto al valor obligacional de dicha figura, esa misma será también, al parecer, la posición defendida en la sentencia de 30 de junio de 2005[48], en la que el Tribunal Supremo afirma expresamente seguir su propia doctrina al resolver el litigio planteado. Sin embargo, aunque la sentencia de 2005 vuelve a señalar, en efecto, que las cartas de patrocinio fuertes pueden entenderse como un «*contrato atípico de garantía personal* con un encuadramiento específico en alguna de las firmas [sic] negociales o categorías contractuales tipificadas en el ordenamiento jurídico (…), criterio seguido por nuestro Tribunal Supremo en la sentencia ya apuntada de 16 de Diciembre [sic] de 1985, *que lo refiere al contrato*

---

44. Este era el caso, precisamente, de la carta analizada en la STS de 16 de diciembre de 1985, en la que el patrocinante se limitó a constatar su posición de accionista mayoritario de la patrocinada, así como a emitir su opinión sobre la solvencia y proyectos de futuro de esta última, pero sin llegar a manifestar ninguna clase de apoyo financiero a la operación crediticia entre la receptora de la carta y la patrocinada, ni asumir compromisos de resarcimiento de ningún tipo para la eventualidad de que esta última incumpliese lo convenido.

45. STS de 16 de diciembre de 1985, FJ 5.º (cursiva añadida).

46. ECLI:ES:TS:1988:9493.

47. BUSTO LAGO, «Cartas de patrocinio», cit., p. 5189.

48. ECLI:ES:TS:2005:4375.

de fianza», el Alto Tribunal pasará a afirmar, a renglón seguido, que dicho «contra-to atípico de garantía personal», en realidad, debe ser aproximado funcionalmente, no a la fianza, sino a la «*figura tradicional del mandato de crédito, asimilando las relaciones derivadas de la emisión de las cartas de patrocinio y las relaciones típicas del mandato*»[49]. La razón superficial que, sin llegar a ser objeto de desarrollo, se expone en un primer momento para rechazar la aproximación de la naturaleza de las cartas de patrocinio fuertes a la fianza tiene que ver con la ambigüedad característica de las primeras, que, se dice, resultaría contraria al «presupuesto o requisito esencial de que la declaración constitutiva de fianza ha de ser clara y precisa, sin que pueda sustentarse expresiones equívocas, que a menudo se prodigan en las cartas de patrocinio», lo que aconseja acudir, según la sentencia, a la «*asimilación con otras figuras contractuales menos sensibles al factor de equivocidad* que frecuentemente pretende introducirse en estos documentos», como sería, al parecer, el mandato de crédito. Muy paradójicamente, sin embargo, la STS de 30 de junio de 2005 sigue exigiendo como requisito fundamental de la eficacia negocial de las cartas de patrocinio, como ya hacía la STS de 16 de diciembre de 1985, que «la vinculación obligacional resulte clara, sin que pueda basarse en expresiones equívocas, *por aplicación analógica de los requisitos de la declaración constitutiva de la fianza del art. 1827 Código Civil*», que sigue estimando operante en el caso.

Aunque en el siguiente epígrafe se volverá sobre la anterior cuestión, lo que interesa en este momento destacar es que, evidentemente, no es aquella circunstancia —el factor de ambigüedad propio de las cartas de patrocinio— la razón de fondo que conduce al Alto Tribunal a equiparar estas cartas al mandato de crédito, sino la perceptible similitud estructural y funcional entre ambos mecanismos negociales. En este sentido, la STS de 30 de junio de 2005 ya señala —cosa que no hacía el primigenio pronunciamiento de 1985—, que, además de desempeñar una función de garantía, las cartas de patrocinio representan una «*figura crediticia*», destacando así la finalidad promotora de la concesión de financiación que satisface dicho instrumento, y que, al parecer, según lo sostenido por el Alto Tribunal, trascendería a su naturaleza. En efecto, las cartas de patrocinio pueden ser descritas —al igual que sucede con el mandato de crédito— como una figura crediticia de carácter mediato, pues no canalizan la obtención de financiación por la vía del recurso directo al haber patrimonial de quien emite dicho instrumento, sino que es siempre un tercero —el receptor de la misiva— quien satisface dicha función mediante la concesión de crédito al patrocinado en nombre y por cuenta propios. Ahora bien, a través de su emisión, el patrocinante expresa su propio interés en que el patrocinado reciba financiación con unas condiciones concretas; interés que, eventualmente, se ve satisfecho mediante la actuación desarrollada por el receptor de la carta, que concede crédito en contemplación de la seguridad que representan para él las declaraciones en ella formuladas. Es en atención a ello que la STS de 30 de junio de 2005 afirma que quien, a través de la remisión de una carta de patrocinio, «*inste a otro a dar crédito a un tercero y logr[e] efectivamente la concesión del crédito*

---

49. STS de 30 de junio de 2005, FJ 1.º (la cursiva es nuestra).

solicitado puede quedar obligado jurídicamente, no ya tanto por mediar contactos previos más o menos explicitados en acuerdos, sino por que [sic] *el ordenamiento viene a contemplar y dar relevancia al hecho de haber obtenido la satisfacción del interés que el encargo expresaba»*, pudiendo entonces el acreditante «*dirigirse para reclamar la efectividad y cumplimiento del contrato de crédito contra el también interesado (patrocinador-mandante) cuando el acreditado incumpla»*, en virtud del mandato de crédito entre ellos existente.

De hecho, en la sentencia recién transcrita, el Alto Tribunal ni siquiera efectúa una valoración del concreto contenido de la carta enjuiciada a la hora de proceder a calificar la naturaleza de la relación entre el patrocinante y el acreedor, sino que directamente sostiene, en abstracto, que «hay que considerar a la carta de patrocinio como un encargo de dar crédito a un tercero determinado, o sea como una oferta de mandato de crédito». Desde esta perspectiva, parece que la STS de 30 de junio de 2005 viene a sostener, de algún modo, que toda carta de patrocinio encierra, por su función crediticia y por la forma en que se estructura negocialmente la concesión de financiación, un mandato de crédito, lo que conecta con la teoría formulada en dicho sentido por una parte de nuestra doctrina científica, que defiende que la naturaleza de las cartas de patrocinio puede ser explicada de manera unitaria, pese a la diversidad del fenómeno, por referencia a una imagen global o tipo ideal de carta de patrocinio, delimitada teleológicamente, que encajaría en el esquema del mandato de crédito[50].

No obstante, a pesar de su contundente conclusión final, en la que asevera que «[c]omo colofón y epítome de todo lo antedicho hay que considerar a la carta de patrocinio» —a *toda* carta de patrocinio, según parece dar a entender— «como una oferta de mandato de crédito», en realidad, se aprecia que el Tribunal Supremo solo está considerando como tal las cartas de patrocinio *fuertes* en las que el patrocinante exhiba, concretamente, su intención de «obligarse (…) a prestar apoyo financiero (…) o a contraer deberes positivos de cooperación» con la patrocinada, como expresa un tanto veladamente al reproducir la doctrina contenida en la STS de 16 de diciembre de 1985. Es decir, que la STS de 30 de junio de 2005 únicamente aprecia la existencia de una oferta de mandato de crédito en aquellas cartas en las que el patrocinante asuma compromisos caucionales equivalentes a los previamente indicados; compromisos que, no se puede olvidar, en la sentencia de 1985 eran calificados de fideusorios, aunque veinte años más tarde el Alto Tribunal insista en alejar la naturaleza de las cartas de patrocinio de la fianza. Es en este sentido que la Sala Primera afirma, aunque no vuelva a insistir en esta idea, que «*el encargo de dar crédito a persona determinada pasa a constituir* como cualquier otro encargo, *una proposición de mandato con sus propios efectos jurídicos,* cuando esa invitación o incitación a la concesión de crédito *va acompañada de una promesa de garantía, asumiendo más o menos directamente el exhortante (mandante) el riesgo de la operación (promesa atípica de garantía)»*.

---

50. En defensa de esta posición, *vid.*, por todos, DE CASTRO MARTÍN, *Las Cartas de Patrocinio*, cit., pp. 147 y ss.; en especial, las pp. 160 y ss.

Mas, no deteniéndose ahí, el Alto Tribunal realiza, además, diversas apreciaciones acerca de la naturaleza y régimen jurídico del mandato de crédito, que, a lo que parece, entiende plenamente incardinable, sin advertir ninguna dificultad dogmática para ello, en el tipo del mandato ordinario. De hecho, la sentencia parte directamente de dicha consideración en su planteamiento, omitiendo efectuar cualquier clase de reflexión en torno a la atipicidad del mandato de crédito y su más apropiada configuración en el ordenamiento común español, lo que no deja de llamar la atención, habida cuenta de la escasez de pronunciamientos previos sobre dicha figura y dado que su naturaleza siempre ha sido objeto de controversia doctrinal. Sin perjuicio de que posteriormente se volverá sobre este tema, baste ahora señalar que, de acuerdo con lo afirmado en esta sentencia, las cartas de patrocinio fuertes, al resultar asimilables a un mandato de crédito, determinan el nacimiento entre el patrocinante y el acreditante de una relación típica de mandato, lo que implica, «como principal consecuencia, el reconocimiento de la responsabilidad del emisor en aquellos casos en que su destinatario atiende al requerimiento formulado en la carta»; esto es, «el nacimiento de una obligación encaminada a mantener indemne al colaborador, de los perjuicios que se deriven del cumplimiento del encargo», *ex* artículo 1729 CC.

Así pues, la resolución recién comentada no solo proclama la plena identificación de las cartas de patrocinio fuertes con el mandato de crédito, sino que además considera que este último da lugar al nacimiento entre las partes negociales de una relación típica de mandato, en cuyos moldes entiende perfectamente acomodable dicha figura.

La anterior doctrina será objeto de reiteración en la STS de 13 de febrero de 2007[51], donde se reproducirán los razonamientos recién expuestos respecto a la asimilación entre las cartas de patrocinio fuertes y el mandato de crédito, con idénticas consideraciones acerca de la naturaleza de este último. En cualquier caso, pese a entender que el mandato de crédito entraña una relación ordinaria de mandato entre las partes, la sentencia de 2007 volverá a considerar plenamente operante, paradójicamente, el artículo 1827 CC, cuya aplicación en el supuesto enjuiciado acaba por determinar —de la mano de una suerte de indebido holismo interpretativo de las declaraciones de patrocinio enjuiciadas[52]— que la carta sometida a consideración no sea calificada como fianza, pero tampoco como mandato de crédito, ni como cualquier otra clase de «contrato de garantía atípico», sino como una carta de patrocinio débil que no determina el nacimiento de una obligación de garantía para el patrocinante[53].

No obstante, pese a los esfuerzos constructivos recién expuestos, en posteriores pronunciamientos el Tribunal Supremo no volverá a referirse, sorprendentemente, a la asimilación previamente defendida de ciertas cartas de patrocinio con el mandato de crédito, el cual desaparecerá, sin aclaración de ninguna clase, de su discurso argu-

---

51. ECLI:ES:TS:2007:1026.

52. *Vid*. la crítica que se realiza a este respecto en ARCOS VIEIRA, «Comentario…», cit., pp. 526-528 y CARRASCO, CORDERO y MARÍN, *Tratado…*, t. I, cit., pp. 440-441.

53. Cfr. FFJJ 5.° y 6.° de la STS de 13 de febrero de 2007.

mentativo sobre la naturaleza y eficacia jurídica correspondiente a aquellas. Sin embargo, a pesar de esta notable alteración en su argumentación, lo que sí permanecerá inmutable serán sus intentos de separar tales cartas del modelo normativo de la fianza —si bien los resultados prácticos serán, en ocasiones, infructuosos[54]—, prefiriendo la jurisprudencia más reciente sobre cartas de patrocinio limitarse a describirlas, en su versión fuerte, como negocios atípicos de garantía personal en los que el patrocinante asume una obligación de indemnidad patrimonial del acreditante respecto al buen fin de la operación financiera, dotándolas así de un cierto carácter autónomo. Este es el planteamiento defendido por la STS de 28 de julio de 2015[55], cuya doctrina será acogida apenas un año más tarde por la STS de 27 de junio de 2016[56]. En aquella primera resolución, más detallada que la segunda, el Alto Tribunal

---

54. Así sucede, verbigracia, en el caso de la STS de 18 de marzo de 2009 (ECLI:ES:TS:2009:1257), en la que, a pesar de que el Alto Tribunal se abstiene de calificar expresamente como fianza la carta de patrocinio fuerte sometida a su consideración, termina por condenar al patrocinante a responder como un fiador, y ello en atención a los compromisos por este asumidos, consistentes en realizar «todos los esfuerzos necesarios para que la [patrocinada] disponga en todo momento de medios financieros que le permitan hacer frente a sus compromisos (…) por los créditos que le concedan», así como de prestar a la misma «todos los recursos necesarios de tipo financiero, técnico o de otra clase, que le permitan cumplir satisfactoriamente sus compromisos, tanto en lo que se refiere a nominal, intereses, costas y todos los gastos que conllevasen la presente operación». Así pues, tales declaraciones de patrocinio se consideran suficientes, en el caso, para hacer responder al patrocinante como un fiador; y ello sin que la Sala entre en ningún momento a valorar el específico contenido obligacional de las declaraciones transcritas —que, como puede observarse, no contenían compromisos de reembolso directo al acreedor en caso de incumplimiento de la patrocinada—, como si toda carta de patrocinio fuerte sirviese, en última instancia, con independencia de su concreto contenido, de fundamento para que el acreedor pueda reclamar el pago del crédito al patrocinante en caso de que la patrocinada no cumpla (*vid.* la crítica que efectúa a este respecto ÁLVAREZ LATA, N., «Comentario a la Sentencia del Tribunal Supremo de 18 de marzo de 2009», *Cuadernos Civitas de Jurisprudencia Civil*, 81, 2009, pp. 1459-1461).

Sin embargo, algún tiempo después, la STS de 26 de diciembre de 2014 (ECLI:ES:TS:2014:5755) sí entrará a valorar el específico contenido obligacional de la declaración de patrocinio fuerte sometida a su consideración —por la que los patrocinantes se comprometían a aumentar el capital de la patrocinada en proporción a sus respectivos porcentajes de participación, a requerimiento de la acreedora, en caso de que aquella no abonase la deuda de financiación llegado su vencimiento—, considerando el Alto Tribunal, en este caso, que el compromiso asumido por los patrocinantes no presentaba un contenido fideusorio, sino que consistía en «desarrollar unas conductas propias, consideradas aptas para reducir los riesgos de insatisfacción de la acreedora», cuyo incumplimiento «podrá generar una responsabilidad —artículos 1101 y 1107 del Código Civil— por el daño causado a la acreedora» (cfr. FJ 4.º). De esta forma, el Alto Tribunal parece optar ahora por considerar el concreto compromiso de apoyo financiero asumido por los patrocinantes —no muy diferente del contenido en la carta examinada por la STS de 18 de marzo de 2009— como una obligación de medios, y no como una deuda específicamente fideusoria; calificación que, sin embargo, no mantendrá en posteriores pronunciamientos, en los que optará por valorar los compromisos asumidos por medio de cartas de patrocinio fuertes como obligaciones de resultado por el buen fin de las operaciones de financiación patrocinadas (*vid.* ESPIGARES HUETE, «La evolución doctrinal y jurisprudencial…», cit., pp. 269-281).

55. ECLI:ES:TS:2015:4276.

56. ECLI:ES:TS:2016:3055.

Posteriormente, el Tribunal Supremo tendrá oportunidad de dictar una nueva sentencia con ocasión de una carta de patrocinio celebrada «como garantía de buen fin» de una póliza de crédito concedida a una sociedad instrumental de un Ayuntamiento; sin embargo, la cuestión de fondo planteada en el caso girará

afirma que las cartas de patrocinio fuertes representan una «modalidad de garantía personal con *personalidad propia y diferenciada*», y que esa función caucional que las caracteriza *«no se realiza como una proyección o suerte de contrato de fianza»*, sino que, muy al contrario, aquellas conforman un instrumento de garantía personal especial que «precisamente, excluye la tipicidad y régimen que se deriva de esta figura, de ahí que *conceptualmente la carta de patrocinio no pueda quedar embebida o ser reconducida al contrato de fianza o a una mera aplicación analógica de la misma*». Es decir, que de la función negocial desempeñada por las cartas de patrocinio fuertes «no se infiere, salvo pacto expreso de las partes al respecto, que resulte de aplicación el régimen legal previsto para el fiador en el contrato de fianza». En particular, la Sala Primera considera que «[c]onforme al desenvolvimiento del tráfico patrimonial, es decir, a la función de garantía personal que se deriva de la carta de patrocinio en orden a la concesión de financiación empresarial, el patrocinador asume una *obligación de resultado* con el acreedor, o futuro acreedor, *por el buen fin de las operaciones o instrumentos de financiación proyectados*; de forma que *garantiza su indemnidad patrimonial al respecto*»; y que, por tanto, «el contenido obligacional que se establece en la relación jurídica entre el patrocinador y el acreedor resulta *claramente especializado respecto del contenido típico que regula esta misma relación en el contrato de fianza* (…) porque *el patrocinador no viene obligado a ejecutar a favor del acreedor una prestación idéntica a aquélla que adeuda el deudor principal o patrocinado* (…), *sino otra de distinta naturaleza y contenido*, esto es, *una obligación de indemnidad patrimonial respecto del buen fin o resultado de la operación financiera proyectada a cargo del acreedor»*[57]. En consecuencia, dicha diferencia objetiva

---

en torno a la validez de tal garantía emitida por la corporación municipal y la aplicación de la doctrina de los actos separables, por lo que la resolución no aborda directamente la naturaleza y eficacia de las declaraciones de patrocinio contenidas en ella, que, por lo demás, ni siquiera transcribe (cfr. STS de 20 de diciembre de 2017 [ECLI:ES:TS:2017:4613]). En un caso parejo, abordado en la STS de 23 de mayo de 2019 [ECLI:ES:TS:2019:1630], el supuesto de base también partió de una reclamación contra un Ayuntamiento por el incumplimiento de las obligaciones de pago asumidas en una póliza de crédito por una sociedad municipal participada al 100% por dicho Ayuntamiento, fundamentándose la reclamación en un convenio de colaboración que la entidad acreedora calificó de carta de patrocinio asimilable a un mandato de crédito —extremo este último que, no obstante, no fue objeto de examen específico en casación—.

57. Concretamente, la declaración que conduce al Tribunal Supremo, en el caso resuelto en su sentencia de 28 de julio de 2015, a efectuar las consideraciones expuestas respecto a la naturaleza de las cartas de patrocinio fuertes, consiste en una fórmula de apoyo financiero del siguiente tenor: «[l]es confirmamos que, en base a las relaciones que mantenemos con dicha compañía, *nos comprometemos frente a ustedes a realizar nuestros mejores esfuerzos, incluido el apoyo financiero, para que [la patrocinada] cumpla en todo momento sus compromisos con ustedes*, y en especial los adquiridos por la citada operación de descuento, *con objeto de que ustedes no tengan ningún perjuicio»*.

En el caso de la carta enjuiciada en la posterior STS de 27 de junio de 2016, la declaración de apoyo financiero expresada en la misiva disponía lo siguiente: «[n]os comprometemos, *de forma irrevocable, a asegurar a [la patrocinada] nuestra completa asistencia financiera* de acuerdo con la participación que tenemos en la misma, *adoptando las medidas necesarias para asegurar que ésta cumpla puntualmente las obligaciones contraídas con su entidad, bien sea mediante la transferencia de fondos necesaria a favor de la misma, o bien realizando cualesquiera otras acciones que produzcan el mismo efecto*. Este compromiso permanecerá en vigor hasta que nuestra filial cancele todas las obligaciones contraídas con Uds. Asimismo, nos comprometemos de forma irrevocable a que las obligaciones contraídas, o aquellas

comporta, a decir del Alto Tribunal, que a la relación entre el patrocinante y el acreditante no le resulten aplicables por analogía las reglas previstas para el contrato de fianza, «particularmente, en relación a la *extensión máxima de la obligación del fiador* y la reclamación legal del exceso, dado que el compromiso indemnizatorio asumido puede ser mayor que la prestación programada, *a la aplicación legal del llamado beneficio de excusión* a favor del fiador, o a las propias *excepciones oponibles al acreedor*»[58].

En definitiva, las cartas de patrocinio fuertes se presentan, en su última configuración por la jurisprudencia del Tribunal Supremo, como un negocio atípico de garantía personal con personalidad jurídica propia y plenamente diferenciada del contrato de fianza, en el que el patrocinante asume una obligación de resultado de indemnidad patrimonial de la receptora de la carta respecto al buen fin de la operación de financiación promocionada, objetivamente autónoma de la deuda contraída por la patrocinada, y a la que, en defecto de pacto en contrario, no se le aplican analógicamente las reglas de la fianza[59]. Por su parte, la asimilación con el mandato de crédito, en otro tiempo defendida con ahínco por el Alto Tribunal, desaparece de su discurso argumental sobre la naturaleza y eficacia de tales cartas, respecto a las que ahora parece destacar su función de garantía personal por encima de la relevancia que aquellas presentan como instrumento promotor del crédito.

IV. LA CONFIGURACIÓN DEL MANDATO DE CRÉDITO Y SU EVENTUAL EXPRESIÓN MEDIANTE CARTAS DE PATROCINIO

El examen recién efectuado de la jurisprudencia del Tribunal Supremo sobre el valor jurídico de las cartas de patrocinio pone en evidencia que no existe una doctrina estable en cuanto a su naturaleza y eficacia, fluctuando significativamente en

---

que pudiera contraer con ustedes en un futuro nuestra filial tendrán prioridad de cobro sobre nuestros créditos frente a la misma» (la cursiva es añadida en ambas transcripciones).

58. *Vid.* el FJ 3.º (aptdos. 3 a 6) de la STS de 28 de julio de 2015 (toda la cursiva es añadida).

59. La última construcción jurisprudencial de las cartas de patrocinio fuertes sigue, así pues, una línea antitética a la solución adoptada en la Propuesta de la Sección Segunda, de Derecho Mercantil, del Anteproyecto de Ley de Código Mercantil tras el Dictamen del Consejo de Estado (marzo de 2018), en el que, en la Sección dedicada al contrato de fianza o aval, se establece que *«[e]l emisor de manifestaciones de patrocinio, de conformidad o de garantía, asumirá iguales obligaciones que un fiador por dicha manifestación cuando la vinculación obligacional la hubiese asumido de modo claro e indubitado, con expresiones vertidas que sean determinantes para la conclusión de la operación o actividad garantizada y con la intención de obligarse a prestar apoyo financiero o contraer deberes positivos de cooperación»* (cfr. Art. 578-6). En consecuencia, en el Anteproyecto se propone recalificar legalmente todas las declaraciones de patrocinio consistentes en manifestaciones de *«apoyo financiero»* o *«deberes positivos de cooperación»* con la patrocinada —aunque no representen estrictamente, por tanto, compromisos directos de reembolso del crédito principal frente al acreedor— como auténticas obligaciones fideiusorias —siguiendo así, de algún modo, la interpretación originalmente sostenida en la STS de 16 de diciembre de 1985—, siempre y cuando dichas expresiones sean claras y determinantes para la conclusión de la operación patrocinada.

el tiempo las decisiones adoptadas al respecto de su alcance obligacional, con la evidente inseguridad que ello provoca para los operadores económicos y sus políticas de emisión y aceptación de tales instrumentos[60]. No obstante, a pesar de la advertida inconsistencia, el estudio de dicha jurisprudencia revela importantes opiniones del Alto Tribunal al respecto de la configuración del mandato de crédito en el ordenamiento español; opiniones que, sin hallarse puntualmente argumentadas por su parte, contienen valoraciones de trascendencia respecto a su naturaleza —que identifica, sin más consideración, con el contrato de mandato típico— y su posible asimilación con las cartas de patrocinio fuertes —aunque hoy parezca separar ambas figuras, sin esclarecimiento del cambio de su criterio—.

Elementales razones de seguridad jurídica demandan una reflexión más detenida sobre ambas cuestiones.

1. La configuración del mandato de crédito

Ya se ha visto que, según la opinión mantenida en la jurisprudencia examinada, el mandato de crédito no comporta más que una típica relación de mandato regida por la disciplina propia de este contrato (cfr. arts. 1709 y ss. CC), lo que traería como principal consecuencia el nacimiento para el mandante de una obligación encaminada a mantener indemne al colaborador de todos los perjuicios que, sin culpa ni imprudencia por su parte, deriven del cumplimiento del encargo (*ex* art. 1729 CC).

Sin embargo, el Alto Tribunal no se detiene en ningún momento a deliberar la elemental cuestión, advertida de manera persistente por una parte de nuestra doctrina especializada, de que la configuración negocial del mandato de crédito parece entrar en severa discordancia con el modelo típico de mandato ordenado en el Código Civil, cuya regulación —estrechamente ligada al fenómeno de la representación— gira en torno a la actuación del mandatario por cuenta del mandante.

Así, como ya señaló la propia Sala Primera en sus pronunciamientos inaugurales sobre el mandato de crédito, resulta de esencia a esta clase de negocio que la concesión de crédito encomendada se realice *por cuenta del mandatario*, de tal forma que los efectos derivados de la actividad realizada en cumplimiento del encargo permanezcan en su propia esfera[61], lo que parece que aleja dicho instrumento de la órbita del mandato ordinario tipificado en el Código Civil español. Y es que, dado que, en el mandato de crédito, por definición, los efectos derivados de la concesión de crédito no se vinculan a la esfera jurídica de quien actúa como mandante, llega a aseverarse que «su estructura no se adecua al contrato de manda-

---

60. Así lo pone de relieve también ESPIGARES HUETE, «La evolución doctrinal y jurisprudencial…», cit., pp. 253-254.

61. POLO, «Comentario…», cit., pp. 416-418; ROBLES ÁLVAREZ DE SOTOMAYOR, «El mandato de crédito», cit., pp. 536-537; FERNÁNDEZ MERINO, «El mandato de crédito», cit., p. 819; BUSTO LAGO, «Contrato de mandato», cit., p. 3839; GONZÁLEZ CARRASCO, «Comentario…», cit., p. 11747; DE MIGUEL PERALES y DE MIGUEL HERNANDO, «El mandato de crédito», cit., p. 512; RUBIO TORRANO, «El mandato de crédito…», cit., pp. 106-107.

to típico»[62], en la medida que constituye una nota característica de este último que los resultados del negocio celebrado entre el mandatario y el tercero recaigan, de manera más o no menos inmediata, en la esfera jurídica del mandante. En efecto, el artículo 1709 CC —que da apertura al título dedicado al mandato, conceptualizándolo, y condicionando en dicho sentido la intelección sistemática de los preceptos que le suceden— establece que *«[p]or el contrato de mandato se obliga una persona a prestar algún servicio o hacer alguna cosa, por cuenta o encargo de otra»*. A pesar de la notable vaguedad con que está redactado el precepto, de su previsión final se viene deduciendo, por parte de algunos de nuestros autores, que a fin de que exista propiamente un contrato de mandato en el ordenamiento español es menester que el negocio objeto del mismo sea del mandante; es decir, que correspondan a la esfera jurídica de este último sujeto los efectos del negocio realizado por el mandatario[63]. Así resulta del examen de varios de los preceptos estructurales que disciplinan dicho contrato, que parten del presupuesto lógico de la pertenencia a aquel del negocio encomendado, como son, muy señaladamente, el artículo 1720 —que establece la obligación del mandatario de abonar al mandante todo lo recibido en virtud del mandato— o los artículos 1717, 1725, 1727, 1728 y 1729 CC —de los que se deduce que los efectos tanto favorables como adversos del negocio realizado por el mandatario se comunican al mandante, ya sea de forma directa, ya sea indirectamente, en función de si aquel actúa o no en nombre del principal—[64].

Es cierto, con todo, que la fórmula *«por cuenta o encargo de otra»* que emplea el artículo 1709 CC no resulta incontrovertible; máxime por la propia conjunción disyuntiva que aquella utiliza, que, en su sentido gramatical, puede implicar desde una mera repetición de conceptos, hasta una alternativa entre dos posibilidades. Esta última interpretación parece que puede ser rechazada en virtud del argumento de que todo mandato precisa, necesariamente, de un previo encargo —de lo contrario, se trataría de una gestión espontánea de negocios ajenos—, lo que lleva

---

62. La afirmación corresponde a BUSTO LAGO, que considera que la discordancia estructural apuntada entre el mandato de crédito y el contrato de mandato típico se deduce con facilidad a partir de la confrontación conceptual de aquel primer negocio con la regulación que para este último contienen los artículos 1709 y ss. CC (*vid*. BUSTO LAGO, «Contrato de mandato», cit., p. 3839). En la misma dirección, GONZÁLEZ CARRASCO advierte que «[l]a doctrina mayoritaria diferencia el mandato de crédito del contrato de mandato en sentido estricto en atención a la actuación del mandatario por cuenta propia y no por cuenta del principal, que constituye la característica común a todo mandato, actúe o no el mandatario en su propio nombre o en el de aquél, aproximándolo más bien al contrato de fianza, del que sería una modalidad atípica en relación con el art. 1825 CC» (GONZÁLEZ CARRASCO, «Comentario…», cit., p. 11747).

63. *Vid*., DE LA CÁMARA ÁLVAREZ, «La revocación del mandato…», cit., pp. 581 y ss.; GONZÁLEZ CARRASCO, «Comentario…», cit., pp. 11670 y 11737; BUSTO LAGO, «Contrato de mandato», cit., pp. 3830 y 3839; BLASCO GASCÓ, *Instituciones…*, cit., p. 319; REYES LÓPEZ, M.ª J., *Contratos Civiles*, Tirant lo Blanch, Valencia, 2022, p. 398; COLÁS ESCANDÓN, A., «Comentario a los artículos 1709 a 1739 del Código Civil», *Comentarios al Código Civil*, 3.ª ed. (coord. por R. Bercovitz Rodríguez-Cano), Thomson Reuters-Aranzadi, Cizur Menor, 2009, p. 1960; O'CALLAGHAN MUÑOZ, X., *Código Civil comentado y con jurisprudencia*, 8.ª ed., Wolters Kluwer, Madrid, 2016, p. 1829.

64. *Vid*. DE LA CÁMARA ÁLVAREZ, «La revocación del mandato…», cit., pp. 581-587; GONZÁLEZ CARRASCO, «Comentario…», cit., pp. 11736-11737, 11783, 11795-11796.

a concluir que dicho precepto no resulta expresivo de una alternativa, sino que simplemente contiene una mera reiteración. Incluso se ha sostenido que aquella norma debería leerse, en realidad, como la adición de una doble exigencia para que el mandato pueda ser considerado como tal, a saber: que la actuación del mandatario sea, a un tiempo, tanto por «*encargo*» como «*por cuenta*» de otra persona[65].

El anterior razonamiento parece que conduce de plano a negar la posibilidad de que pueda configurar un mandato como el disciplinado por el Código Civil un negocio por el que alguien se obligara a hacer algo por encargo de otro, pero por cuenta propia[66], como acaece en el mandato de crédito. Aun con todo, existe quien se plantea dicha posibilidad en atención a la notable amplitud con que está redactado el artículo 1709 CC, cuyos elementos —se dice— no servirían para demarcar una construcción cerrada de mandato: por el contrario, la abstracción de los términos empleados —en particular, la ambigüedad de la descripción de la actividad del mandatario como una actuación por cuenta ajena— abonaría la idea de que aquel puede ser leído en un sentido flexible, que no se agotaría en el fenómeno de la representación, y que sería capaz de incorporar otras modalidades afines, como v.gr. el mandato de crédito[67]. Desde esta perspectiva, prescindiendo de la idea de que el requisito de la ajenidad de la actuación deba constituir una nota esencial del mandato típico —pues en la propia definición que ofrece el artículo 1709 CC se dispondría que el mismo pueda ser, simplemente, «por encargo» de otra persona—, y con base en una interpretación flexible del artículo 1717 CC, algunos autores han defendido la posibilidad de que pueda ser calificado como tal el encargo de dar crédito en nombre propio y por cuenta propia[68].

Incluso se ha prescindido de la idea de la «ajenidad» como requisito estrictamente vinculado a la pura vertiente jurídica del negocio realizado por el mandatario, para extenderla a la noción de la «alteridad económica» concurrente en el mandato de crédito; es decir, al hecho de que el mandatario, al conceder crédito siguiendo las concretas instrucciones del mandante, gestiona un interés propio de este último, lo que sería suficiente para calificar dicho negocio como mandato. En este sentido, se ha apuntado que «parece lógico pensar que el mandante persiga

---

65. De esta forma parecen entenderlo LACRUZ BERDEJO, J. L. *et al.*, *Elementos de Derecho Civil: Derecho de obligaciones*, t. II, v. II, 5.ª ed. (rev. y puesta al día por F. Rivero Hernández), Dykinson, Madrid, 2013, p. 207, que, con ocasión del examen de los caracteres esenciales del contrato de mandato, afirman que se trata de una «actividad de cooperación en que quien la ejercita quedará al margen de su resultado, pues actúa *por cuenta y encargo* de otro» (la cursiva es añadida).

66. Así lo subraya ALBALADEJO GARCÍA, M., *Derecho Civil*, t. II: *Derecho de obligaciones*, Edisofer, 14.ª ed., Madrid, 2011, quien sostiene que «el mandatario (…) *siempre* ha de actuar *por cuenta* del mandante; luego no sería mandato el contrato por el que alguien se obligara a hacer algo "por encargo" de otro, pero "por cuenta propia"» (p. 782) (la cursiva es del autor).

67. ARCOS VIEIRA, *El Mandato de Crédito*, cit., pp. 144-149 y 157-158.

68. *Vid*. DE MIGUEL PERALES y DE MIGUEL HERNANDO, «El mandato de crédito», cit., pp. 511 y ss.; ROBLES ÁLVAREZ DE SOTOMAYOR, «El mandato de crédito», cit., pp. 536-538; FERNÁNDEZ MERINO, «El mandato de crédito», cit., pp. 826-828, si bien estos dos últimos autores, a diferencia de los primeros, convienen en que en el mandato de crédito no solo participan elementos propios del contrato de mandato, sino también de la fianza.

algún interés en la operación, que quedará satisfecho con la conclusión del negocio de crédito entre mandatario y tercero», y que es precisamente la «administración de este interés la que el mandante exige llevar a cabo al mandatario»; y así, aunque «el contrato de crédito se puede considerar asunto del mandatario, lo que va a satisfacer al mandante es el "modo de otorgar el crédito" (…). El mandante encarga al mandatario no conceder crédito sin más, sino concederlo a determinada persona y según el encargo recibido conforme a la modalidad y fines preestablecidos», lo que permitiría concluir que el mandante se erige como *verus dominus* de la operación[69]. En este orden de ideas, se sostiene que lo concluyente no es que los efectos del contrato de crédito repercutan en la esfera del mandante, sino la pertenencia a este último sujeto de un interés propio; interés que concurriría en todos aquellos supuestos en que se solicitase dar un crédito de determinadas características a una persona concreta, y que resultaría satisfecho mediante la ejecución del negocio de financiación en los términos encargados[70].

En cualquier caso, con independencia del carácter más o menos esencial, o más o menos flexible, que se deba conceder al elemento de la «ajenidad» presente en el concepto de mandato que erige el artículo 1709 CC, lo cierto es que buena parte del articulado que regula este contrato parte precisamente del presupuesto lógico de que el negocio realizado por el mandatario y sus resultados deban corresponder a la esfera patrimonial del mandante, lo que conduce a que el mandato de crédito no se compadezca bien con el contenido económico-obligacional que disciplina el Código Civil para el mandato típico, y que se encuentra en el núcleo de su estructura. Así, en lo que hace al esencial principio de indemnidad imperante en el contrato de mandato, sabido es que el mismo se integra no solo por el deber del mandante de indemnizar al mandatario todos los daños y perjuicios que le pueda causar el cumplimiento del mandato sin culpa ni imprudencia por su parte (cfr. art. 1729 CC), sino, asimismo, por un mecanismo dirigido a evitar que, ya incluso antes de la realización del encargo, el mandato pueda convertirse en una carga para el patrimonio del mandatario, y que encuentra su razón de ser en el presupuesto de que el negocio no le pertenece a él, sino al mandante[71]. Se trata, en concreto, de la obligación de provisionar los fondos necesarios para la ejecución del encargo que el artículo 1728 CC establece para el mandante, y que, en caso de no ser exigida por el mandatario, se transforma para aquel en un deber de reembolso de la cantidad anticipada por este último y de sus intereses, contados desde el día en que se realizó el anticipo[72]. Pues bien, a diferencia de lo que sucede en el mandato típico, donde la provisión de fondos constituye una obligación del mandante, en el caso

---

69. RUBIO TORRANO, «El mandato de crédito…», cit., p. 110.

70. *Vid.* DE CASTRO MARTÍN, *Las Cartas de Patrocinio*, cit., pp. 168 y ss., en especial pp. 174 y ss.; LEÓN ALONSO, «El mandato de crédito», cit., p. 1091; DE MIGUEL PERALES y DE MIGUEL HERNANDO, «El mandato de crédito», cit., pp. 513 y 518.

71. *Vid.* GONZÁLEZ CARRASCO, «Comentario…», cit., p. 11805; BUSTO LAGO, «Contrato de mandato», cit., p. 3852.

72. *Vid.* DÍEZ-PICAZO, L., *Fundamentos del Derecho Civil Patrimonial IV: Las particulares relaciones obligatorias*, Civitas-Thomson Reuters, Cizur Menor, 2010, p. 495.

del mandato de crédito puede afirmarse, por el contrario, que, en virtud del concreto interés expresado a través del encargo, resulta inherente a la naturaleza y finalidad de dicho negocio que el mandante no se halle obligado en ningún caso a anticipar al mandatario las cantidades precisas para la concesión del crédito que le ha encomendado, que este deberá abonar siempre con cargo a su propio peculio[73]. Es cierto que, como se desprende de la propia literalidad del artículo 1728.I CC, la efectiva anticipación de medios por parte del mandante depende, en cualquier caso, de que así se lo requiera el mandatario, por lo que podría pensarse que el mandato de crédito no conlleva, desde esa perspectiva, ninguna contradicción severa con el régimen del mandato típico[74]. Sin embargo, frente a lo anterior debe oponerse que, en el mandato de crédito, la exigencia al mandante de la previa provisión de fondos no representa para el mandatario una opción, sino que, por los propios términos con que está concebido dicho negocio, ese deber característico del mandato típico en ningún caso concurre en la posición contractual de quien encarga a otro prestar crédito por su propia cuenta, siendo así el mandatario quien, en todo caso, se encuentra obligado a desembolsar los fondos precisos para ejecutar el encargo encomendado. Así pues, el mandato de crédito integra una derogación estructural del mecanismo de indemnidad que, en su faceta *ex ante*, establece el artículo 1728.I CC para el mandato típico, y que conforma un componente esencial de su régimen jurídico. Asimismo, por idénticas razones, el mandante de crédito tampoco se halla obligado a reponer inmediatamente al mandatario las cantidades aplicadas por este a la ejecución del encargo[75], en contra de lo que expresamente establece el artículo 1728.II CC, pues lo contrario contravendría frontalmente el interés expresado y convenido por las partes a través de dicho negocio, en el que el mandatario acepta conceder el crédito por su propia cuenta. Y, en la misma dirección, aunque el artículo 1720 CC establece, en consideración nuevamente a la idea de que el encargo debe ser por cuenta ajena, que el mandatario se encuentra obligado a «*abonar al mandante cuanto haya recibido en virtud del mandato*», en el mandato de crédito cabe afirmar, por el contrario, que, debido a la propia naturaleza y finalidad del negocio, ni el mandatario debe transmitir al mandante su crédito frente al tercero beneficiado por el encargo, ni tampoco ha de abonarle su importe cuando lo cobre, de la misma forma que cuenta, asimismo, con obtener para sí los intereses que puedan derivar de la operación de financiación concluida con el tercero, y que en el caso de hallarnos ante un mandato típico, deberían derivar necesariamente hacia el patrimonio del mandante[76].

---

73. Coinciden en esta opinión CARRASCO PERERA, *Fianza…*, cit., p. 101; DE LA CÁMARA ÁLVAREZ, «La revocación del mandato…», cit., p. 588; ARCOS VIEIRA, *El Mandato de Crédito*, cit., p. 183; FERNÁNDEZ MERINO, «El mandato de crédito», cit., p. 828.

74. *Vid.*, en esta dirección de planteamientos, ROBLES ÁLVAREZ DE SOTOMAYOR, «El mandato de crédito», cit., p. 537.

75. Así lo entienden también FERNÁNDEZ MERINO, «El mandato de crédito», cit., p. 828; ARCOS VIEIRA, *El Mandato de Crédito*, cit., p. 183.

76. *Vid.*, en este sentido, DE LA CÁMARA ÁLVAREZ, «La revocación del mandato…», cit., p. 588; ARCOS VIEIRA, *El Mandato de Crédito*, cit., p. 229.

En definitiva, como puede observarse, el mandato de crédito no encuentra un régimen jurídico enteramente adecuado en la regulación que establece el Código Civil para el contrato de mandato ordinario, en cuyos postulados no encaja bien debido, precisamente, a que el negocio crediticio encargado a su través se realiza por cuenta propia del mandatario, y no pertenece al mandante. En consecuencia, no es ni mucho menos tan evidente que el mandato de crédito sea, básicamente, un contrato de mandato típico, como afirman las SSTS de 30 de junio de 2005 y de 13 de febrero de 2007 previamente examinadas; y, de hecho, conforme a los argumentos expuestos, parece que esa respuesta respecto a su naturaleza no es apropiada —o, al menos, no lo es sin mayores matizaciones—, por lo que habrá que seguir indagando sobre ella.

En este sentido, debe ponerse de relieve que, aunque en el mandato de crédito la concesión de financiación se ejecuta en nombre y por cuenta del mandatario, resulta idiosincrático a la naturaleza de este negocio que el riesgo de la operación crediticia —el riesgo de impago— sea interiorizado por el promotor de la operación, pues de lo contrario —esto es, en caso de que la concesión de crédito se ejecutase por cuenta *y riesgo* del mandatario—, dejaríamos de hallarnos ante un encargo con trascendencia negocial entre las partes, para encontrarnos ante una mera recomendación de dar crédito, que su receptor sería libre seguir o no. De tal forma que este aspecto —la garantía personal que asume el mandante con respecto al cumplimiento de una obligación que por definición es ajena, por cuanto el mandatario prestó el crédito por su propia cuenta— se convertiría en el elemento central en torno al que giraría la relación. Desde esta perspectiva, la propia configuración que presenta el mandato de crédito como un negocio en el que el crédito se presta por cuenta del mandatario, con las consecuencias que ello comporta sobre la relación entre las partes —el mandante no tiene obligación de anticipar ni de reembolsar inmediatamente el numerario necesario para prestar el crédito, ni el receptor del encargo debe transmitir a aquel nada de lo que reciba en virtud del negocio de financiación ejecutado (incluyendo sus posibles réditos), de suerte que *lo único que llega a trasladarse a la esfera de aquel primero es el periculum del crédito concedido*—, lleva a pensar que es, esencialmente, la obligación de garantía que asume el mandante de crédito, tendente a reforzar el cumplimiento de una deuda ajena, el elemento central en torno al que gira la construcción del negocio; y que, en esa medida, dicho deber de aseguramiento, de claros contornos fideusorios, cobra una especial preponderancia que trasciende a la naturaleza del mandato de crédito.

De hecho, esta última cuestión llega a advertirse implícitamente, aunque de manera completamente contradictoria con su razonamiento de base sobre que el mandato de crédito es un mero mandato típico, por la jurisprudencia previamente examinada, en la que se apuntan dos cuestiones trascendentales: que en el mandato de crédito, para ser este considerado como tal, la incitación a la concesión de crédito debe ir acompañada de una «promesa de garantía, asumiendo más o menos directamente el exhortante (mandante) el riesgo de la operación (promesa atípica de garantía)»; y que, para poder apreciar su existencia, es imprescindible que la vinculación obligacional que asume el mandatario «resulte clara, sin que pueda basarse en expresiones equívocas, por aplicación analógica de los requisitos de la declaración constitutiva de la fianza del art. 1827 Código Civil»[77]. Ahora bien, como pone de manifiesto la propia doctrina defensora de la configuración del mandato de crédito como un auténtico mandato ordinario, de presentar dicho negocio esta genuina naturaleza, ni el encargo de dar crédito tendría que ir necesariamente acompañado —como en cambio exige el Tribunal Supremo— de una específica declaración de garantía personal por parte del mandante[78], ni habría de aplicarse analógicamente el artículo 1827 CC a la relación estudiada, pues, si el mandato de crédito es un mero mandato típico, no deberían extenderse al mismo los requisitos constitutivos propios de la fianza[79]. No obstante, lo cierto es que el Tribunal Supremo no solo aplica analógicamente dicha disposición normativa propia de la fianza, sino que hay un momento en el que, incluso, llega a situar en el mismo plano la eficacia del mandato de crédito y la «propia de un contrato de garantía sujeto al régimen de la fianza (…) o del propio de una forma de contrato de garantía atípico»[80], lo que supone reconocer una clara identidad de razón entre el mandato de crédito y los negocios de garantía personal —del que sería paradigma el contrato de fianza—, por la clase de responsabilidad que el mandante asume.

En este sentido, se ha subrayado que, precisamente, es la configuración esencial del mandato de crédito como un negocio en el que el crédito de financiación concedido pertenece a la esfera patrimonial del mandatario lo que, a la par que aleja dicho contrato de la órbita correspondiente al mandato tipificado en el Código Civil, aproxima la posición del mandante a la propia de un fiador. Por todo ello, parte de nuestra doctrina científica ha defendido que el mandato de crédito configura, en realidad, una modalidad atípica de fianza; y que, en concreto, dicho contrato debería calificarse como una fianza en garantía de obligaciones futuras[81], amparada en el artículo 1825 CC[82].

---

77. Cfr. SSTS de 30 de junio de 2005 (FJ 1.º) y de 13 de febrero de 2007 (FJ 4.º).

78. Así lo pone de relieve DE CASTRO MARTÍN, quien, partiendo de la premisa de que el encargo de dar crédito a una persona determinada entraña siempre una oferta de mandato ordinario, por cuanto revela la presencia de un interés propio del mandante al que el mandatario dará satisfacción mediante la ejecución del encargo, concluye que «[e]l mandato de crédito *no tiene* (…) *una estructura diferente a la de cualquier otro mandato*. El contenido de la voluntad del mandante no es obligarse como garante, sino obtener la concesión del crédito para el tercero, por lo que *su responsabilidad derivará directamente del mandato conferido*» (DE CASTRO MARTÍN, *Las Cartas de Patrocinio*, cit., pp. 177-178) (cursiva añadida).

79. *Vid.*, en este sentido, ARCOS VIEIRA, «Comentario…», cit., pp. 533-534; DE MIGUEL PERALES y DE MIGUEL HERNANDO, «El mandato de crédito», cit., p. 525.

80. *Vid.* el FJ 5.º de la STS de 13 de febrero de 2007.

81. La fianza en garantía no solo de deudas ilíquidas, sino de deudas genuinamente futuras —esto es, de obligaciones que aún no han surgido, pero cuyo nacimiento se estima previsible en un futuro próximo— es una posibilidad que se encuentra pacíficamente admitida en la doctrina actual, sin perjuicio de los necesarios requisitos de determinabilidad que hayan de exigirse para la misma (*vid.*, en este sentido, CASTELLANOS CÁMARA, «La asunción cumulativa de deuda…», cit., pp. 480-481; KARRERA EGIALDE, M., «La fianza general [global]», *Revista Crítica de Derecho Inmobiliario*, 797, 2023, pp. 1352 y ss.).

82. A favor de esta teoría, *vid.* DE LA CÁMARA ÁLVAREZ, «La revocación del mandato…», cit., p. 589; BLASCO GASCÓ, *Instituciones…*, cit., p. 457; GARRIGUES DÍAZ-CAÑABATE, *Contratos bancarios*,

Con todo, aunque las diferencias apuntadas entre el mandato de crédito y el mandato típico, así como la responsabilidad que asume el mandante respecto al cumplimiento de una deuda ajena, abonan la anterior solución, lo cierto es que la calificación del mandato de crédito como contrato de fianza presenta serios inconvenientes desde la perspectiva de la concreta finalidad económico-jurídica perseguida por dicho instrumento, lo que se traduce en que el régimen correspondiente al contrato de fianza no proporcione una respuesta adecuada a buena parte del funcionamiento de dicho negocio. Así, la función del mandato de crédito no consiste solo, como en epígrafes antecedentes se exponía, en procurar la satisfacción de una deuda ajena, sino que también va dirigido a suscitar su nacimiento. Es decir, el mandato de crédito representa un instrumento de promoción de la concesión de financiación a un determinado tercero en las condiciones expresadas por quien va a asumir su garantía; y es evidente que esa faceta negocial no resulta adecuadamente cubierta mediante su mera calificación como contrato de fianza, que únicamente presenta una función de garantía, y como tal, no solventa las cuestiones suscitadas por la parte de la relación negocial en virtud de la cual el receptor del encargo asume conceder crédito al tercero con observancia de las instrucciones suministradas por el encargante[83]. Así pues, parece innegable que en el mandato de crédito subyace en todo caso, abstracción hecha de la clase de responsabilidad asumida por el mandante, un negocio contractual de naturaleza colaborativa, en el que el interés del acreedor garantizado no es el único presente, sino que por parte del mandante concurre igualmente un interés, propio y precedente, en la ejecución de la operación de financiación en las condiciones encargadas, de suerte que este último sujeto presenta una posición negocial que excede de la de mero garante, y que consiste en su papel de promotor del crédito concedido[84].

No obstante, como venimos apuntando, se trata este, en cualquier caso, de un negocio de colaboración atípico, condicionado estructuralmente por su particular finalidad negocial, pues en él la cooperación requiere de una actuación jurídica del mandatario por su propia cuenta —pues suyo será el negocio de crédito concluido con el tercero, lo que hace que no pueda asimilarse llanamente al contrato de mandato típico—, pero en el que, al objeto precisamente de poder ser considerado un negocio de cooperación y no un mero consejo, el riesgo de impago de la financiación prestada deberá de correr a cargo de aquel que solicita su intervención, quien asumirá así una obligación propia encaminada, muy singularmente, a reforzar la satisfacción de una deuda ajena; es decir, una obligación de naturaleza fideusoria. De esta guisa, en el mandato de crédito, el principio de indemnidad característico de los negocios de cooperación se concretiza, cualifica y desarrolla, por la peculiar estructura que presenta en él la relación colaborativa, como una obligación fideu-

---

cit., p. 302. En esta dirección de planteamientos parece encaminarse también, aunque sin llegar a pronunciarse expresamente por la solución, BUSTO LAGO, «Contrato de mandato», cit., p. 3839.

83. Subraya esta consideración, al objeto de argumentar que la configuración como contrato de fianza no conviene al mandato de crédito, ARCOS VIEIRA, *El Mandato de Crédito*, cit., pp. 174-177.

84. ARCOS VIEIRA, «Comentario…», cit., p. 533; FERNÁNDEZ MERINO, «El mandato de crédito», cit., p. 826; LEÓN ALONSO, «El mandato de crédito», cit., p. 1089.

soria desde el momento en que el mandatario ejecute por su propia cuenta la actuación encomendada, a saber: conceder un crédito de determinas características y en determinadas condiciones al tercero beneficiado por el encargo.

En definitiva, el mandato de crédito podría entenderse como un contrato atípico de colaboración jurídica de carácter no representativo, en el que la gestión del mandatario consiste en realizar, en su propio nombre y por su propia cuenta, una actividad encaminada a la concesión de financiación a un tercero en las condiciones indicadas por el mandante; y en el que este último presta, por medio de la declaración de voluntad emitida al formular dicho encargo, una fianza en garantía de la futura obligación que, eventualmente, pueda surgir entre el mandatario y el tercero beneficiado por el encargo; mas no porque aquel atípico negocio colaborativo deba ser recalificado como un contrato de fianza, ni porque deba pensarse necesariamente en la existencia de una suerte de contrato coligado, sino porque la obligación fideusoria puede encontrar en nuestro ordenamiento fuentes diversas del título contractual de fianza[85].

En efecto, aunque la fianza es, en el Código Civil, un título contractual determinado en cuanto negocio jurídico bilateral entre el acreedor y el fiador, en virtud del cual este último asume, frente al primero, una obligación propia en refuerzo del cumplimiento de una deuda ajena (cfr. art. 1822 CC)—, parte de nuestra doctrina ha resultado la necesidad de delimitar una segunda noción legal más amplia que aquella, como equivalente a «obligación fideusoria», con base en dos argumentos principales: primero, porque el Título XIV del Libro Cuarto «utiliza la fianza como una institución sustancial, independizada de su calificación de contrato o de obligación»; y, segundo, porque la limitada contemplación de la fianza como contrato —en cuyos márgenes el Código Civil no la adscribe expresamente— no puede explicar «ciertos efectos fideusorios admitidos en nuestro sistema, cuyo nacimiento no puede tener causa en un *contrato de fianza*»[86]. Pues bien, uno de dichos títulos contractuales es, precisamente, el mandato de crédito, a pesar de que nuestro ordenamiento —a diferencia de otros sistemas— carezca de una disposición que venga a asociar una eficacia fideusoria *ex lege* a la declaración de voluntad del mandante dirigida a crear un vínculo contractual distinto del de fianza[87], siendo así que la responsabilidad personal de este último sujeto por el impago del crédito que, por su propia cuenta, preste el colaborador, resulta estructural al encargo formulado en dicho sentido. Esta idea subyace también, de manera implícita, en las consideraciones que el Alto Tribunal efectúa al respecto de la naturaleza de dicho negocio, aunque ello no suponga más que una deducción meramente intuitiva, pues, como antes se ponía de manifiesto, aunque el Tribunal Supremo insista en ver en él solo un mandato, reconoce igualmente que dicho título contractual incorpora un efecto

---

85. *Vid.*, en este sentido, CARRASCO PERERA, *Fianza*…, cit., pp. 98 y ss.; y, más recientemente, CARRASCO, CORDERO y MARÍN, *Tratado*…, t. I, cit., pp. 165 y ss.

86. CARRASCO PERERA, *Fianza*…, cit., pp. 85-86 (la cursiva pertenece al autor).

87. CARRASCO, CORDERO y MARÍN, *Tratado*…, t. I, cit., pp. 165-166.

análogo al fideusorio; razón que, en último término, le lleva a estimar aplicable a su caso el artículo 1827 CC[88].

La particular configuración que presenta el mandato de crédito conduce a realizar algunas apreciaciones de interés sobre su peculiar régimen jurídico, que habrá de integrarse con la normativa propia de la fianza (arts. 1822 y ss. CC), pero sin desatender la naturaleza del título contractual que le da origen: un mandato atípico de carácter no representativo, al que no resultará de directa aplicación la íntegra disciplina del contrato de mandato ordinario (arts. 1709 y ss.), sin perjuicio de que de la regulación correspondiente a este último deban extraerse ciertos principios generales aplicables analógicamente al mandato de crédito, en cuanto contrato de cooperación jurídica que pivota sobre la iniciativa del mandante, que lleva aparejada la necesidad de relacionarse con terceros y que se basa en la confianza personal depositada en el mandatario.

Desde la anterior perspectiva, se sigue que, a diferencia de lo que sucedería de encontrarnos ante un contrato de fianza de obligaciones futuras (cfr. art. 1825 CC), el mandante de crédito se halla en disposición de revocar el encargo formulado antes de que el mandatario proceda a la efectiva concesión de financiación al tercero, en cuyo caso podrá discutirse la existencia de un deber de indemnizar los daños originados por la revocación (v.gr. en caso de que el mandato fuese retribuido[89]), pero aquel primero en ningún caso asegurará personalmente el crédito que el mandatario pudiese conceder a partir de entonces, que, tras haber sido notificada la revocación, será un negocio a su libre cuenta y riesgo. De la misma forma, el mandatario puede renunciar al encargo y no conceder el crédito con independencia de que concurra o no una causa justificada para ello, sin perjuicio de la responsabilidad que pueda surgir por los daños y perjuicios ocasionados (arg. *ex* arts. 1733 y 1736 CC). Por otro lado, a la hora de proceder a la concesión de crédito que le ha sido encomendada, el mandatario deberá actuar con diligencia y ajustarse a las instrucciones proporcionadas por su mandante, de suerte que este no se hallará obligado a responder como fiador de las actuaciones que excedan los límites y las condiciones fijadas en el encargo, que serán de cuenta y riesgo del mandatario (arg. *ex* arts. 1718, 1719.I, 1714 y 1727 CC). En este orden de planteamientos, el mandatario deberá mantener informado al mandante de la marcha de sus actuaciones y, en su caso, del buen fin de la gestión encomendada (arg. *ex* art. 1720 CC). Aunque, pese a su proceder diligente, el crédito no pueda ser finalmente concertado (v.gr. por la negativa del tercero al que se refiere el encargo), el mandatario tendrá derecho a quedar indemne de todos los daños que le haya podido ocasionar la gestión efectuada hasta ese momento, por mor del principio de indemnidad propio de los negocios colaborativos (cfr. art. 1729 CC). Una vez ejecutado el negocio crediticio encargado, dicho principio se concretará y desarrollará, por la particular estructura

---

88. Cfr., en dicho sentido, los FFJJ 4.º y 5.º de la STS de 13 de febrero de 2007.

89. Al respecto de la revocación de mandatos retribuidos y el derecho a indemnización, *vid.* GONZÁLEZ CARRASCO, «Comentario…», cit., p. 11849; GORDILLO CAÑAS, A., «Comentario a los artículos 1727 a 1739 del Código Civil», *Comentario del Código Civil*, t. II, Ministerio de Justicia, Madrid, 1991, p. 1584.

que presenta este negocio de cooperación, como una obligación fideusoria a cargo del mandante de crédito, que pasará a responder subsidiariamente del cumplimiento de la deuda de financiación cuya concesión ha promovido. A partir de ese instante, la relación entre el mandante y el mandatario-acreditante pasará a quedar disciplinada, fundamentalmente, por las reglas que gobiernan la relación entre fiador y acreedor (arts. 1830-1837 CC). En este sentido, creemos, en particular, que salvo que otra cosa pudiese deducirse del negocio entre las partes o de las circunstancias concurrentes, el mandante de crédito podrá oponer el beneficio de excusión[90] frente a la reclamación de cobro que le dirija el acreedor principal (cfr. arts. 1830 y 1831 CC)[91]. Asimismo, el mandante se hallará facultado para esgrimir las excepciones a las que se refiere el artículo 1853 CC, incluyendo la compensación de lo que el mandatario deba al deudor principal (cfr. art. 1197 CC). Por último, en caso de que sea el mandante quien, finalmente, acabe por saldar la deuda ajena asegurada frente al mandatario-acreditante, aquel tendrá derecho a regresar contra el obligado principal, si bien la naturaleza y alcance de dicho derecho dependerá, como en toda fianza, de la concreta relación subyacente entre el mandante de crédito y dicho tercero[92].

2. El mandato de crédito y la naturaleza de las cartas de patrocinio

Sometida a examen, y rechazada por los argumentos recién apuntados, la primera de las consideraciones que se contienen en la jurisprudencia acerca de la configuración jurídica del mandato de crédito —que este negocio es, básica y llanamente, un contrato de mandato típico—, aún queda por abordar una segunda cuestión, relativa al grado de conexión existente entre la naturaleza de las cartas de patrocinio y el mandato de crédito. Pues, recordemos, en las SSTS de 30 de junio de 2005 y de 13 de febrero de 2007 parece defenderse que las cartas de patrocinio fuertes deben ser asimiladas, preferentemente, a la figura del mandato de crédito; y, sin embargo, la jurisprudencia actual ha abandonado, sin ningún tipo de explicación, dicho criterio, para pasar a sostener que aquellas representan un negocio atípico de garantía personal con personalidad jurídica propia y plenamente diferenciada.

---

90. En profundidad sobre este beneficio, *vid.* IMAZ ZUBIAUR, L., *Fianza: Accesoriedad, subsidiariedad y solidaridad*, Atelier, Barcelona, 2024, pp. 124 y ss.; CASTELLANOS CÁMARA, S. y SANCHO MARTÍNEZ, L., «Fianza civil y mercantil», *Tratado de Contratos*, t. IV (dir. por R. Bercovitz Rodríguez-Cano y coord. por N. Moralejo Imbernón, S. Quicios Molina y S. López Maza), Tirant lo Blanch, 4.ª ed., Valencia, 2024, pp. 5114 y ss.

91. Aunque expresando sus dudas a este respecto, descartan, sin embargo, dicha posibilidad CARRASCO, CORDERO y MARÍN, *Tratado...*, t. I, cit., p. 166.

92. Para más detalle sobre los derechos del fiador por efecto del pago, *vid.* GALICIA AIZPURUA, G., «El derecho de regreso del fiador *solvens*: régimen sustantivo y clasificación concursal», *Anuario de Derecho Civil*, 76, 1, 2023, pp. 8 y ss.; y, en extenso sobre la cuestión, del mismo autor, *La disciplina sobre el pago por tercero y el alcance de la subrogación*, Tirant lo Blanch, Valencia, 2006, en especial pp. 109 y ss.

Como antes se veía, en aquella primera doctrina jurisprudencial, las cartas de patrocinio fuertes eran concebidas como un «contrato atípico de garantía personal» susceptible, *a priori*, de ser encuadrado en diversas categorías negociales, como el contrato de fianza o la promesa de hecho de tercero. Sin embargo, su característica ambigüedad, así como, especialmente, la consideración de que aquellas cumplen, además de una finalidad caucional, una función tendente a impulsar la celebración de contratos de crédito, son argumentos que, en su conjunto, llevan al Alto Tribunal a preferir su asimilación al mandato de crédito.

Esta solución conecta con la teoría formulada por una parte de nuestra doctrina científica, que sostiene que la naturaleza de las cartas de patrocinio puede ser explicada, con carácter global y unitario, pese a la diversidad del fenómeno, por referencia a un tipo ideal de carta de patrocinio delimitado teleológicamente, que encajaría en el esquema negocial del mandato de crédito[93]. En particular, desde esta concreta visión doctrinal se apunta que todas las manifestaciones que se efectúan en las cartas de patrocinio representan siempre, pese a su aparente diversidad, una *exhortación* dirigida a que el receptor de la misiva conceda crédito a un determinado tercero, de suerte que el acreditante obraría siempre, al atender dicho requerimiento y prestar financiación al sujeto indicado por el patrocinante, en cumplimiento de la orden emitida por este último, dando así satisfacción a su particular interés. La relación derivada de la emisión y aceptación de una carta de patrocinio sería, por consiguiente, conforme proclama esta tesis, idéntica que la emanada del mandato de crédito, siendo así que, en ambos supuestos, «una persona —mandatario de crédito, destinatario de la carta— se constituye a instancias de otra —mandante, emisor de la carta de patrocinio— en acreditante de un tercero determinado (…) en nombre y por cuenta propios», logrando, de esta forma, aquel primero extender sus posibilidades de negocio, al llegar su actividad «allí donde, de no contar con la colaboración del destinatario de la carta, no hubiera podido, o le hubiera resultado más costoso, llegar por sí mismo»[94].

La teoría expuesta destaca por tratar de ofrecer una respuesta jurídica homogénea a un fenómeno caracterizado por su intrínseca heterogeneidad, pues, valiéndose de la finalidad perseguida por ambas figuras y, sobre todo, partiendo de la forma en que se estructura en ellas la concesión de financiación, propone que toda carta de patrocinio pueda resultar asimilada a un mandato de crédito, y que, por tanto, la responsabilidad de todo patrocinante pueda ser cifrada en la propia de un mandante de crédito —que, en los términos en que nos hemos pronunciado *ut supra*, se correspondería con la propia de un fiador—, dotando así, en principio, de una mayor seguridad a los sujetos que pretendiesen valerse de tales instrumentos.

Es cierto que, al menos en apariencia, tanto las cartas de patrocinio fuertes como el mandato de crédito comparten ciertas notas características que conducen a plan-

---

93. En defensa de esta posición, *vid.*, en especial, DE CASTRO MARTÍN, *Las Cartas de Patrocinio*, cit., pp. 147 y ss., particularmente las pp. 160 y ss. Favorable a esta opinión se muestran también GONZÁLEZ-PALENZUELA GALLEGO, *El mandato de crédito…*, cit., pp. 214 y ss.; GARCÍA MEDINA, *Nuevas y especiales formas de garantía…*, cit., pp. 116-118.

94. DE CASTRO MARTÍN, *Las Cartas de Patrocinio*, cit., p. 163.

tearse la íntima proximidad, incluso la plena asimilación, entre ambos instrumentos. Así, ambas pueden ser descritas, como se exponía a lo largo de este trabajo, como figuras crediticias de carácter «mediato», en las que la concesión de financiación a un determinado sujeto se articula siempre, no por quien activamente emite dichos instrumentos (el mandante de crédito, el patrocinante), sino por quien los recibe (el mandatario, el destinatario de la carta), que concede crédito en nombre y por cuenta propios. Asimismo, tanto el mandante de crédito como el patrocinante guardan un interés propio —o, como se ha denominado, una posición de «no indiferencia»[95]— en el buen fin de la operación; esto es, tanto en la efectiva concesión de financiación en determinadas condiciones a un sujeto concreto, como en el cumplimiento de las obligaciones asumidas por parte de este, en la medida que ambos asumen frente al acreditante —aunque con una pretendida indefinición en el caso de las cartas de patrocinio— una cierta responsabilidad personal por la operación promocionada. En este orden de planteamientos, se añade también que, en ambos casos, resulta particularmente relevante para el potencial financiador la concreta identidad del patrocinante o del mandante, en vista de la caución personal que, desde su perspectiva, ambos sujetos le ofrecen[96]. Y, sobre todo, se pone de relieve que, mediante el recurso a tales instrumentos, tanto el mandante como el patrocinante exhortan al receptor de los mismos a conceder un crédito a un determinado tercero en unas condiciones concretas, impulsando su voluntad de obrar en dicho sentido, de tal forma que el acreditante actuaría siempre, al prestar la financiación, en respuesta al requerimiento recibido[97].

No obstante, a pesar de las señaladas similitudes, existe un elemento de divergencia sustantivo, que marca la separación entre ambas figuras, y que impide que las cartas de patrocinio fuertes puedan ser reconducidas, con carácter global y automático, al esquema negocial del mandato de crédito. Dicha discordancia tiene que ver con la propia naturaleza colaborativa que, según antes se ha explicado, concurre en el mandato de crédito, que se halla gestada, necesariamente, a través del *encargo* formulado por el mandante en dicho sentido, y que es un requisito que no siempre concurrirá en las cartas de patrocinio. Así, para poder calificar la relación entre el emisor y el receptor de la carta como la derivada de un mandato de crédito, es indispensable examinar si la misma responde a la búsqueda activa por parte de aquel primer sujeto de cooperación para la concesión de crédito a un tercero, y si el financiador, efectivamente, ha intervenido en la operación como consecuencia de la aceptación de esa propuesta de colaboración recibida[98]. Es decir, para poder identificar la carta de patrocinio con el mandato de crédito, no basta con argumentar, como hace la STS de 13 de febrero de 2007, que su emisión ha sido *determinante* —dada la garantía que conlleva— para la concesión del crédito por parte del acreditante, sino si, efectivamente, la intervención de este último se ha producido por mor de un encargo. Así, una adecuada delimitación entre las cartas de patroci-

---

95. ARCOS VIEIRA, *El Mandato de Crédito*, cit., p. 276.
96. BUSTO LAGO, «Cartas de patrocinio», cit., p. 5188.
97. DE CASTRO MARTÍN, *Las Cartas de Patrocinio*, cit., p. 163.
98. ARCOS VIEIRA, «Comentario…», cit., p. 534.

nio y el mandato de crédito exige distinguir entre *inducir* a dar crédito y *encargar* dar crédito: lo primero es un resultado que puede o no derivar de lo segundo —pues también se incita o fomenta la concesión de financiación, como sucede normalmente, mediante el ofrecimiento de una garantía, sin que medie encargo de ningún tipo—; y lo segundo es una actividad que, pudiendo o no desembocar en el anterior resultado, implica poner «en marcha el mecanismo de dación del crédito»[99]. Por consiguiente, aunque la emisión de una carta de patrocinio pueda resultar, en efecto, determinante para la concesión final de un crédito, será preciso en todo caso examinar si ello se debe al cumplimiento de una condición previa impuesta por el financiador para la concesión del préstamo, o si, por el contrario, la actuación de este último responde a la aceptación de colaborar con el patrocinante, de quien surge la iniciativa o interés primigenio en la concesión del préstamo. A tal efecto —esto es, para valorar si la carta de patrocinio recoge una propuesta de encargo—, no resultará imprescindible que la misiva haga uso de unas fórmulas sacramentales específicas, concretamente expresivas de un requerimiento o exhortación a dar crédito, pues, en virtud de lo dispuesto en el artículo 1282 CC, se podrá acudir a la base circunstancial del negocio a fin de evaluar la existencia de indicios de un mandato formulado por el emisor de la carta y aceptado por su receptor[100]. En consecuencia, la asimilación entre una carta de patrocinio y el mandato de crédito no podrá ser nunca automática, sino que requerirá siempre de una previa labor de interpretación de las concretas declaraciones formuladas en la misiva y de las circunstancias concurrentes a fin de determinar si existe en ella un auténtico encargo.

Por tanto, ni la naturaleza de las cartas de patrocinio fuertes puede asimilarse, de manera automática y con carácter abstracto, al mandato de crédito —como hace la STS de 30 de junio de 2005—, ni puede tampoco descartarse que, a través de dicho instrumento, pueda formularse eventualmente una oferta de dicho tenor, cuando así resulte del correspondiente proceso interpretativo. Y es que, en realidad, el contenido polimórfico que adoptan las cartas de patrocinio impide hallar en ellas ninguna naturaleza particular que sea merecedora de un régimen jurídico propio o unitario[101], por lo que resulta igualmente rechazable la genérica aseveración, contenida en la doctrina jurisprudencial más reciente sobre la eficacia de las cartas de patrocinio fuertes, de que estas representan una «modalidad de garantía personal con personalidad propia y diferenciada» (STS de 28 de julio de 2015, FJ 3.º-5).

Así pues, las cartas de patrocinio no son contratos ni modelos negociales independientes, sino que conforman un mero soporte documental de un conjunto de declaraciones de contenido muy diverso; de donde se sigue que, solo una vez sometidas al correspondiente proceso interpretativo, podrá decidirse si las mismas contienen o no auténticas declaraciones negociales y, en tal caso, si embeben ofer-

---

99. DE MIGUEL PERALES y DE MIGUEL HERNANDO, «El mandato de crédito», cit., p. 503. En el mismo sentido, *vid.* SÁNCHEZ ÁLVAREZ, «Las cartas de patrocinio», cit., pp. 1163-1164.

100. ARCOS VIEIRA, «Comentario…», cit., p. 535.

101. CARRASCO PERERA, «Las nuevas garantías personales…», cit., pp. 645 y ss.; BUSTO LAGO, «Cartas de patrocinio», cit., p. 5187.

tas de mandatos de crédito, compromisos directamente fideusorios o la asunción de otra clase de obligaciones por los patrocinantes[102].

V. ÍNDICE DE LAS RESOLUCIONES CITADAS

- STS (Sala 1.ª) de 23 de mayo de 2019 (ECLI:ES:TS:2019:1630)
- STS (Sala 1.ª) de 20 de diciembre de 2017 (ECLI:ES:TS:2017:4613)
- STS (Sala 1.ª) de 27 de junio de 2016 (ECLI:ES:TS:2016:3055)
- STS (Sala 1.ª) de 28 de julio de 2015 (ECLI:ES:TS:2015:4276)
- STS (Sala 1.ª) de 26 de diciembre de 2014 (ECLI:ES:TS:2014:5755)
- STS (Sala 1.ª) de 18 de marzo de 2009 (ECLI:ES:TS:2009:1257)
- STS (Sala 1.ª) de 13 de febrero de 2007 (ECLI:ES:TS:2007:1026)
- STS (Sala 1.ª) de 30 de junio de 2005 (ECLI:ES:TS:2005:4375)
- STS (Sala 1.ª) de 14 de noviembre de 1988 (ECLI:ES:TS:1988:9493)
- STS (Sala 1.ª) de 16 de diciembre de 1985 (ECLI:ES:TS:1985:1643)
- STS (Sala 1.ª) de 22 de diciembre de 1941
- STS (Sala 1.ª) de 8 de octubre de 1927

VI. BIBLIOGRAFÍA

Albaladejo García, M., *Derecho Civil*, t. II: *Derecho de obligaciones*, Edisofer, 14.ª ed., Madrid, 2011.

Álvarez Lata, N., «Comentario a la Sentencia del Tribunal Supremo de 18 de marzo de 2009», *Cuadernos Civitas de Jurisprudencia Civil*, 81, 2009, pp. 1447-1468.

Aramendia Gurrea, F. J., «La llamada "Carta de Confort" y su problemática jurídica», *Revista de Derecho Bancario y Bursátil*, 16, 1984, pp. 779-806.

Arcos Vieira, M.ª L., «Comentario a la Sentencia del Tribunal Supremo de 13 de febrero de 2007», *Cuadernos Civitas de Jurisprudencia Civil*, 77, 2008, pp. 511-536.

Arcos Vieira, M.ª L., «Comentario a las leyes 555 a 562», *Comentarios al Fuero Nuevo: Compilación del Derecho Civil Foral de Navarra* (dir. por E. Rubio Torrano y M.ª L. Arcos Vieira), 2.ª ed., Thomson Reuters-Aranzadi, Cizur Menor, 2020, pp. 2306-2341.

Arcos Vieira, M.ª L., «Comentario a la ley 526», *Comentarios al Fuero Nuevo: Compilación del Derecho Civil Foral de Navarra* (dir. por E. Rubio Torrano y M.ª L. Arcos Vieira), 2.ª ed., Thomson Reuters-Aranzadi, Cizur Menor, 2020, pp. 2223-2228.

Arcos Vieira, M.ª L., *El Mandato de Crédito*, Aranzadi, Pamplona, 1996.

Asua González, C. I., «La visión jurisprudencial de la garantía a primer requerimiento», *Cuadernos de Derecho Privado*, 7, 2023, pp. 10-44.

Blasco Gascó, F., *Instituciones de Derecho Civil: Contratos en particular*, 2.ª ed., Tirant lo Blanch, Valencia, 2022.

---

102. CARRASCO, CORDERO y MARÍN, *Tratado…*, t. I, cit., pp. 430 y ss.; BUSTO LAGO, «Cartas de patrocinio», cit., pp. 5187-5188.

BUSTO LAGO, J. M., «Contrato de mandato», *Tratado de Contratos*, t. III (dir. por R. Bercovitz Rodríguez-Cano y coord. por N. Moralejo Imbernón, S. Quicios Molina y S. López Maza), Tirant lo Blanch, 4.ª ed., Valencia, 2024, pp. 3830-3867.

BUSTO LAGO, J. M., «Cartas de patrocinio», *Tratado de Contratos*, t. IV (dir. por R. Bercovitz Rodríguez-Cano y coord. por N. Moralejo Imbernón, S. Quicios Molina y S. López Maza), Tirant lo Blanch, 4.ª ed., Valencia, 2024, pp. 5185-5204.

CARRASCO PERERA, Á., «Comentario a la Sentencia del Tribunal Supremo de 30 de junio de 2005», *Cuadernos Civitas de Jurisprudencia Civil*, 71, 2006, pp. 895-915.

CARRASCO PERERA, Á., *Fianza, accesoriedad y contrato de garantía*, La Ley, Madrid, 1992.

CARRASCO PERERA, Á., «Las nuevas garantías personales: las cartas de patrocinio y las garantías a primer requerimiento», *Tratado de garantías en la contratación mercantil*, t. I (coord. por U. Nieto Carol y J. I. Bonet Sánchez), Civitas, Madrid, 1996, pp. 625-763.

CARRASCO PERERA, Á., CORDERO LOBATO, E. y MARÍN LÓPEZ, M. J., *Tratado de los Derechos de Garantía*, t. I, 4.ª ed., Thomson Reuters-Aranzadi, Cizur Menor, 2022.

CASTELLANOS CÁMARA, S., «La asunción cumulativa de deuda: naturaleza y régimen», *Cuadernos de Derecho Privado*, 4, 2022, pp. 7-52.

CASTELLANOS CÁMARA, S. y SANCHO MARTÍNEZ, L., «Fianza civil y mercantil», *Tratado de Contratos*, t. IV (dir. por R. Bercovitz Rodríguez-Cano y coord. por N. Moralejo Imbernón, S. Quicios Molina y S. López Maza), Tirant lo Blanch, 4.ª ed., Valencia, 2024, pp. 5085-5184.

COLÁS ESCANDÓN, A., «Comentario a los artículos 1709 a 1739 del Código Civil», *Comentarios al Código Civil*, 3.ª ed. (coord. por R. Bercovitz Rodríguez-Cano), Thomson Reuters-Aranzadi, Cizur Menor, 2009, pp. 1959-1986.

DE ANGULO RODRÍGUEZ, L., «Panorama de encuadre de las garantías personales atípicas», *Revista Jurídica del Notariado*, 7, 1993, pp. 9-32.

DE CASTRO MARTÍN, J. L., *Las Cartas de Patrocinio*, Cuadernos del CGPJ, Madrid, 1994.

DE MIGUEL PERALES, C., «El encargo de dar crédito. Naturaleza jurídica del mandato de crédito, y su expresión a través de cartas de patrocinio», *Revista Jurídica del Notariado*, 16, 1995, pp. 41-122.

DE MIGUEL PERALES, C. y DE MIGUEL HERNANDO, D., «El mandato de crédito», *Contratos civiles, mercantiles, públicos, laborales e internacionales, con sus implicaciones tributarias*, t. IX (dir. por M. Yzquierdo Tolsada), Thomson Reuters-Aranzadi, Cizur Menor, 2014, pp. 501-534.

DE LA CÁMARA ÁLVAREZ, M., «La revocación del mandato y del poder», *Anales de la Academia Matritense del Notariado*, 4, 1948, pp. 551-668.

DÍEZ-PICAZO, L., *Fundamentos del Derecho Civil Patrimonial IV: Las particulares relaciones obligatorias*, Civitas-Thomson Reuters, Cizur Menor, 2010.

DUQUE DOMÍNGUEZ, J. F., «Las cartas de Patrocinio», *Nuevas entidades, figuras contractuales y garantías en el mercado financiero* (coord. por A. Alonso Ureba, R. Bonardell Lenzano y R. García Villaverde), Civitas, Madrid, 1990, pp. 717-774.

EGUSQUIZA BALMASEDA, M.ª Á. y ARCOS VIEIRA, M.ª L., «Acuerdos no vinculantes: visión general y planteamiento en el Fuero Nuevo», *Revista Jurídica de Navarra*, 27, 1999, pp. 93-120.

ESPIGARES HUETE, J. C., «La evolución doctrinal y jurisprudencial de las cartas de patrocinio», *Análisis crítico de los derechos de garantía en el tráfico mercantil* (dir. por F.

J. Camacho de los Ríos y J. C. Espigares Huete y coord. por M.ª C. Ortiz del Valle y C. Soler Samper), Thomson Reuters-Aranzadi, Cizur Menor, 2021, pp. 251-326.

FERNÁNDEZ MERINO, J., «El mandato de crédito», *Tratado de garantías en la contratación mercantil*, v. 1 (coord. por U. Nieto Carol y J. I. Bonet Sánchez), Civitas, Madrid, 1996, pp. 815-843.

FUENTES NAHARRO, M. y DE MIGUEL HERNANDO, D., «Las cartas de patrocinio», *Contratos civiles, mercantiles, públicos, laborales e internacionales, con sus implicaciones tributarias*, t. IX (dir. por M. Yzquierdo Tolsada), Thomson Reuters-Aranzadi, Cizur Menor, 2014, pp. 461-500.

GALICIA AIZPURUA, G., «El derecho de regreso del fiador *solvens*: régimen sustantivo y clasificación concursal», *Anuario de Derecho Civil*, 76, 1, 2023, pp. 7-76.

GALICIA AIZPURUA, G., *La disciplina sobre el pago por tercero y el alcance de la subrogación,* Tirant lo Blanch, Valencia, 2006.

GARCÍA MEDINA, J. *Nuevas y especiales formas de garantía en el comercio (Estudio sistemático y crítico)*, La Ley, Madrid, 2009.

GARRIGUES DÍAZ-CAÑABATE, J., *Contratos bancarios*, 2.ª ed. (rev., corr. y puesta al día por S. Moll), Madrid, 1975.

GONZÁLEZ-PALENZUELA GALLEGO, M.ª T., «Cartas de patrocinio y *«mandatum pecuniae credendae»*: ¿creación o retorno de una figura jurídica?», *Revista General de Derecho Romano*, 27, 2016, pp. 1-62.

GONZÁLEZ-PALENZUELA GALLEGO, M.ª T., «El mandato de crédito: de los Códigos Civiles modernos al Derecho Romano», *Revista General de Derecho Romano*, 38, 2022, pp. 1-51.

GONZÁLEZ-PALENZUELA GALLEGO, M.ª T., *El mandato de crédito en el Derecho romano y su proyección en el Derecho actual: Estudio histórico-comparativo*, Dykinson, Madrid, 2024.

GONZÁLEZ-PALENZUELA GALLEGO, M.ª T., «El *mandatum pecuniae credendae* en el Derecho Romano: de instrumento para la promoción del crédito a instrumento de garantía», *Revista General de Derecho Romano*, 25, 2015, pp. 1-68.

GONZÁLEZ CARRASCO, M.ª C., «Comentario a los artículos 1709 a 1739 del Código Civil», *Comentarios al Código Civil*, t. VIII (dir. por R. Bercovitz Rodríguez-Cano), Tirant lo Blanch, Valencia, 2013, pp. 11665-11890.

GORDILLO CAÑAS, A., «Comentario a los artículos 1727 a 1739 del Código Civil», *Comentario del Código Civil*, t. II, Ministerio de Justicia, Madrid, 1991, pp. 1567-1599.

ILLESCAS ORTIZ, R., «Cartas de acreditación y cartas de garantía», *Estudios de Derecho Bancario y Bursátil: Homenaje a Evelio Verdera y Tuells*, t. II, La Ley, Madrid, 1994, pp. 1283-1300.

IMAZ ZUBIAUR, L., *Fianza: Accesoriedad, subsidiariedad y solidaridad*, Atelier, Barcelona, 2024.

INFANTE RUIZ, F. J., *Las garantías personales y su causa*, Tirant lo Blanch, Valencia, 2004.

KARRERA EGIALDE, M., «La fianza general (global)», *Revista Crítica de Derecho Inmobiliario*, 797, 2023, pp. 1339-1391.

LACRUZ BERDEJO, J. L. *et al.*, *Elementos de Derecho Civil: Derecho de obligaciones*, t. II, v. II, 5.ª ed. (rev. y puesta al día por F. Rivero Hernández), Dykinson, Madrid, 2013.

LEÓN ALONSO, J., «El mandato de crédito», *Revista de Derecho Privado*, 1982, 1, pp. 1075-1114.

LÓPEZ URIEL, S., «Comentario a la Sentencia del Tribunal Supremo de 16 de diciembre de 1985», *Cuadernos Civitas de Jurisprudencia Civil*, 10, 1986, pp. 3313-3326.

O'CALLAGHAN MUÑOZ, X., *Código Civil comentado y con jurisprudencia*, 8.ª ed., Wolters Kluwer, Madrid, 2016.

POLO, A., «Comentario a la Sentencia del Tribunal Supremo de 22 de diciembre de 1941», *Revista de Derecho Privado*, 1942, pp. 412-421.

REYES LÓPEZ, M.ª J., *Contratos Civiles*, Tirant lo Blanch, Valencia, 2022.

ROBLES ÁLVAREZ DE SOTOMAYOR, A., «El mandato de crédito», *Revista Crítica de Derecho Inmobiliario*, 243-244, 1948, pp. 531-547.

ROCA SASTRE, R. M.ª, «Afianzamiento mercantil. Su diferencia con el aval. Su diferenciación del mandato de tipo comisión mercantil y del mandato de crédito», *Dictámenes jurídicos*, Bosch, 1984, pp. 1163-1177.

RUBIO TORRANO, E., «El mandato de crédito (a propósito de la ley 526 de la Compilación navarra)», *Revista Jurídica de Navarra*, 4, 1987, pp. 101-115.

SÁNCHEZ ÁLVAREZ, M. M.ª, «Las cartas de patrocinio», *La contratación bancaria* (dir. por A. Sequeira, E. Gadeo y F. Sacristán), Dykinson, Madrid, 2007, pp. 1153-1175.

SÁNCHEZ-CALERO GUILARTE, J. y FUENTES NAHARRO, M., «Las cartas de patrocinio y aval cambiario», *Tratado de Derecho Civil: Las garantías*, t. I, v. 1 (dir. por L. Prats Albentosa), Wolters Kluwer, Madrid, 2016, pp. 369-398.

SUÁREZ GONZÁLEZ, C., *Las declaraciones de patrocinio: Estudio sobre las denominadas «cartas de confort»*, La Ley, Madrid, 1994.

TORRES PARA, M.ª J., *El mandato de crédito como garantía personal*, Dykinson, Madrid, 1998.

VALENZUELA GARACH, F., «La "seriedad" de las llamadas cartas de patrocinio», *Revista de Derecho Mercantil*, 185-186, 1987, pp. 347-427.

GARANTÍA POR ANTICIPOS EN LA COMPRAVENTA DE VIVIENDAS EN CONSTRUCCIÓN[1]

Irantzu Beriain Flores
Profesora Agregada de Derecho Civil
Universidad del País Vasco/Euskal Herriko Unibertsitatea (UPV/EHU)

I. INTRODUCCIÓN

El presente trabajo tiene por objeto analizar el régimen legal establecido en la DA1ª de la Ley de Ordenación de la Edificación (en adelante LOE) sobre la obligación del promotor de garantizar la devolución de las cantidades anticipadas a cuen-

---

1. Este trabajo es parte del Proyecto de I+D+i 2020-119816GB-I00 «Las garantías personales en el ordenamiento civil español: claroscuros sustantivos y concursales» financiado por MCIN/AEI /10.13039/501100011033 y del Grupo de Investigación Consolidado del Sistema Universitario Vasco GIC IT-1445-22 (Gobierno Vasco) sobre «Persona, familia y patrimonio», de los que es IP el Dr. GALICIA AIZPURUA.

ta del precio en la venta de viviendas en construcción. La norma en cuestión otorga al adquiriente de la vivienda la posibilidad de otorgar al promotor un nuevo plazo de cumplimiento (adherido al contrato mediante una nueva cláusula), u optar por la resolución del contrato de compraventa, y, en consecuencia, recuperar las cantidades adelantadas (con intereses) en concepto de precio.

La garantía que aquí se analiza está, exclusivamente, prevista para los casos en los que el promotor incumpla con su obligación de entrega, quedando excluidos otro tipo de incumplimientos por parte del promotor que encuentran cabida en preceptos distintos de la propia LOE. El incumplimiento que da lugar al ejercicio de la garantía queda, así, acotado por la esencialidad del plazo de entrega de la vivienda acordado, a la que se suma la voluntad de ser restituido del comprador.

La norma está dirigida a proteger al comprador-consumidor que adquiere la vivienda con fines residenciales, y adelanta parte del precio con anterioridad a que el objeto que va a recibir en contraprestación haya siquiera comenzado a construirse. Para garantizar la recuperación de las cantidades, el promotor ha de prestar un seguro de caución o un aval que garantice al comprador la recuperación de las cantidades que el promotor, pese al requerimiento, no ha devuelto. La fórmula legal no es nueva (se remonta a una norma preconstitucional, la Ley 57/1968), pero su aplicación continúa, en la actualidad, planteando numerosos problemas en la práctica judicial.

En este capítulo se abordan cuestiones relacionadas con el régimen resolutorio aplicable al contrato de compraventa de viviendas en construcción, con la determinación del tipo de incumplimiento de la obligación de entrega de la vivienda que da lugar al ejercicio de la garantía, con los requisitos estructurales de la garantía misma y, sobre todo, con su naturaleza jurídica. En este sentido, el análisis se centra en determinar si la garantía que regula la DA1ª LOE es o no una garantía a primer requerimiento que permite al comprador reclamar al garante la restitución de las cantidades anticipadas, sin que el garante pueda excepcionar al comprador cuestiones relativas a la obligación principal (la de entrega de la vivienda en el plazo contractualmente establecido).

II. CONTEXTO ECONÓMICO Y NORMATIVO

Tal y como informan los Principios de la Política Social y Económica del Estado, los poderes públicos tienen el deber de promover las condiciones necesarias para que el derecho a disfrutar en igualdad de una vivienda digna y adecuada quede garantizado [art. 47 Constitución Española (CE)]. La vivienda es uno de los bienes más preciados para las personas. Tal y como se proclama en el Preámbulo de la Ley 12/2023, de 24 de mayo, por el derecho a la vivienda, disfrutar de una vivienda es esencial para el desarrollo de otros muchos derechos proclamados en la Constitución Española y en los Textos Internacionales más relevantes: la integridad física y moral (art. 15 CE), la intimidad personal y familiar (art. 18 CE), la salud (art. 43 CE) o el libre desarrollo de la personalidad (art. 10 CE) son algunos de estos derechos. La vivienda, como bien de consumo, es igualmente relevante desde el punto de vista económico. Según datos que se reflejan en la citada Ley, la vivienda ocupa el 80% de la edificación urbana: entre 1962 y 2020 se han construido y comercializado en España dieciocho millones de viviendas.

Para dar desarrollo legislativo a este derecho, y tomando como punto de partida el reparto competencial establecido en los artículos 148 y 149 CE, los legisladores estatal y autonómico han establecido la normativa sustantiva básica en materia de vivienda, regulando aspectos relacionados con: la planificación de políticas de ayuda al acceso a la vivienda en régimen de propiedad o alquiler, la regeneración de viviendas y promoción de viviendas de nueva planta, la articulación de programas y planes de actuación para garantizar el acceso a la vivienda a los sectores menos favorecidos de la sociedad (los jóvenes, las familias con ingresos económicos escasos o la ciudadanía en riesgo de exclusión), o el régimen legal de las viviendas que obtengan la calificación de vivienda pública protegida. Asimismo, la regulación de la vivienda está sujeta a la normativa técnica sobre eficiencia energética, cédulas de habitabilidad, accesibilidad y supresión de barreras, entre otras; y al régimen fiscal vinculado a su adquisición, transmisión o alquiler[2].

Hasta el año 2023 el legislador estatal no había desarrollado una ley específica que regulase de forma unitaria y sobre la base de distintos títulos competenciales (arts. 149. 1. 1ª, 6ª, 8ª, 11ª, 13ª, 14ª, 23ª y 25ª) el derecho (de acceso) a la vivienda[3]. No obstante, como se ha avanzado, el desarrollo de algunos de estos títulos competenciales dio lugar a la aprobación de una serie de leyes vinculadas al fomento de la vivienda, a la articulación de regímenes específicos sobre financiación o fiscalidad de la vivienda, y, en lo que ahora interesa, a la contratación vinculada a la adquisición de la vivienda, en la que se incluye la garantía objeto de este estudio.

---

2. Tal y como se subraya en el Preámbulo de la Ley 12/2023, de 24 de mayo, por el derecho a la vivienda, es preciso puntualizar que, hasta el año 2023, la actuación del Estado en materia de vivienda se ha desarrollado, principalmente, en dos ámbitos. El primero, de carácter general, los Planes de Vivienda cuyo contenido determina la política gubernamental a seguir en materia de vivienda y que guardan en común la apuesta por el fomento de la producción de viviendas, la extensión del ámbito urbano a través de la ocupación de nuevo suelo, o la adquisición en propiedad de la vivienda (desde la aprobación del primer Plan estatal para el periodo 1981-1983, se han aprobado un total de 12 planes). La competencia del Estado para aprobar los Planes de Vivienda se fundamenta, principalmente, en el artículo 149. 1. 13ª CE, sobre bases y coordinación de la planificación general en la actividad económica [STC 152/1988, de 20 de julio (BOE núm. 203, de 24 de agosto de 1988)]. El segundo, el ámbito fiscal, mediante la asignación de fondos públicos a través de ayudas fiscales. Asimismo, las materias señaladas en el texto han sido, fundamentalmente, desarrolladas por los legisladores autonómicos, tras haber asumido la competencia exclusiva en materia de vivienda (art. 148. 3 CE).

3. El propio Tribunal Constitucional se ha pronunciado sobre el riesgo que supone no contar con una regulación estatal básica sobre la materia que sirva como límite competencial a la amplísima producción autonómica. En palabras del Tribunal Constitucional, *no habiendo el legislador estatal ejercido la habilitación que el artículo 149. 1. 1ª CE le otorga, resulta necesario afirmar que el legislador autonómico en materia de vivienda, en el momento en el que realizamos este enjuiciamiento, no encuentra límites desde esta perspectiva constitucional* [SSTC 80/2018, de 5 de julio (BOE núm. 189, de 5 de julio de 2018)]; 16/2018, de 22 de febrero (BOE núm. 72, de 22 de marzo de 2018); 32/2018, de 10 de abril (BOE núm. 124, de 21 de mayo de 2018); 43/2018, de 26 de abril (BOE núm. 130, de 28 de mayo de 2018)].

Ahora bien, pese a que la regulación de las garantías que tienen por finalidad afianzar económicamente el pago de los defectos de la construcción, o, como es el caso, la devolución de las cantidades anticipadas en la compra de viviendas en construcción descanse en el artículo 149. 1. 8ª CE, no son pocas las comunidades autónomas que incluyen (siquiera sólo por remisión) la regulación de la garantía por cantidades anticipadas para la adquisición de viviendas en construcción[4].

La regulación de la garantía por cantidades anticipadas en la adquisición de viviendas en construcción se reguló, por primera vez, en la Ley 57/1968, de 27 de julio, sobre percibo de cantidades anticipadas en la construcción y vivienda. El legislador de aquella época contextualizaba la norma aludiendo en su Preámbulo a *la reiterada comisión de abusos que, de una parte, constituyen grave alteración de la convivencia social, y de otra, evidentes hechos delictivos, ocasionando perjuicios irreparables a quienes confiados y de buena fe aceptan sin reparo alguno aquellos ofrecimientos.* Razón por la cual, la Ley fue dictada con una doble finalidad: *garantizar la aplicación real y efectiva de los medios económicos anticipados por los adquirentes y futuros usuarios a la construcción de su vivienda, como su devolución en el supuesto de que ésta no se lleve a efecto.*

La adquisición de una vivienda presuponía entonces, y en la actualidad, uno de los mayores desembolsos económicos que el consumidor realiza a lo largo de su vida; sobre todo cuando se trata de adquirir en propiedad la primera vivienda de residencia, aquella que determina la emancipación económica con respecto al núcleo familiar. Las dificultades para acceder al mercado laboral y obtener cierta estabilidad sitúan, en la actualidad, la media de emancipación en España en veintinueve con ocho décimas (tres años por encima de la media europea). Hasta entonces, con suerte, se habrá reunido el dinero suficiente para efectuar el primer pago a cuenta

---

4. En las Comunidades Autónomas con competencia en materia civil el asunto se sustancia en los siguientes parámetros: entender qué es *desarrollo* y delimitar su alcance por relación a la competencia exclusiva del estado sobre desarrollo y bases de las obligaciones contractuales. En lo que hace al resto de Comunidades Autónomas (sin competencia en materia civil), en las que, por el contrario, se ha regulado sobre la materia con fundamento en el artículo 148. 3 CE, sobra decir que dicho título competencial no es suficiente para regular el contenido del contrato de adquisición de una vivienda libre o de protección pública, o sobre las garantías por cantidades adelantadas para la adquisición de una vivienda. Evidentemente, las Comunidades Autónomas sin competencia en materia civil no pueden establecer regulación alguna sobre dicha materia, y habrá de aplicarse el régimen previsto en la DA1ª LOE [DÍAZ MARTÍNEZ, A., «Cantidades anticipadas en la compraventa de vivienda en construcción (Interpretación y aplicación jurisprudencial de la Ley 57/1968)», *Revista Doctrinal Aranzadi-Civil*, nº 9, 2015 (BIB 2015\4804), p. 2.]

Actualmente, la garantía para la devolución de cantidades anticipadas se regula en las siguientes Leyes autonómicas: Ley 2/2002, de 7 de febrero, establece y regula las diversas modalidades de viviendas de protección pública en Castilla La Mancha; Ley 24/2003, de 26 de diciembre, Viviendas de Protección Oficial, de Aragón; Ley 8/2004, de 20 de octubre, de vivienda de la Comunidad Valenciana; Ley 9/2010, de 30 de agosto, del derecho a la vivienda de la Comunidad de Castilla y León; Ley 8/2012, de 29 de junio, de vivienda de Galicia; Ley 6/2015, de 24 de marzo, de vivienda de la Región de Murcia, y, Ley 11/2019, de 11 de abril, de promoción y acceso a la vivienda, de Extremadura. Las particularidades que presentan estos regímenes con respecto a la legislación estatal serán abordadas en los apartados posteriores, junto al análisis del contenido de esta última normativa.

del precio, de otros tantos que le seguirán. En el momento de la compra, y salvo en los casos que se pueda pagar al completo el precio de la vivienda, el comprador invierte los ahorros hasta ahora acumulados, y es común que se obligue a abonar frente a una entidad bancaria, por tiempo definido y mediante las cuotas establecidas, el dinero prestado para realizar el pago del precio de la vivienda. Si, además, la vivienda está en proceso de construcción, el comprador realizará aquel primer pago (y probablemente otros) con anterioridad a la entrega de la vivienda, pudiendo haber solicitado desde entonces la concesión de un crédito personal que le sirva de puente hasta la firma del préstamo con garantía hipotecaria. En estos casos, la operación entraña mayor riesgo, pues el comprador asume el pago de una deuda para la adquisición de un bien futuro (aunque cierto) que, durante la construcción, no constituye un valor inmediato en su patrimonio. Aunque no se trate de la adquisición de la vivienda habitual, sino, por ejemplo, temporal o vacacional, en condiciones similares se encuentra quien realiza la misma operación económica para la adquisición de un inmueble en construcción sin finalidad lucrativa.

Ante esta tesitura, muy común en el sector inmobiliario, es normal que el adquirente no se sienta seguro e incluso considere que, para poder disfrutar de una vivienda propia, está siendo obligado a asumir un riesgo que, de estar equilibrada la posición de ambas partes contractuales, no aceptaría. El vendedor recibe anticipadamente una gran parte del coste de la construcción, pero ¿cómo se asegura el comprador de que la vivienda será ejecutada conforme a las características recogidas en la memoria, de que el promotor entregará la vivienda en el plazo señalado o de que la vivienda pudiera ser construida?

La Ley 38/1999, de 5 de noviembre, de Ordenación de la Edificación, en su Disposición Adicional Primera, reguló, entre otros aspectos, el régimen de garantías a aplicar para cubrir tanto los daños ocasionados al adquirente de la vivienda por los defectos propios de la construcción, como la restitución de cantidades por el incumplimiento de la obligación de entregar la vivienda en el plazo contractualmente previsto. Pero esta regulación, en ese momento, se realizó por remisión a la prevista por la Ley 57/1968. En este sentido, fueron mínimas las modificaciones introducidas por la LOE al régimen de garantías establecido en la Ley 57/1968.

A pesar del carácter imperativo de la obligación de prestar garantía del promotor y la naturaleza irrenunciable de los derechos reconocidos al comprador en la Ley 57/1968 [SSTS 540/2013, de 13 de septiembre (ECLI:ES:TS:2013:4496); 436/2016, de 29 de junio (ECLI:ES:TS: 2016:3132); 39/2016, de 21 de diciembre (ECLI:ES:TS:2016:739); ATS de 18 de octubre de 2023 (ECLI:ES:TS:2023:14224A)], la obligación de constituir la garantía, así como, el resto de requisitos en ella exigidos, fueron sistemáticamente desoídos por los agentes de la construcción. La labor jurisprudencial llevada a cabo, no sólo para salvaguardar la aplicación de la norma, sino también para integrar e interpretar los importantes vacíos que su redacción planteaba, ha sido, y sigue siendo, realmente extensa.

De sobra es conocida la importancia que en décadas anteriores ha tenido el sector de la construcción como parte de uno de los pilares estructurales de la economía española. Según datos aportados por el Banco de España, entre los años 1999 y 2001 se construyeron alrededor de quinientas mil viviendas. Estos números se mantuvieron (con variaciones al alza o a la baja) hasta la crisis financiera mundial de 2007-2008. La crisis dejó tras de sí una elevada «reserva de vivienda» en manos de los bancos que habían financiado tanto a constructoras como a compradores. Del parque de vivienda que conformaba el excedente, una gran parte de ellas debía venderse sobre plano y, como venía siendo habitual, mediante la entrega anticipada de cantidades a cuenta del precio. El estallido de la «burbuja inmobiliaria» trajo consigo la declaración en quiebra de numerosas e importantes constructoras, y la declaración (o petición judicial) de la resolución contractual que permitía a los compradores recuperar las cantidades anticipadas.

Es en este otro escenario en el que se plantea una nueva reforma del régimen relativo a la garantía objeto de este trabajo, y que trajo consigo la derogación completa del régimen aplicable hasta aquél momento. La DA3ª de la Ley 20/2015, de 14 de julio, de ordenación, supervisión y solvencia de las entidades aseguradoras y reaseguradoras, dota de un nuevo contenido a la DA1ª LOE; quedando derogada la hasta entonces vigente Ley 57/1968, de 27 de julio, y su normativa de desarrollo [(Decreto 3114/1968, de 12 de diciembre, sobre aplicación de la Ley 57/1968 de 27 de julio, a las Comunidades y Cooperativas de Viviendas, y Orden de 29 de noviembre de 1968 sobre el seguro de afianzamiento de cantidades anticipadas para viviendas (Disposición Derogatoria Tercera, Ley 20/2015, de 14 de julio)].

No obstante, y por efecto del régimen transitorio previsto por la Ley de reforma (DF3ª Ley 20/2015), en la actualidad la Ley 57/1968 continúa siendo aplicable a todos los contratos en los que se estipulen la entrega de la totalidad de las cantidades a anticipar con anterioridad al 1 de julio de 2016 (DT3ª LOE) [5].

La aplicación por parte del Tribunal Supremo del nuevo régimen de la DA1ª LOE se está haciendo esperar. Cabe pensar que los problemas no van a ser muy distintos, pero está por ver la aplicación de la norma por parte de los tribunales a la vista del renovado régimen; sobre todo en aquellos casos en los que, como se verá, lejos de asumir la doctrina establecida por el Tribunal Supremo, el legislador «insinúa» una solución diferente.

La Disposición Final Tercera de la Ley 20/2015, de 14 de julio, remodela las características de los dos tipos de garantías que, alternativamente, podrá escoger el promotor de una vivienda en construcción para asegurar la devolución de las cantidades anticipadas por el comprador para la adquisición de la vivienda, cuando ésta no haya sido entregada en el plazo previsto en el contrato de compraventa. A tal fin, y sin que los instrumentos de garantía presenten novedad alguna, el legis-

---

5. GONZÁLEZ CARRASCO, M. C., «Garantías por cantidades entregadas a cuenta del precio de la vivienda no entregada en estado de alarma (RD 463/2020 y DA1ª LOE)», *Centro de Estudios de Consumo. Publicaciones jurídicas,* 2020 (https://centrodeestudiosdeconsumo.com/index.php/4637-las-perlas-jur%C3%ADdicas-del-covid-19), nos alerta de que, «la interrupción de los plazos procesales y de caducidad previstos en el RD 463/2020, de 14 de marzo (modificado por RD 465/2020, de 17 de marzo) no afecta a los plazos contractuales; y por ello, es previsible que, tras el desconfinamiento, se produzca una avalancha de resoluciones contractuales de compraventas de viviendas no entregadas en el plazo contractualmente previsto, similar y por la misma variedad de motivos —pérdida de la capacidad de pago u oportunismo— que la que se produjo con motivo de las crisis de la pasada década».

lador propone que sea prestada, o a través del seguro de caución contratado por el promotor (tomador) con una determinada compañía aseguradora[6], o a través del aval solidario prestado por una entidad financiera[7].

El régimen actual[8] se distingue del derogado, no sólo porque se modifican o eliminan algunas de las características que definen el supuesto de hecho base de la garantía (incumplimiento de la prestación de entrega de la vivienda), los requisitos de constitución de la garantía (póliza individualizada), los relativos a la ejecución de la garantía o las causas de cancelación, sino porque se incorpora, por primera vez y por separado, la regulación específica del seguro de caución y del aval.

En concreto, la actual DA1ª LOE consta de ocho apartados cuya aplicación, a excepción del apartado dos (en el que se contiene una regulación diferenciada del seguro de caución y del aval), se extienden a ambos tipos de garantía. Es así como las obligaciones del promotor (apartado uno), la información contractual (apartado tres), la ejecución de la garantía (apartado cuatro), la cancelación de la garantía (apartado cinco), las reglas de publicidad de la promoción (apartado seis), o el régimen sancionador (apartado siete), se aplican por igual tanto al seguro de caución como al aval constituidos para garantizar la devolución de las cantidades anticipadas. Es en el marco de los *requisitos de la garantía* (apartado dos) donde se establecen las mayores diferencias, dando lugar, en algunos casos, a establecer una distinción que *a priori* no es esencialmente necesaria.

Esto es lo que ocurre cuando el legislador establece un plazo de caducidad de dos años para el aval y, en cambio, guarda silencio con respecto al plazo de caducidad del seguro de caución. O cuando, expresamente, dispone que para que un

---

6. Sobre el seguro de caución con función de garantía: CARRASCO PERERA, Á., CORDERO LOBATO, E., MARÍN LÓPEZ, M., *Tratado de los Derechos de Garantía*, t. I, Aranzadi, Thomson Reuters-Aranzadi, Cizur Menor, 2022, pp. 599-615; BUSTILLO SAIZ, M. M., *Sobre atipicidad de las garantías a primera demanda y del seguro de caución*, Comares, Granada, 2014; CAMACHO DE LOS RÍOS, J., *El seguro de caución. Estudio crítico*, Fundación MAPFRE Estudios, Madrid, 1994; AÑON CALVETE, J., «Características de la Ley 57/1968, especial referencia a la sentencia de pleno de la sala civil del TS nº 218/2014, de 7 de mayo», *Revista Jurídica de la Comunidad Valenciana*, nº 53, 2015, pp. 18-19; BATALLER GRAU, BOQUERA MATARREDONA, J., OLAVARRÍA IGLESIA, J., *El contrato de seguro en la jurisprudencia del Tribunal Supremo*, Tirant lo Blanch, Valencia, 1999.

7. El aval solidario al que se refiere la DA1ª LOE debe identificarse con la garantía personal tipo regulada en el Código Civil: la fianza. La garantía regulada por la norma no es una fianza mercantil: el fiador no garantiza el cumplimiento de una obligación de este tipo (art. 439 Código de Comercio). Tampoco estamos ante un aval cambiario de los regulados en la Ley 19/1985, de 16 de julio, Cambiaria y del Cheque. La garantía (el aval) se suscribe para dar cumplimiento a una obligación que deriva de la ineficacia (resolución) de un contrato de compraventa (civil) celebrado entre un comprador y en consumidor: la restitución de las cantidades anticipadas a cuenta en la adquisición de viviendas en construcción.

8. En el Proyecto de Ley por el derecho a la vivienda inicialmente presentado se proponía una nueva redacción del régimen relativo a las garantías por cantidades anticipadas para la adquisición de viviendas en construcción. Finalmente, la Ley 12/2023, de 24 de mayo, se limita a regular el derecho a la información de las personas o entidades adquirentes o arrendatarias. Para un análisis detallado de la normativa relativa al deber de información en la compraventa de inmuebles, consúltese ECHEVERRÍA SUMMERS, F., «El contrato de compraventa de vivienda sobre plano», *Tratado de la Compraventa. Homenaje al profesor Rodrigo Bercovitz*, t. II (dir. por Á. Carrasco Perera), Thomson Reuters, Navarra, 2013, pp. 1108-1110.

seguro de caución sirva como garantía es preciso que se suscriba una póliza individual, con identificación del inmueble, por cada adquirente, y, en cambio, nada establece con respecto a la suscripción del aval en documento individualizado.

Asimismo, la regulación que contiene el apartado dos. 1 DA1ª LOE sobre el seguro de caución es mucho más extensa que la relativa al aval (dos. 2 DA1ª LOE), y se extiende a ámbitos que superan la determinación de los *requisitos de la garantía*. Así, el referido primer subapartado contiene información relativa a los sujetos que forman parte del contrato de seguro (promotor-tomador, aseguradora, y comprador-beneficiario) y a las cantidades cubiertas por la garantía (que comprenden tanto los anticipos a cuenta del precio como sus intereses), pero también al régimen de excepciones oponibles entre el asegurador y el beneficiario, a la posibilidad de que aquél se subrogue en los derechos de éste, al acceso a la información contractual que posee el asegurador en relación con las obligaciones contractuales asumidas por el promotor, o a la prohibición de enajenación de la vivienda, mientras el tomador no haya abonado al asegurador la cantidad satisfecha al beneficiario.

Al análisis del alcance de la reforma en relación con los aspectos hasta ahora mencionados se dedican los siguientes apartados.

III. ÁMBITO SUBJETIVO Y OBJETIVO DE LA GARANTÍA

1. Ámbito subjetivo

Desde que en 1968 se regulase por primera vez la garantía objeto de este estudio, los sujetos que forman parte del negocio de adquisición de la vivienda son el vendedor-promotor (art. 9 LOE) que pone en venta la vivienda que está en fase de construcción, y el comprador que paga por adelantado a cuenta del precio las cantidades señaladas en el contrato (cesionario o adquirente en la redacción de la Ley 57/1968, respectivamente). Al promotor corresponde por ley contratar la garantía que dé cobertura a la devolución de las cantidades anticipadas, para el caso de que el comprador opte por la resolución del contrato por no haberse finalizado o entregado la vivienda en el plazo contractualmente establecido. Asimismo, la normativa aplicable sobre la materia responsabiliza, junto con el promotor, a las entidades bancarias depositarias de las cantidades anticipadas, en aquellos casos en los que no se hubiese constituido la preceptiva garantía y éstas fuesen conocedoras del origen de las cantidades depositadas.

La Ley 57/1968 hacía referencia al destino residencial de la vivienda (*permanente, temporal accidental, o circunstancial*), y de ahí tanto doctrina[9] como juris-

9. GONZÁLEZ CARRASCO, M. C., «Las garantías de devolución de las cantidades entregadas a cuenta del precio de la vivienda en construcción», *Las Garantías en el Derecho Mercantil: problemática actual* (coord. por C. Marqués Mosquera y B. De La Cámara Entrena, Cuadernos de Derecho y Comercio, Madrid, 2021, p. 855; VERDERA SERVER, R., «Los avales prestados en la compraventa con cantidades aplazadas conforme a la Ley 57/1968», *Tratado de compraventa. Homenaje al profesor Rodrigo Bercovitz*, t. II, Aranzadi, Cizur Menor, 2013, pp. 976-977; MARTÍNEZ GÓMEZ, S., «Sobre las cantidades entregadas a cuenta del precio de viviendas en construcción: aportaciones a cooperativas y compra de viviendas aloja-

prudencia[10] colegían que se protegía la adquisición de vivienda cuyo destino fuese el uso personal o familiar; quedando excluidas, por tanto, las adquisiciones que se hiciesen con fines lucrativos o comerciales. En concreto la finalidad lucrativa o comercial de la venta fue utilizada por las entidades garantes y entidades depositarias que pretendían eludir su responsabilidad, frente a la solicitud de restitución de particulares o empresas que basaban su reclamación en el carácter imperativo de la normativa aplicable. Se ha venido a entender que quedaba descartado el uso personal o familiar en aquellos casos en los que, aun tratándose de un particular, quedó acreditado que la adquisición se realizó con fines de venta o especulación [SSTS 706/2011, de 25 de octubre (ECLI:ES:TS:2011:6847); 420/2016, de 24 de junio (ECLI:ES:TS:2016:2960), 675/2016, de 16 de noviembre (ECLI:ES:TS: 2016:5104)]. Y por supuesto también, en aquellos casos en los que un particular actuaba en representación de un promotor inmobiliario [STS 360/2016, de 1 de junio (ECLI:ES:TS:2016:2567)].

Aunque el promotor no esté obligado a constituir la garantía (por no revestir la compraventa las características anteriormente señaladas), las partes contractuales pueden acordar someter el contrato a la Ley que la regula. Empero, en tal caso, el contenido de la garantía vendrá regulado por el negocio constitutivo de la misma, sin que deba entenderse extensible a estos supuestos el régimen previsto en la DA1ª LOE y su interpretación jurisprudencial [STS 360/2016, de 1 de junio (ECLI:ES:TS:2016:2567)][11].

La actual redacción de la DA1ª LOE carece de la precisión con la que se recoge el requisito de la finalidad personal o familiar de la vivienda en la Ley 57/1968, y se limita a mantener la cláusula genérica con la que la DA1ª LOE, en su redacción de 1999, se refería a *la construcción de toda clase de viviendas*. No obstante, siguiendo la misma línea de argumentación utilizada para explicar la introducción de la referencia a la *clase de vivienda* en la reforma de 1999 [STS 360/2016, de 1 de junio (ECLI:ES:TS:2016:2567)], se puede afirmar que la referencia al tipo de vivienda no se hace para incluir a cualquier tipo de comprador (o finalidad), sino para ampliar el ámbito de protección de la norma a la construcción de la vivienda, con independencia del régimen al que se puede vincular el tipo de edificación (privada, libre, de promoción pública u oficial) llevada a cabo tanto por personas físicas o jurídicas,

---

tivas», *Centro de Estudios de Consumo. Publicaciones Jurídicas*, 2024 (http://centrodeestudiosdeconsumo. com/images/Sobre_las_cantidades_entregadas_a_cuenta.pdf), quien realiza un recorrido por las últimas sentencias dictadas por el Tribunal Supremo en los años 2023 y 2024, en las que todavía resulta de aplicación el régimen previsto por la Ley 57/1968. Con matizaciones, STRUCH STRUCH, J., *La nueva regulación de las cantidades anticipadas para la adquisición de viviendas en construcción*, Tirant Lo Blanch, Valencia, 2017, pp. 31-35, quien considera que, con carácter general, la protección de la norma podría extenderse a la parte débil de la negociación que adelanta cantidades a cuenta del precio.

10. SSTS 778/2015, de 20 de enero de 2015 (ECLI:ES:TS:2015:429) y 360/2016, de 1 de junio (ECLI:ES:TS:2016:2567).

11. STRUCH STRUCH, J., *La nueva regulación*…, ob. cit., p. 35; MARTÍN FABA, J. M., «Régimen proyectado de garantías de cantidades entregadas a cuenta del precio en compras de viviendas», *Centro de Estudios de Consumo. Publicaciones Jurídicas*, 2021 (https://centrodeestudiosdeconsumo.com/images/ Regimen_proyectado_de_garantias_de_cantidades_entregadas_a_cuenta.pdf).

como por comunidades de propietarios o cooperativas[12]. Esta interpretación de la norma es, además, acorde con la remisión incorporada en la DA1ª LOE (tras la reforma de 2015) al régimen general de protección de los consumidores[13].

Por último, como ya hemos avanzado, la actual regulación (al igual que su predecesora, el artículo primero Ley 57/1968) establece la responsabilidad solidaria, junto a la del promotor, de la entidad depositaria de las cantidades anticipadas en aquellos casos en los que el promotor, incumpliendo la obligación establecida por la norma, no haya contratado la debida garantía.

Dicha responsabilidad se funda en la obligación que tanto al promotor como a la entidad depositaria atribuye el apartado uno de la DA1ª LOE. Al primero, para que perciba las cantidades anticipadas mediante una entidad bancaria y las deposite en la cuenta especial señalada al efecto en el contrato de compraventa. A la

---

12. La inclusión de las construcciones promovidas por sociedades cooperativas y comunidades de propietarios en el régimen de garantías previsto legalmente fue consecuencia de la reforma llevada a cabo por la Ley 38/1999, al incorporar en su Disposición Adicional Primera que *la expresada normativa* (por referencia a la Ley 57/1968) *será de aplicación a la promoción de toda clase de viviendas, incluso a las que se realicen en régimen de comunidad de propietarios o sociedad cooperativa.* No obstante, dicha extensión, pese a estar relegada a rango reglamentario, ya había sido llevada a cabo por la normativa de desarrollo de la Ley 57/1968; en concreto, por el Decreto 3114/1968, de 12 de diciembre, sobre aplicación de la Ley 57/1968, de 27 de julio, a las Comunidades y Cooperativas de Viviendas.

Por otro lado, cuando las cantidades anticipadas a cuenta del precio tenían por objeto la adquisición de una vivienda de protección oficial, el promotor debía contratar las mismas garantías previstas para la adquisición de viviendas libres. El artículo 114 del Decreto 2114/1968, de 24 de julio, Reglamento de desarrollo del Texto Refundido sobre legislación de Viviendas de Protección Oficial (Decretos 2131/1963, de 24 de julio, 3964/1964, de 3 de diciembre, de modificación del anterior), establecía la obligación del promotor de garantizar las cantidades anticipadas mediante aval o seguro de caución, una vez obtenida la calificación provisional. Dichas cantidades debían tener por destino exclusivo la construcción de la vivienda contratada, y debían ser ingresadas en una cuenta especial diferenciada del resto de activos que el promotor tuviese en la misma entidad bancaria. El contrato de compraventa debía recoger las cantidades a anticipar, así como sus plazos de entrega y la referencia a la cuenta especial en la que debían ser ingresadas. Si la construcción no obtenía la pertinente calificación definitiva, o no se terminaban las obras en el plazo establecido en la calificación provisional o en la prórroga reglamentariamente otorgada, se devolvían las cantidades anticipadas junto con el interés legal. En cualquier caso, para poder recibir cantidades anticipadas a cuenta del precio, el promotor debía solicitar autorización ante la Delegación territorial del Ministerio de Vivienda. Para los casos en los que la promoción la impulsase una cooperativa de viviendas, se autorizaba a la Obra Sindical de Cooperación a otorgar garantía en sustitución de aval financiero o seguro de caución regulados en la Ley de garantías. En todo lo no regulado por el presente artículo, resultaba de aplicación la regulación relativa a las garantías por cantidades anticipadas para la adquisición de viviendas en construcción (Ley 57/1968). Con posterioridad, el Real Decreto 2028/1995, de 22 de diciembre, por el que se establecen las condiciones de acceso a la financiación cualificada estatal de Vivienda de Protección Oficial promovida por cooperaciones de viviendas y comunidades de propietarios al amparo de los planes estatales de vivienda, dispuso que estas mismas garantías debían ser contratadas cuando las cooperativas o comunidades de propietarios que tenga por finalidad la construcción de viviendas de protección oficial percibiesen cantidades anticipadas a cuenta del precio (art. 1. d) y 1. 2). La calificación actual de Viviendas en régimen de Protección pública está regulada por la Ley 12/2023, de 24 de mayo, por el Derecho a la Vivienda, la cual distingue dos categorías de vivienda protegida: la vivienda social y la vivienda de precio limitado.

13. STRUCH STRUCH, J., La *nueva regulación*…, pp. 34-35; GONZÁLEZ CARRASCO, M. C., «Las garantías de…», ob. cit., p. 855.

segunda, porque a ella corresponde exigir la garantía al abrir las cuentas o depósitos en las que han de ser ingresadas tales cantidades. La entidad depositaria únicamente podrá eximir su responsabilidad cuando pruebe que no tiene conocimiento (ni ha podido tenerlo) de que las cantidades depositadas en su entidad responden a la obligación del comprador de anticipar cantidades a cuenta del precio estipulado para la adquisición de una vivienda en construcción.

Las entidades no pueden excluir su responsabilidad alegando que la cuenta en la que se han hecho los ingresos no ha sido señalada como especial, que las cantidades señaladas en el contrato no coinciden con las ingresadas en el banco, o que la entidad señalada contractualmente para hacer los ingresos no coincide con la entidad en la que, finalmente, se depositan. La responsabilidad de la entidad depositaria emana de su obligación de control, y será responsable siempre que se constate que ha tenido la posibilidad de conocer el origen de los ingresos realizados en una cuenta o depósito de su entidad. No obstante, esta responsabilidad está limitada a los pagos que efectivamente se hayan depositado en dicha entidad, y no a los que, en su caso, se pudieran haber realizado en otras entidades o se hayan hecho en efectivo con anterioridad a la firma del contrato[14].

2. Ámbito objetivo: la restitución de las cantidades anticipadas a cuenta del precio. El papel de la resolución del contrato

La garantía que aquí se estudia no tiene por objeto asegurar el cumplimiento de la obligación principal de entrega de la vivienda, sino la devolución de las cantidades anticipadas en aquellos casos en los que, habiendo incumplido el vendedor su obligación de entregar la vivienda en el plazo acordado, el comprador opte por la resolución del contrato y la consiguiente devolución de las cantidades[15]. A tal efecto, el contrato de compraventa deberá señalar las cantidades anticipadas a cuenta del precio, y será carga probatoria del comprador el adelanto efectivo de

---

14. SSTS 476/2013, de 16 de julio (ECLI:ES:TS:2013:3876); 733/2015, de 21 de diciembre (ECLI:ES:TS:2015:5263); 174/2016, de 17 de marzo (ECLI:ES:TS: 2015:5263); 636/2017 de 23 de noviembre (ECLI:ES:TS:2017 4115); 274/2019 de 21 de mayo (ECLI:ESTS: 2019:1629); 623/2019 de 20 de noviembre (ECLI: ES:TS:2019:3760); 147/2020 de 4 de marzo (ECLI:ES:TS:2020:727); 479/2020 de 21 de septiembre (ECLI:ES:TS:2020:3013); 453/2020 de 23 de julio (ECLI:ES:TS:2020:2526); 23/2021 de 25 de enero (ECLI:ES:TS:2021:239); 93/2021 de 22 de febrero (ECLI:ES:TS:2021:671); SAP Cantabria de 14 de septiembre (ECLI:ES:APC:2023:1132); SAP Madrid de 21 de septiembre (ECLI:ES:APM:2023:2863); STS 653/2023, de 23 de mayo (ECLI:ES:TS:2023:1921); STS 1566/2023 de 13 de noviembre (ECLI:ES:TS:2023:4664); AATS de 13 de septiembre de 2023 (ECLI:ES:TS: 2023:11141A) y 18 de octubre de 2023 (ECLI:ES:TS:2023:13830).

15. A pesar de que, tal y como deja constancia GONZÁLEZ CARRASCO, M. C., «Las garantías de…», la DA1ª LOE, en su versión anterior, se refiriese a que: «la percepción de cantidades anticipadas en la edificación por los promotores o gestores se cubrirá mediante un seguro que *indemnice el incumplimiento del contrato* en forma análoga a lo dispuesto en la Ley 57/1968, de 27 de julio». El incumplimiento de la obligación contractual de entrega de la vivienda en el plazo establecido podrá ser, además, el fundamento de la indemnización que, en su caso, proceda conforme a los artículos 1101-1107 del Código Civil.

tales cantidades. Obviamente, nada de lo anterior es relevante si el promotor no ha cumplido con la obligación legal de constituir la garantía.

El supuesto de hecho que pone en funcionamiento la obligación del garante y constituye, de este modo, la base de la garantía, comienza con el incumplimiento por parte del promotor de su obligación de entregar la vivienda en plazo. Una vez que el promotor incumple con la obligación de entrega en la fecha acordada[16], el comprador puede optar entre exigir el cumplimiento de la obligación de entrega o resolver el contrato de compraventa y recuperar las cantidades anticipadas a cuenta del precio. Como se analizará con detenimiento posteriormente, para poder ejecutar la garantía la Ley no exige la previa resolución judicial del contrato de adquisición de la vivienda; bastará con que el comprador requiera al promotor la devolución de las cantidades, para entender que, si bien implícitamente, el contrato se ha resuelto extrajudicialmente [SSTS 133/2015, de 23 de marzo (ECLI: ES:TS:2015:1425; 434/2015, de 23 de julio (ECLI:ES:TS:2015:3443); 422/2018, de 4 de julio (ECLI:ES:TS:2018:2636)][17].

En este sentido, el incumplimiento al que dan cobertura el seguro de caución o el aval suscrito por el promotor, está compuesto por dos circunstancias: la primera, la no entrega de la vivienda en el plazo estipulado que da lugar a la resolución contractual; la segunda, la no devolución de las cantidades anticipadas para la construcción de la vivienda en el plazo de treinta días. Ambas circunstancias están concatenadas entre sí y son imprescindibles para que concurra el supuesto de hecho que sustenta la reclamación frente al garante[18].

De entre los incumplimientos concatenados que conforman el supuesto base de la garantía, sólo uno de ellos está cubierto por la misma: la devolución de las cantidades anticipadas; cantidades que deberán constar en el contrato y cuyo pago

---

16. Tal y como subraya STRUCH STRUCH, J., *La nueva regulación…*, ob. cit., pp. 77-79, la determinación del plazo de entrega de la vivienda es un elemento particularmente necesario en los contratos de compraventa de inmuebles en construcción. Si en el contrato no se señala el plazo en el que debe de ser entregada la vivienda, o la cláusula que lo determina se considera abusiva (arts. 60, 83, 85.8 TRLGDCU), la determinación del plazo procederá conforme a los criterios establecidos en el artículo 1128 CC. En el mismo sentido, CLEMENTE MEORO, M., «El retraso y la resolución en la compraventa de inmuebles», *Estudios sobre incumplimiento y resolución* (dir. por I. González Pacanowska, y C. L. García Pérez), Thomson Reuters Aranzadi, Cizur Menor, 2014, pp. 326-327, quien realiza con exhaustivo detalle un análisis de la jurisprudencia del Tribunal Supremo anterior a la reforma de 2015, dando cuenta de las cláusulas incorporadas a los contratos que suponen un claro incumplimiento de las previsiones legislativas sobre la determinación del plazo; AÑON CALVETE, J., «Características de la…», ob. cit., pp. 13-15.

17. CARRASCO PERERA, Á., CORDERO LOBATO, E., GONZÁLEZ CARRASCO, M. C, *Derecho de la Construcción y la Vivienda*, Dilex, Madrid, 2008, p. 601; GONZÁLEZ CARRASCO, M. C., «Las garantías de…», ob. cit., p. 849; REGLERO CAMPOS, L. F., «Sentencia de 27 de mayo de 2004. Seguro de caución sobre reintegro de cantidades para la compra de viviendas. Ley 27 de julio 1968. Obligaciones del asegurado para obtener la indemnización pactada», *Cuadernos Civitas de Jurisprudencia Civil*, n°. 67, 2005, p. 336.

18. CARRASCO PERERA, Á., CORDERO LOBATO, E. y MARÍN LÓPEZ, M., *Tratado de los…*, ob. cit., p. 601; REGLERO CAMPOS, L. F., «Sentencia de 27 de mayo…», ob. cit., pp. 331-333 y 336-337; AÑÓN CALVETE, J., «Características de la…», ob. cit., p.18.

ha de ser efectivamente realizado[19]. Al tiempo que sólo la falta de cumplimiento en plazo de la obligación de entrega da lugar a la ejecución de la garantía, cualquier otro tipo de incumplimiento relacionado con las prestaciones asumidas por las partes en el contrato de compraventa, queda fuera del alcance de esta garantía[20].

La devolución de las cantidades constituye una obligación del promotor por efecto de la resolución que el comprador pretende frente al incumplimiento de la obligación principal. Es así como debe interpretarse la previsión legal del apartado tres de la DA1ª LOE, *información contractual*, cuando establece que *en los contratos para la adquisición de viviendas en que se pacte la entrega al promotor, incluido el supuesto de comunidades de propietarios o sociedad cooperativa, de cantidades anticipadas deberá hacerse constar expresamente: a) que el promotor se obliga a la devolución de las cantidades percibidas a cuenta, incluidos los impuestos aplicables, más los intereses legales en caso de que la construcción no se inicie o termine en los plazos convenidos que se determinen en el contrato, o no se obtenga la cédula de habitabilidad, licencia de primera ocupación o el documento equivalente que faculten para la ocupación de la vivienda.* La obligación de devolución de las cantidades tiene naturaleza legal (no contractual), y deriva de la resolución por la que opta el comprador frente al incumplimiento del promotor cuando no está interesado en el cumplimiento de la misma (DA1ª cuatro LOE). Con independencia de que en el contrato se haga o no referencia a que el promotor está obligado a devolver las cantidades cuando el comprador opta por la resolución, si esto ocurre porque el promotor no ha cumplido con su obligación de iniciar o entregar la vivienda en el plazo establecido, el contrato se entiende resuelto y el vendedor obligado a la devolución de las cantidades. Su inclusión expresa en el contrato refuerza el cumplimiento de ambas obligaciones legales (la de devolución y la de

---

19. La obligada concordancia entre lo realmente adelantado a cuenta del precio y la cantidad cubierta por la garantía, únicamente se señala con respecto a los requisitos del seguro de caución (DA1ª dos. 1. i LOE). En el régimen específico del aval, en cambio, el legislador se limita a establecer que el beneficiario *podrá exigir al avalista, el abono de las cantidades entregadas a cuenta* (DA1ª dos. 2. b LOE). La distinción no parece responder más que a una omisión involuntaria del legislador: el aval de carácter legal que debe constituir el promotor, se prevé como garantía de las cantidades adelantadas a cuenta del precio de viviendas en construcción. Aunque el aval prevea una cantidad superior (que englobe la totalidad de los pagos que han de realizarse hasta la fecha de entrega de la vivienda), si el contrato se resuelve con anterioridad a que se hagan efectivas dichas cantidades, por no haberse finalizado la obra en el tiempo señalado y no estando el comprador interesado en prorrogar el plazo de entrega, lo lógico es entender que no se vayan a hacer más adelantos, y que se deban restituir únicamente las cantidades anticipadas.

20. Con independencia de que el comprador insatisfecho pueda emprender otras acciones frente al promotor, como podría ser la de indemnización de daños y perjuicios ocasionados por otro tipo de incumplimiento. Y, sin perjuicio de que, particularmente, y en el marco de la autonomía que confiere el artículo 1255 CC, se incorpore una cláusula que ofrezca cobertura a un pago de naturaleza distinta a la legalmente prevista. Dicha cláusula, en cualquier caso, no quedará sometida a los requisitos y límites cuantitativos y cualitativos que establece la legislación sobre la garantía aquí estudiada. Habrá que atenderse a su contenido de cara a determinar los presupuestos para su operatividad, su ejercicio y sus consecuencias.

garantizar); pero su no inclusión no conlleva que el cumplimiento de ambas obligaciones no pueda ser exigido en los términos establecidos por la Ley[21].

La devolución de las cantidades anticipadas es una consecuencia propia de la resolución contractual[22]. Causa ésta de ineficacia que, conforme al régimen general (art. 1124 CC), puede ser utilizada frente a cualquier tipo de incumplimiento contractual que, según jurisprudencia consolidada, imposibilite al acreedor alcanzar aquello a lo que tiene derecho a esperar y que revista la suficiente entidad y gravedad como para frustrar el fin del contrato[23].

En la práctica, el comprador exige la resolución del contrato y la consiguiente restitución de las cantidades en dos situaciones bien diferenciadas. La primera, que

---

21. Tal y como dejan constancia CLEMENTE MEORO, M., «El retraso y…», ob. cit., pp. 335-336; STRUCH STRUCH, J., *La nueva regulación…*, ob. cit., pp. 99-100, no es inusual que la resolución del contrato de compraventa de inmuebles en construcción con cantidades anticipadas se resuelva conforme al régimen general de resolución previsto en el artículo 1124 CC, y no, como debería ser, por aplicación del régimen específico previsto en la DA1ª LOE. En la mayoría de los casos, ello se debe a que las partes del proceso no fundamentan su reclamación en esta última norma, y a que tampoco los tribunales de instancia la aplican. No obstante, aun cuando el promotor hubiera incumplido su obligación de prestar garantía en los términos señalados en la Ley, la DA1ª debería ser aplicada para enjuiciar la responsabilidad de la entidad depositaria de las cantidades, y establecer la correspondiente sanción al promotor.

22. PLANA ARNALDOS, M. C., «Resolución y restitución», *Estudios sobre incumplimiento y resolución* (dir. por. I. González Pacanowska y C. L. García Pérez, Thomson Reuters Aranzadi, Cizur Menor, 2014, p. 503 y 507, para quien la restitución es un «efecto natural de la resolución»; una «forma de liquidación de la situación producida tras la resolución».

23. De sobra son conocidas las aristas que presenta la doctrina del Tribunal Supremo en materia de resolución contractual por incumplimiento; principalmente, en relación a las exigencias que conciernen a la *actitud deliberada* del deudor (imputabilidad) y las características que debe reunir el incumplimiento que da lugar a la resolución. Sin riesgo a caer en la maraña de excepciones que se admiten en atención a las distintas particularidades del caso, y teniendo en cuenta la prevalencia que se otorga al mantenimiento de la eficacia del negocio en aras a la preservación del principio de conservación contractual, con carácter general se puede afirmar que la resolución procede cuando *el incumplimiento sea grave o sustancial*, de tal manera que se *frustre la finalidad del contrato* y se *malogren las legítimas aspiraciones de la contraparte*. En concreto, en lo que hace al retraso en el cumplimiento de la prestación, forma parte de los considerandos de la doctrina jurisprudencial, *que el mero retraso (en el pago o en la entrega de la cosa) no siempre produce la frustración del fin práctico perseguido por el contrato, porque el retraso no puede equipararse en todos los casos a incumplimiento* […].*Para que el retraso del comprador o del vendedor en el cumplimiento de sus recíprocas obligaciones pueda considerarse como supuesto de incumplimiento resolutorio se requiere que sea de tal entidad, grave y esencial, como para que con él se frustre el fin del contrato o la finalidad económica del mismo, esto es, capaz de producir insatisfacción de las expectativas de la parte perjudicada por el mismo (SSTS de 25 de junio de 2009, RC n.º 2694/2004 y de 12 de abril de 2011, RC n.º 2100/2007), lo que hace necesario examinar el valor del plazo en este tipo de contratos y si su inobservancia debe llevar indefectiblemente al incumplimiento definitivo del contrato (STS de 17 de diciembre de 2008, RC n.º 2241/2003)* [STS 5708/2012, de 28 de junio (ECLI:ESTS:2012:5708)].

Entre otras muchas, la doctrina del Tribunal Supremo fundamenta el fallo de las siguientes resoluciones: SSTS 1024/2004, de 18 de octubre (ECLI:ES:TS:2004:6576); 1284/2006, de 20 de diciembre (ECLI:ES:TS:2006:7973); 812/2007, de 9 de julio (ECLI:ES:TS:2007:5011); 456/2011, de 14 de junio (ECLI:ES:TS:2011:4263); 497/2011, de 12 de julio (ECLI:ES:TS:2011:4850); 679/2012, de 16 de noviembre (ECLI:ES:TS:2012:7798).

es la que permite reclamar la restitución de las cantidades al garante, en la que la resolución se basa en el incumplimiento de la obligación de entrega de la vivienda en plazo por parte del promotor. En estos casos, es posible que el procedimiento en el que se pretende la resolución se dirija contra el promotor y el garante al mismo tiempo [STS 778/2015 20 de enero de 2015 (ECLI:ES:TS:2015:429)], o, exclusivamente, contra el promotor (STS 256/2019, de 7 de mayo (ECLI:ES:TS:2019:1440)]. La segunda, en cambio, que parte de que el promotor no haya constituido la garantía exigida por la norma, en la que la resolución se insta, precisamente, por esta misma causa[24], y que suele dirigirse contra el promotor[25] [SSTS 498/2013, de19 de julio (ECLI:ES:TS:2013:4443), 237/2015, de 30 de abril (ECLI:ES:TS:2015:1708); 732/2015, 30 de diciembre (ECLI:ES:TS:2015:5629)] o contra la entidad depositaria [(STS 671/2022, de 17 de octubre (ECLI:ES:TS:2022: 3746)].

Cierto es que el régimen general legalmente establecido para la resolución conoce de importantes excepciones de naturaleza legal o contractual que, en la mayoría de los casos, tienen por objeto acotar el tipo de incumplimiento que da lugar a la resolución contractual automatizada o sujeta a ciertos requisitos formales (arts. 1123, 1502 y 1504 CC). Y es precisamente éste, el ámbito de los regímenes especiales de resolución, donde se ubica el contenido de la Disposición ahora analizada[26].

La DA1ª LOE *modaliza* el régimen general de resolución regulado en el artículo 1124 CC para el tipo de contratos a los que se aplica la garantía (compraventa de bienes inmuebles en construcción, en los que el comprador anticipa cantidades a cuenta del precio). Así, cuando el promotor incumpla la obligación de entrega de la vivienda (*no iniciar o finalizar la construcción en el plazo estipulado, o no entregar la vivienda con la correspondiente licencia que posibilita su ocupación*), y el adquirente opte por la resolución del contrato (bien solicitándola directamente, bien

---

24. La resolución del contrato por no haber constituido el promotor la garantía exigida por la norma sólo ha sido admitida en los casos en los que la resolución se insta con anterioridad a que el promotor finalice la obra, siquiera fuera de plazo. En este sentido, el Tribunal Supremo considera necesario distinguir dos fases: la fase de ejecución de la obra y la fase que precede a la finalización de la obra. Cuando la resolución se solicita dentro del periodo que abarca la fase de ejecución, como se ha dicho, el Tribunal Supremo considera que la misma responde a un interés jurídicamente atendible. Lo contrario a lo que ocurre cuando la resolución se solicita una vez finalizada la construcción, y estando pendiente la tramitación y obtención de la licencia de primera ocupación. En tal caso, el comprador sólo podrá solicitar la resolución con fundamento en el incumplimiento de la obligación de entregar la vivienda en el plazo contractualmente establecido [SSTS 731/2012, de 10 de diciembre (ECLI:ES:TS:2012:8161); 221/2013, de 11 de abril (ECLI:ES:TS:2013:2254)]. El Tribunal Supremo también ha rechazado la resolución del contrato cuando son hechos probados que la no constitución de la garantía responde a una situación consentida por el comprador [STS 498/2013, de 19 de julio, (ECLI:ES:TS:2013:4423)].

25. En aquellos casos en los que el comprador haya dejado de pagar los anticipos por negarse el promotor a constituir la garantía, el promotor no podrá reconvenir la excepción de contrato no cumplido [STS 706/2011, de 25 de octubre de 2011 (ECLI:ES:TS: 011:6847)]

26. STRUCH STRUCH, J., *La nueva regulación*…, ob. cit., pp. 85 y 86, para quien la DA1ª LOE introduce una «causa legal de resolución» del contrato de adquisición de vivienda en construcción con garantías anticipadas, que se funda en el «carácter legal, esencial y abstracto» del término de cumplimiento.

a través del requerimiento al promotor de la devolución de las cantidades), el contrato debe entenderse resuelto. Para la resolución contractual no se exige que el incumplimiento sea calificado como grave y esencial, ni tampoco que sea imputable al promotor; transcurrido el plazo, el comprador tiene la opción de descartar el cumplimiento intempestivo de la prestación de entrega y dar por resuelto el contrato[27].

La norma reguladora de las garantías para cantidades anticipadas en la adquisición de viviendas en construcción confiere a dicho plazo la entidad suficiente como para declarar resuelto el contrato[28], sin que pueda señalarse un nuevo plazo

---

27. La doctrina jurisprudencial que asienta la especialidad del régimen previsto en el artículo tercero de la Ley 57/1968, con respecto al régimen general del artículo 1124 del CC, se elabora en los Fundamentos Jurídicos Cuarto a Sexto de la STS de pleno 778/2015, de 20 de enero (ECLI:ES:TS:429). En ella, el Tribunal Supremo rectifica la doctrina mantenida en resoluciones anteriores, en concreto en la sentencia de 7 de junio de 1986, para los casos en los que resulte de aplicación el artículo tercero de la Ley 57/68. La sentencia rectificada aplicaba a este tipo de compraventas el régimen de resolución previsto con carácter general en el Código Civil, exigiendo para la resolución del contrato la *inutilidad de la prestación* (el mero retraso en el cumplimiento de la prestación, no es motivo que deba determinar la resolución del contrato). La doctrina establecida en la resolución de 20 de enero de 2015, por el contrario, reconoce el carácter tuitivo de la norma, aprobada para la protección de los compradores de viviendas de uso habitual, primario o secundario, y define el contenido de la misma como un régimen generador de efectos civiles que impone al promotor verdaderas obligaciones legales (no meros requisitos administrativos cuyo incumplimiento se limita a la imposición de las sanciones previstas en ella). Para un detallado análisis jurisprudencial del régimen general resolutorio, así como de su especificación con respecto al régimen establecido en las Leyes 57/1968 y DA1ª LOE, consúltese: CLEMENTE MEORO, M., *La resolución de...*, ob. cit.; GARCÍA VICENTE, J. R., «Comentario a la Sentencia del 3 de julio de 2013. Resolución del contrato de compraventa de vivienda por retraso en el cumplimiento de la obligación de entrega. Indeterminación del plazo: cláusula abusiva», *Cuadernos Civitas de Jurisprudencia Civil*, nº 95, 2014 (BIB 2014\1607); SÁENZ DE JUBERA HIGUERO, B., «La responsabilidad por las cantidades anticipadas o entregadas a cuenta en la compraventa de viviendas en construcción», *Revista Crítica de Derecho Inmobiliario*, nº 778, 2020, pp. 1277-1280; AÑÓN CALVETE, J., «Características de la garantía...», ob. cit., pp. 12-18; REDONDO TRIGO, F., «Cantidades anticipadas por la compra de la vivienda en construcción. Incumplimiento por el promotor-vendedor del plazo de entrega», *Comentarios a las sentencias de unificación de doctrina: civil y mercantil*, v. 6 (dir. por M. Yzquierdo Tolsada), 2016, pp. 113-126; STRUCH STRUCH, J., *La nueva regulación...*, ob. cit., pp. 85 y 886; GONZÁLEZ CARRASCO, M. C., «La constitución en mora...», ob. cit., pp. 291-314; DÍAZ MARTÍNEZ, A., «La resolución de la compraventa de vivienda instada por el comprador en la reciente jurisprudencia: algunos reflejos de la depresión del mercado inmobiliario», *Revista Doctrinal Aranzadi Civil-Mercantil*, nº 7, 2013 (BIB 2013\2202), pp. 6-11, o, la misma autora en, «Cantidades anticipadas en...», ob. cit., p. 2; VERDERA SERVER, R., «Los avales prestados...», ob. cit., pp. 982-983; ECHEVERRÍA SUMMERS, F., «El contrato de...», ob. cit., pp. 1111-1112; GIL RODRÍGUEZ, J., «Unidad y pluralidad de vínculos», *Manual de Derecho Civil*, II, *Derecho de obligaciones. Responsabilidad civil. Teoría General del Contrato*, Marcial Pons, 2000.

28. En contra, CARRASCO PERERA, Á.: «Una buena sentencia dentro de una jurisprudencia inestable: ¿cuándo puede resolver el comprador de vivienda por el retraso en el plazo pactado para la entrega? STS de 30 de diciembre de 2015 (RJ 2015/5748)», *Centro de Estudios de Consumo. Publicaciones jurídicas*, 2016 (https://centrodeestudiosdeconsumo.com/images/CONTRATOS_INMOBILIARIOS/Una-buena-sentencia-dentro-de-una-jurisprudencia-inestable_cu%C3%A1ndo-puede-resolver-el-comprador-de-vivienda-por-el-retraso-en-el-plazo-pactado-para-la-entrega-.pdf), para quien el mero transcurso del tiempo no puede dar lugar a la resolución si, a su vez, no se demuestra que el interés contractual está afectado por considerarse el plazo establecido esencial; de lo contrario bastará con requerir de inmediato la resolución (aunque aun así la conducta pueda calificarse de oportunista) para evitar la doctrina de

de cumplimiento, de no ser ésta última la opción por la que opte el comprador. La resolución es posible, tal y como dictamina el Tribunal Supremo, mientras el comprador no sea requerido por el vendedor para la escrituración [STS 5 de mayo de 2014 (ECLI:ES:TS:2014:2038)].

Ahora bien, según asentada doctrina del Tribunal Supremo, el principio de buena fe impone una utilización *justa* de la acción resolutoria. Ningún ejercicio abusivo de derecho o facultad debe prosperar, si con ello se persigue una finalidad «oportunista» y ajena al interés contractual atendible (art. 7 CC)[29]. El Tribunal Supremo ha denegado la resolución del contrato solicitada por el comprador que pretende recuperar las cantidades cuando se aprecia en el mismo una clara falta de coherencia con respecto a su conducta contractual previa.

En los casos en los que se rechaza la resolución por esta causa, el Tribunal Supremo parte de la especialidad del régimen resolutorio de la DA1ª LOE frente al genérico del artículo 1124 CC, y acepta que el retraso en el inicio de las obras o la entrega es causa suficiente de resolución. Lo que ocurre en estos casos es que, al momento de instarse la resolución, si bien fuera de plazo, la vivienda está finalizada y se encuentra en disposición de ser entregada al comprador, tanto material como jurídicamente (se han obtenido las licencias de habitabilidad oportunas) y el comprador reclama la resolución y la devolución de las cantidades, a pesar de que hasta el momento no se hubiera pronunciado sobre las consecuencias de la falta de suscripción de la garantía o la finalización de la obra fuera de plazo; incluso, en algunos casos, había llegado a ocupar y disfrutar de la vivienda con anterioridad a la obtención de la licencia, o había seguido pagando los plazos una vez finalizada la construcción, o tras haber obtenido la licencia[30].

La esencialidad del plazo no convierte, *ex lege*, el efecto resolutorio en automático (como si de una condición resolutoria se tratase), pues, como se ha dicho, corresponde al comprador escoger entre prorrogar la fecha de entrega (y con ello la eficacia del contrato) u optar por la resolución. La *modalización* a la que con anterioridad hacíamos referencia consiste en determinar la esencialidad (subjetiva) del plazo, pero no en excluir el cumplimiento de entre las opciones del acreedor. Es así como sistemáticamente debe integrarse con lo anterior la expresa referencia que la DA1ª LOE hace a la posibilidad de que el comprador otorgue una prórroga

---

los actos propios. En el mismo sentido, MARTÍN FABA, J. M., «Régimen proyectado de…», ob. cit., pp. 13-14, y GONZÁLEZ CARRASCO, M. C., «Las garantías de…», ob. cit., p. 849, quien considera que, en cualquier caso, han de devolverse las cantidades si el mero retraso o la no obtención de la licencia conforman el presupuesto de una condición resolutoria expresa.

29. SSTS 237/2015, de 30 de abril (ECLI:ES:TS:2015:1708); 732/2015, 30 de diciembre (ECLI:ES:TS:2015:5629); 336/2016, de 20 de mayo (ECLI: ES:TS:2016: 2298); 547/2017, de 10 de octubre (ECLI:ES:TS:2017:3611); 256/2019, de 7 de mayo (ECLI:ES:TS:2019:1440); 671/2022, de 17 de octubre (ECLI:ES:TS:2022: 3746).

30. En la mayoría de las decisiones se hace alusión a la sensible situación económica que atraviesa el mercado tras el «estallido» de la burbuja inmobiliaria, y que se presta a la «oportunidad» de favorecerse de la depreciación del precio de la vivienda [STSS 498/2013, de 19 de julio (ECLI:ES:TS:2013:4423); SSTS 237/2015, de 30 de abril (ECLI:ES:TS:2015:1708); 732/2015, 30 de diciembre (ECLI:ES:TS:2015:5629); STS 671/2022, de 17 de octubre (ECLI:ES:TS:2022:3746)].

al promotor. A tenor de su apartado cuatro, *ejecución de la garantía*, el adquirente puede optar entre la resolución (*rescisión*, en términos del legislador) con devolución de las cantidades anticipadas o la prórroga de la obligación de entrega de la vivienda, adherida *ex novo* al contrato, y en la que se haga constar *en nuevo periodo con la fecha de terminación de la construcción y entrega de la vivienda*.

La posibilidad de apreciar una prórroga tácita queda, por tanto, descartada[31]. De lo contrario, habría de admitirse que la previsión legal no recoge más que uno de los posibles supuestos de que exista la prórroga, y que ambas (expresa y tácita) producen el mismo efecto: ampliar el plazo de cumplimiento de la prestación de entrega de la vivienda, sin que el comprador pueda pedir la resolución del contrato por esta causa. Pero una cosa es admitir que mientras no se ejercite la acción resolutoria el promotor cuenta con la posibilidad de cumplir con su obligación de entrega, y otra muy distinta concluir que el promotor tiene un «nuevo» plazo para cumplir la obligación durante el que no cabe la resolución[32].

La inacción del comprador no está contemplada por la Ley. *A priori*, mientras no se opte entre la resolución (o por la ejecución de la garantía) y la prórroga expresa, y tampoco se haga la entrega de la vivienda fuera de plazo, nada ocurre (el comprador mantiene intactas sus opciones de resolución o solicitud del cumplimiento)[33]. Eso sí, como hemos adelantado, las decisiones adoptadas por el

---

31. STRUCH STRUCH, J., *La nueva regulación…*, ob. cit., p. 87.
En contra, basándose en distintas resoluciones dictadas por el Tribunal Supremo, entiende que la prórroga puede ser tácita, sin que, por ello, pueda entenderse prolongada la garantía *ex* artículo 1851 CC, DÍAZ MARTÍNEZ, A., «Cantidades anticipadas en…», ob. cit., p. 11.

32. Si esto fuera así, el comprador que pretenda la resolución del contrato debería actuar con inmediatez al vencimiento del plazo de la obligación de entrega con el fin de evitar que su actitud se confunda con la concesión tácita de una prórroga. En tal caso, ¿cuál sería el nuevo plazo de cumplimiento? Una posibilidad sería aplicar el artículo 1128 CC (VITERI ZUBIA, I., *El pago anticipado en las obligaciones a plazo. El derecho al reembolso anticipado en el sector específico del crédito*, Tiran lo Blanch, Valencia, 2013, pp. 57-58).

33. En estos casos, resta por determinar desde qué momento incurre el promotor en mora y, por consiguiente, a él le son imputables el riesgo de pérdida de la cosa debida, y los daños ocasionados por el incumplimiento tardío. La situación parte de que, una vez vencido el plazo, el comprador y el promotor no mantengan ningún tipo de conversación en torno al devenir de la relación contractual que les une. Pues cualquier tipo de interpelación o requerimiento anterior o inmediato al vencimiento del plazo de sus respectivas obligaciones (interpelación para la entrega; aplazamiento del plazo; negociaciones en torno a la revisión del contenido contractual…), daría cuenta de la inutilidad de la cuestión que aquí se plantea. En mi opinión, la solución se debe sustentar en las excepciones que, a la regla general de interpelación al deudor, se recogen en el artículo 1100. II. 2° CC. La DA1ª LOE confiere al plazo naturaleza esencial, de manera que no veo razón para que no pueda mantenerse dicha relevancia del plazo con respecto al régimen de la mora. En este sentido, DELGADO ECHEVERRÍA, J., «La mora del deudor», *Elementos de Derecho Civil*, II, v. I, *Parte general. Delito y cuasidelito*, José Maria Bosch, Barcelona, 1985, p. 248; NAVAS NAVARRO, S., «El incumplimiento de la obligación», *Manual de Derecho Civil*, v. II, *Derecho de obligaciones. Responsabilidad civil. Teoría general del contrato*, Marcial Pons, Madrid, 2000, p. 267. Difiere de la postura anterior, DÍEZ-PICAZO, L., *Fundamentos de Derecho Patrimonial*, II, *Las relaciones obligatorias*, Thomson Civitas, Cizur Menor, 2008, p. 675, para quien, los supuestos de término esencial impropio deben tener un tratamiento diferenciado. Según la opinión de este autor «más probable parece por ello sostener que el artículo 1100. 2° se refiere a supuestos en que, pactado de forma expresa o instituido tácitamente, el cumplimiento debe hacerse sin dilación, sin tardanza». Con

comprador durante este periodo de tiempo, podrían ser tenidas en cuenta a la hora de valorar un posible ejercicio abusivo de la facultad resolutoria cuando, ante el ofrecimiento para la entrega fuera de tiempo, el comprador optase, entonces, por resolver el contrato de compraventa.

Si tal y como posibilita la norma, el promotor y el comprador adicionasen al contrato la cláusula relativa a la prórroga concedida, habrá que decidir qué ocurre con la obligación asumida por el garante. Evidentemente, si éste, tal y como dispone la DA1ª dos. 1. f LOE, aprueba la prórroga o el promotor concede una nueva garantía para el nuevo plazo[34], la respuesta a la pregunta no requiere de mayor explicación. Ahora bien, ¿y si los hechos no suceden de esta manera? La DA1ª LOE no contempla la prórroga como causa de cancelación de la garantía (apartado cuatro).

Según el artículo 1851 CC, la prórroga concedida sin consentimiento del fiador extingue la fianza, pero recuérdese que ello sólo resulta aplicable a aquellas ampliaciones de plazo que no beneficien al garante[35]. Del mismo modo, los artículos 11 y 12 Ley Contrato Seguro (en adelante, LCS), permiten la rescisión del contrato de seguro cuando las modificaciones conlleven una agravación del riesgo asegurado. En los casos en los que por aplicación de los preceptos señalados se extinga la garantía, el promotor deberá constituir una nueva[36]. No obstante, sería un tanto extraño que el comprador accediese a establecer una prórroga, que pudiera conllevar la extinción de la garantía existente, sin el consentimiento del garante.

---

matizaciones, GONZÁLEZ CARRASCO, M. C., «La constitución en mora y la resolución por incumplimiento contractual», *Estudios sobre incumplimiento y resolución* (dir. por I. González Pacanowska y C. L. García Pérez), Thomson Reuters Aranzadi, Navarra, 2014., p. 313.

34. Tal y como señala STRUCH STRUCH, J., *La nueva regulación*…, ob. cit. p. 88, «aun cuando pueda parecer extraño que las entidades garantes consientan la prórroga concedida por los adquirientes o amplíen el período de garantía de la devolución de las cantidades anticipadas, es posible pensar en algún caso en que esta situación sea la más conveniente para sus intereses. Así ocurrirá cuando el promotor no tenga capacidad económica para devolver las cantidades anticipadas y la ejecución de las obras se encuentre en un estado avanzado, siendo previsible que las viviendas puedan entregarse a los adquirientes dentro del plazo de la prórroga. Si en este supuesto la entidad garante no concede su consentimiento para la prórroga o amplía la cobertura de la garantía al nuevo período prorrogado, es muy probable que los adquirientes opten por la resolución del contrato, con que, tras el correspondiente requerimiento previo frente al promotor, reclamarán de las entidades garantes la restitución de las cantidades entregadas más los correspondientes intereses».

35. STS 77/2014, de 3 de marzo (ECLI: ES: TS: 2014: 737); 392/2014, de 16 de julio (ECLI: ES: TS: 2014: 3555); 679/2016, de 21 de noviembre (ECLI: ES: TS: 2016:5131).
Sobre este aspecto consúltese a: CARRASCO PERERA, Á., CORDERO LOBATO, E., MARÍN LÓPEZ. M., *Tratado de los*…, ob. cit., p. 510; ASUA GONZÁLEZ, C. I., «La visión jurisprudencial de la garantía a primer requerimiento», *Cuadernos de Derecho Privado*, nº 7, septiembre-diciembre, 2023, p. 27.

36. STRUCH STRUCH, J., *La nueva regulación*…, ob. cit., pp. 87-88; SÁENZ DE JUBERA HIGUERO, B., «Responsabilidad por las…», ob. cit., p. 1276; DÍAZ MARTÍNEZ, A., «Cantidades anticipadas de…», ob. cit., pp.11-12; PÉREZ VEGA, Á., «Algunas consideraciones tras la reforma legal en sede de la obligación del promotor de garantizar las cantidades entregadas a cuenta del precio para la compra de la vivienda», *Revista de Derecho Privado*, nº. 40, 2016, pp. 188-189.
Por el contrario, en opinión de, CARRASCO PERERA, Á., CORDERO LOBATO, E., MARÍN LÓPEZ, M., *Tratado de los*…, ob. cit., p. 611, «la prórroga es intrascendente en los seguros de caución de la Ley

En el caso del aval, si la causa de extinción prevista en el artículo 1851 CC no fuese aplicable al caso, la posibilidad de reclamar la restitución al garante sólo sería posible mientras no hubiese expirado el plazo de caducidad de dos años previsto por la DA1ª dos. 2. c LOE. En cualquier caso, habrá que tener en cuenta que, aunque la prórroga no vincula al garante cuando no la haya consentido, sí lo hace con respecto al beneficiario (comprador). Éste último, mientras dure el plazo de prórroga añadido al contrato, no debería reclamar la restitución de las cantidades frente al garante. Si así lo hiciese, el garante podrá oponerse al pago por ejercicio abusivo de derecho, en los términos que se analizarán en un apartado posterior (*exceptio doli*).

IV. EL INCUMPLIMIENTO

Conforme a la Ley 57/1968, el incumplimiento que da lugar a la restitución de las cantidades garantizadas, se delimitaba a través de las siguientes expresiones: *que la construcción no se inicie o no llegue a buen fin por cualquier causa*; *en caso de que la construcción no se inicie o termine en los plazos convenidos que se determinen en el contrato o no se obtenga cédula de habitabilidad*; *expirado el plazo de iniciación de las obras o de entrega de la vivienda sin que una u otra hubiera tenido lugar* (arts. primero, segundo, tercero y cuarto).Y otro tanto ocurre, si bien con algunas variaciones en su contenido[37], tras la reforma de la DA1ª LOE de 2015, que se refiere[38] a que la *construcción no se inicie o no llegue a buen fin en el plazo convenido para la entrega de la vivienda*, o a *que no se obtenga la cédula de habitabilidad, licencia de primera ocupación o documento equivalente que faculten para la ocupación de la vivienda* (DA1ª uno, dos. 1. h) y dos. 2. b), tres, cuatro, y cinco LOE).

57/1968, pues la propia ley habilita al comprador para conceder la prórroga (art. 3), lo que sería incongruente si con ello se perdiera la garantía».

En caso de que el garante consintiese la prórroga, tal y como afirma MARTÍN FABA, J. M., «Régimen proyectado de…», ob. cit., el promotor podrá oponer la prórroga pactada al garante en vía de regreso, si este último accede a la devolución de las cantidades reclamadas por el comprador, con anterioridad a finalizar el nuevo plazo de cumplimiento.

37. La redacción de la Ley 57/1968, al referirse al tipo de incumplimiento cubierto por la garantía, aludía a la construcción que *por cualquier causa* no se inicia o no llega a buen fin. Esta última referencia a la causa del incumplimiento, junto con la del carácter ejecutivo del seguro o el aval, han sido suprimidas de la redacción actual de la DA1ª LOE. Ambas supresiones han servido de base a parte de la doctrina para argumentar que, conforme a la nueva redacción de la DA1ª LOE, las garantías por cantidades anticipadas no incluyen una fórmula de pago a primer requerimiento. No es esta, en cambio, la interpretación que hasta la fecha había mantenido la doctrina del Tribunal Supremo con respecto al régimen de la Ley 57/1968 [doctrina asentada a partir de la STS 218/2014, de 7 de mayo (ECLI:ES:TS: 014:2391)]. Como se estudiará con mayor detenimiento en el apartado sexto, la falta de ejecutoriedad del título o la supresión legal de la causa indistinta que provoca la no realización de la prestación, no son aspectos concluyentes de cara a determinar la naturaleza de la garantía que se regula en la DA1ª LOE.

38. Vertidas a propósito de disposiciones que regulaban y regulan el contenido del contrato de compraventa, las obligaciones del promotor, las opciones del vendedor frente a la no realización de la prestación, la ejecución de la garantía, o la cancelación de la garantía.

El incumplimiento cubierto por la garantía queda circunscrito a tres escenarios posibles[39]: la no iniciación de la construcción, la no finalización de la vivienda en el plazo establecido y la no obtención, en el plazo de entrega predeterminado, de la licencia de habitabilidad o cualquier otro documento que garantice la posibilidad del uso de la vivienda. Analicemos con mayor detenimiento cada una de estas causas:

1) La no iniciación de las obras por no haber obtenido las licencias o autorizaciones necesarias. Nos referimos a que la construcción no se lleve a cabo por causas que impiden la edificación (imposibilidad sobrevenida de realizar la prestación), y no a que la no obtención de las licencias tenga carácter temporal. En la mayoría de los casos estaremos ante un supuesto de incumplimiento del

---

39. Las obligaciones jurídicas asumidas contractualmente por el vendedor pueden dar lugar a diferentes tipos de incumplimiento de la obligación; no obstante, no a todos se les aplica el régimen legal de la garantía que aquí se estudia. El promotor incumple tanto cuando la prestación que lleva a cabo no se ajusta al programa contractual que determina el contenido de la obligación de entrega (deberes de conducta, deberes de cuidado...), como cuando, sencillamente, la prestación no se realiza. En el primer grupo, se incluyen supuestos como el cumplimiento tardío de la prestación o el cumplimiento defectuoso, por no ajustarse la construcción a los requisitos y características recogidas en el proyecto técnico de la edificación o en la memoria de actividades. El segundo, se refiere a la entrega que no se materializa ni de forma física, ni jurídica (construcción que no se inicia, no se concluye, o no se obtiene la licencia de primera ocupación, o equivalente). No obstante, y pese a que esta ha sido una cuestión muy debatida a nivel doctrinal y jurisprudencial, sólo el cumplimiento fuera de plazo de la obligación, o, el incumplimiento absoluto en los términos señalados, dan lugar a la aplicación de la garantía para la restitución de cantidades anticipadas. El cumplimiento defectuoso, la atribución de la propiedad de la vivienda a favor de un tercer adquirente, o la entrega de la vivienda con cargas, darán lugar al ejercicio de la acción de cumplimiento, al saneamiento, a la resolución, o a la indemnización, pero no podrán servir de base para que, cuando así proceda, la devolución de las cantidades anticipadas sea exigible frente al garante. Dado que la obligación del vendedor se basa en la entrega del bien con lo necesario para asegurar al adquirente su uso y disfrute conforme a su destino y libre de gravámenes y cargas, en opinión de un sector mayoritario de la doctrina, los supuestos de doble venta señalados en el artículo 1473 CC, o la entrega de la vivienda con una carga hipotecaria superior a la del precio que resta por pagar, deberían estar incluidos en el riesgo cubierto por la garantía. Tal y como se recoge, por ejemplo, en la Ley 8/2012, de 29 de junio, de vivienda de Galicia, artículo 23. 3, en el que la garantía se extiende a supuestos de doble venta a terceros y entrega de viviendas gravadas.

Para todos los tipos de incumplimiento consúltese: REBOLLEDO VARELA, Á. L., «Compraventa de vivienda: reclamaciones del comprador por incumplimiento de la obligación de entrega conforme a lo pactado. Fecha de entrega, calidades, superficies, escritura pública, inscripción registral, cargas y gravámenes», *Revista Doctrinal Aranzadi Civil-Mercantil,* nº. 6, 2005 (BIB 2005\1096); ORTIZ DEL VALLE, M. C., «La doctrina del Tribunal Supremo sobre la anulabilidad de la compraventa de vivienda futura por vicio en el consentimiento con ocultación de irregularidades urbanísticas. Delimitación del riego cubierto por las garantías previstas en la legislación sobre cantidades anticipadas (STS de 12 de septiembre de 2016 (RJ 2016,4437)» https://revistas.innovacionumh.es/index.php/lexmercatoria/article/view/544; GÓNZALEZ CARRASCO, M. C., «Las garantías de...», ob. cit., pp. 860-862; CARRASCO PERERA, Á., CORDERO LOBATO, E., GONZÁLEZ CARRASCO, C., *Derecho de la...,* ob. cit., pp. 586-587 y p. 598; MARTÍN OSANTE, J. M., «La defensa de los consumidores en la compraventa de viviendas tras la entrada en vigor del texto refundido 1/2007», *Revista de Derecho Patrimonial,* nº 24, 2010, p. 23 (BIB 2010\133); SÁENZ DE JUBERA HIGUERO, B., «La responsabilidad por las...», ob. cit., pp. 1277-1280; DÍAZ MARTÍNEZ, A., «La resolución de la...», ob. cit., pp. 1-9; VERDERA SERVER, R., «Los avales prestados...». ob. cit., pp. 981-982; MARTÍN FABA, J.M, «Las garantías por...», ob. cit.

contrato imputable al promotor[40] ya que, conforme al reparto contractual de las obligaciones, es el promotor quien asume el deber de prestación relativo a la obtención de las licencias y permisos necesarios que hagan posible la ejecución de la prestación principal; y, por consiguiente, a él le corresponde la comprobación de que el proyecto de edificación que presenta (y cuyo resultado constituye el objeto del contrato), se ajusta a los requisitos administrativos exigidos por la normativa aplicable[41]. En estos casos, la acción resolutoria (o la solicitud de la devolución de las cantidades), podrá ser llevada a cabo con anterioridad al vencimiento del plazo previsto para la entrega, una vez se constate que el proyecto no va a poder llevarse a cabo[42].

2) Incumplimiento del plazo de entrega establecido por las partes, que puede concretarse en un retraso en el incumplimiento o en la no realización definitiva de la prestación[43].

Sin embargo, no es relevante si la vivienda puede o no ser terminada; lo esencial es que, vencido el plazo señalado para el cumplimiento de la obligación de entrega, ésta no se ha producido. Tal y como, claramente, se desprende de la DA1ª dos. 1. k LOE[44], la garantía se ejecuta porque la entrega (*traditio*) de la vivienda no se ha producido.

3) Entrega de la vivienda sin cédula de habitabilidad o documento semejante[45]. En tal caso, no se puede considerar que la construcción haya concluido y

---

40. Cuando esto no sea así, y estemos ante un caso fortuito o de fuerza mayor, también podrá solicitarse la resolución del contrato. Lo que ocurre en estos casos es que, tal y como señala DÍEZ-PICAZO, L., *Fundamentos del derecho...*, ob. cit., p. 839, «no puede, pues, desconocerse la regla de que la imposibilidad sobrevenida de la prestación ocasionada por una causa fortuita y no imputable al deudor, cuando dicha imposibilidad es absoluta y definitiva permite la resolución de la obligación, que se relaciona de manera inmediata con los problemas llamados «doctrina de riesgos» a que nos hemos referido más arriba. Por ello, el límite de la acción resolutoria en los casos en los que ahora nos movemos, debe encontrarse únicamente en una posible regulación legal de un sistema distinto para el peligro de *periculum obligationis*. Si de algún texto legal, lo que no es oportuno dilucidar ahora, se extrae la idea de que se lleva a cabo una forma distinta de distribución de los riesgos, tal precepto excluirá la posibilidad de ejercicio de la acción resolutoria. Sin embargo, con la excepción mencionada, la regla general debe considerarse que es la de la posibilidad de resolución».

41. REBOLLEDO VARELA, Á. L., «Compraventa de vivienda...», ob. cit., pp. 4-8; DÍAZ MARTÍNEZ, A., «La resolución de la...», ob. cit., p. 9.

42. Sobre la posibilidad de resolver el contrato por incumplimiento con anterioridad a que expire el plazo de cumplimiento de la prestación de entrega: NAVARRO CASTRO, M., «La resolución de los contratos por incumplimiento anticipado», *Estudios sobre incumplimiento y resolución* (dir. por I. González Pacanowska y C. L. García Pérez), Thomson Reuters Aranzadi, Navarra, 2014, pp. 95-117; SAÉNZ DE JUBERA HIGUERO, B., «Responsabilidad por las...», ob. cit., p. 1277; DÍAZ MARTÍNEZ, A., «La resolución de...», ob. cit., pp. 16-17. O, por relación al plazo de cumplimiento prorrogado, CARRASCO PERERA, Á., CORDERO LOBATO, E., GONZÁLEZ CARRASCO, M. C, *Derecho de la...*, ob. cit., p. 603.

43. REBOLLEDO VARELA, Á. L, «Compraventa de vivienda...», ob. cit., pp. 12-27.

44. El vendedor conserva la propiedad de la vivienda, pero no podrá enajenarla a un tercero mientras no resarza a la entidad garante las cantidades que, ésta, haya abonado al comprador.

45. En contra de que se eleve a rango de «incumplimiento esencial la dilación en la obtención de aquella licencia, aunque la obra esté ya preparada para la entrega, y la solicitud de la misma haya tenido lugar antes del cumplimiento del plazo fatal», CARRASCO PERERA, Á., «Una buena sentencia...», ob. cit.

que la vivienda esté lista para la entrega[46]. Los documentos tienen por finalidad comprobar que la obra se ha ejecutado conforme a la licencia de obras y al proyecto arquitectónico, y que se cumplen las condiciones de habitabilidad conforme a su destino habitual (esto es, como vivienda)[47].

V. REQUISITOS DE EJECUCIÓN DE LA GARANTÍA

1. La certificación individualizada de la garantía contratada

El artículo segundo de la Ley 57/1968 establecía que, al momento de entrega del contrato de compraventa, el cedente (promotor) debía igualmente entregar al cesionario (comprador) el *documento que acredite la garantía referida e individualizada a las cantidades que han de ser anticipadas a cuenta del precio*. El título que soportaba el contrato de seguro o el aval, tenía, conforme al artículo tercero de la Ley 57/1968, carácter ejecutivo. La Orden de 29 de noviembre, en desarrollo de lo previsto por la Ley 57/1968, sin embargo, estableció un sistema de doble póliza. El sistema en cuestión preveía la emisión de una póliza colectiva, constituida para el colectivo de asegurados adquirentes de una determinada finca o de una unidad orgánica de viviendas, y una póliza individual que particularizaba, para cada uno de los adquirentes, la garantía contratada.

---

46. La obligación del vendedor de obtener la licencia de primera ocupación o la cédula de habitabilidad como parte esencial del cumplimiento de la obligación de entrega, está expresamente prevista en la actual redacción del apartado tres de la DA1ª (*información contractual*). Con anterioridad a la reforma llevada a cabo por la Ley 20/2015, sólo se señalaba que la obtención de la licencia de primera ocupación o cédula de habitabilidad determinaba la cancelación de la garantía (artículo 4 de la Ley 57/1968, y DA1ª LOE, en su anterior redacción). Sin embargo, el Tribunal Supremo extendió el ámbito objetivo de la garantía a aquellos casos en los que la obtención de la correspondiente documentación administrativa sobre ocupación y habitabilidad fuera poco probable. Según esta doctrina, el vendedor no sólo debe cumplir con la obligación de entrega material o física de la vivienda, sino que también en sentido jurídico; esto es, *garantizando la posesión legal y pacífica de la cosa a favor del comprador*. A lo cual se da cumplimiento cuando el objeto *está en condiciones de ser disfrutado según su destino (art. 1462 CC); sin impedimento legal alguno, haciendo posible su ocupación de un modo definitivo y sin obstáculos o impedimentos administrativos o urbanísticos* [SSTS 537/2012, de 10 de septiembre (ECLI:ES:TS:2012:7528); 644/2012, de 8 de noviembre (ECLI:ES:TS:2012:9188); 41/2013, de 12 de febrero (ECLI:ES:TS:2013:659); 710/2013, de 13 de noviembre (ECLI:ES:TS:2013:5365)]. La Sentencia del Tribunal Supremo 527/2016, de 12 de septiembre (ECLI:ES:TS:2016:4052), en la que se admitió la ejecución de la garantía en un supuesto de anulación por vicios del consentimiento, ofreció cobertura a los casos en los que se temía la pérdida de la licencia inicialmente expedida, al considerar que se debía garantizar *el uso pacífico de futuro, sin miedos y sobresaltos por ilegalidades urbanísticas*. En este sentido, STRUCH STRUCH, J., *La nueva regulación...*, ob. cit., pp. 107-111; ORTIZ DEL VALLE, M. C., «La doctrina del...», ob. cit.; AÑÓN CALVETE, J., «Características de la...», ob. cit., pp. 16-17; CLEMENTE MEORO, M., «El retraso y...», ob. cit., pp. 328-333; DÍAZ MARTÍNEZ, A., «La resolución de...», ob. cit., pp. 5-6; ÁLVAREZ MORENO, M. T., «Resolución del contrato de compraventa de vivienda por el incumplimiento del vendedor-constructor, al no entregar la vivienda con licencia de primera ocupación», *Comentarios a las sentencias de unificación de doctrina: civil y mercantil*, v. V (dir. por M. Yzquierdo Tolsada), 2016, pp. 105-125.

47. STRUCH STRUCH, J., *La nueva regulación...*, ob. cit., pp.107-108.

117

La práctica confirmó que la constitución de la garantía por parte de los promotores, en muchos casos, se limitaba a la subscripción de líneas de avales colectivos, sin que las entidades garantes fuesen requeridas por el promotor para emitir los certificados individualizados para cada uno de los compradores. En tales casos, no se podía exigir al garante el pago de la garantía en vía ejecutiva, dado que la Ley exigía la existencia de un título individualizado. No obstante, restaba por resolver si la emisión colectiva de las garantías era o no suficiente para reclamar la restitución de las cantidades frente al garante, no ya con carácter ejecutivo, sino en un procedimiento declarativo iniciado al efecto. En definitiva, de lo que se trataba era de decidir si la exigencia legal de título individualizado presuponía un requisito (formal) que posibilitaba la ejecución directa de la garantía contra la entidad garante, pero no excluía la apertura de un procedimiento declarativo cuando así fuese necesario; de si, por el contrario, la Ley exigía la constitución (material) de la garantía mediante póliza individualizada, no siendo suficiente su constitución mediante póliza colectiva, a los efectos dispuestos en la Ley.

La respuesta, *pro* consumidor, del Tribunal Supremo no se hizo esperar. La póliza colectiva era suficiente para que quedase probada la existencia de la garantía siempre y cuando del documento presentado (o del contrato) pudiese deducirse que la promoción de la vivienda en cuestión estaba incluida entre las operaciones del promotor garantizadas por dicha póliza. En este sentido, es una constante de toda la jurisprudencia invocar la confianza generada en el comprador por la aparente constitución de la garantía mediante la subscripción de una póliza colectiva. Al hilo de la misma en la jurisprudencia del Tribunal Supremo han tenido protagonismo tres circunstancias: la referencia a la Ley 57/1968 en el contrato de compraventa o en la póliza suscrita por el promotor, la mención en cualquiera de estos dos documentos a la promoción de viviendas o la entrega al comprador de una copia de la póliza general. Lo que ocurre es que alguna jurisprudencia considera que sólo estas circunstancias pueden generar confianza[48], y otra más nutrida, en cambio, no las convierten en exclusivas[49].

---

48. SSTS 1/2020, de 8 de enero (ECLI:ES:TS:2020:12); STS 792/2022, de 18 de noviembre (ECLI:ES:TS:2022:4248); ATS de 26 de abril de 2023 (ECLI:ES:TS:2023:4842A). En estos casos, los compradores no habían recibido una copia de la póliza general, ni el documento en cuestión se refería a una determinada promoción, sino a las promociones (en general) que llevase a cabo el promotor. Como prueba documental, se aportaba, además, la certificación individualizada de garantía entregada a otros compradores de la misma promoción. En otras sentencias este último hecho había llevado al Tribunal Supremo a colegir que la concesión, siquiera parcial, de certificados individuales dentro de una misma promoción es un hecho que *ilustra* la existencia de la garantía, y resulta uno de los actos relevantes a considerar en la interpretación sistemática del contrato cuando de determinar la voluntad de las partes que conciertan la póliza se trata [STS 322/2015, de 23 de septiembre (ECLI:ES:TS:2015:3870)].

49. SSTS 322/2015, de 23 de septiembre (ECLI:ES:TS:2015:3870); 434/2015, de 23 de julio (ECLI:ES:TS: 2015:3443); 272/2016, de 22 de abril (ECLI:ES:TS:2016:1782); 626/2016, de 24 de octubre (ECLI:ES:TS:2016:4645); 739/2016, de 21 de diciembre (ECLI:ES: TS:2016:5520); 420/2017, de 4 de julio (ECLI:ES:TS:2017:2720); 422/2018, de 4 de julio (ECLI:ES:TS:2018:2636); 459/2019, de 22 de julio (ECLI:ES:TS: 2019:2667); 6/2020, de 8 de enero (ECLI:ES:TS 2020:17) y 8/2020, de 8 de enero (ECLI:ES:TS:2020:18)

En mi opinión, y siguiendo el parecer de la doctrina más sólida[50], el Tribunal Supremo no acierta al fundamentar la responsabilidad de la entidad garante en la denominada doctrina de la confianza. La responsabilidad de las entidades garantes se basa en la efectiva subscripción de la garantía para una o varias promociones (se haya emitido o no el certificado individualizado por cada vivienda); sin perjuicio de que haya circunstancias que favorezcan su prueba y, con ello, generen mayor seguridad en el adquirente que confía en poder extender la responsabilidad al garante, aunque no tenga un certificado individualizado. La confianza en general lo que supone es que se puede escapar de la responsabilidad pese a haberse suscrito la garantía; lo que todavía es más claro en las sentencias que circunscriben la confianza a determinadas circunstancias.

La emisión o no de los certificados individuales es una cuestión que debe situarse en el plano de la diligencia exigible al promotor en el cumplimiento de sus obligaciones legales[51]. Lo contrario sería *poner en evidencia cómo puede quedar insatisfecha la previsión de la garantía contenida en los arts. 1, 2 y 3 de la Ley 57/1968* [SSTS 322/2015, de 29 de septiembre (ECLI:ES:TS:2015:3870) y 626/2016, de 24 de octubre (ECLI:ES:TS:2016:4645)].

El garante no puede eludir su responsabilidad basándose en la actuación negligente del promotor que no solicita la emisión de los correspondientes certificados individuales. Ni siquiera la cláusula que determina la eficacia de la garantía a partir de la emisión de los correspondientes certificados individuales puede hacerse valer frente al comprador. Si la garantía se ha suscrito, ésta no conoce más límites (cuantitativos o cualitativos) que los establecidos legalmente[52].

Con la reforma de la DA1ª LOE el legislador ha insistido en la necesidad de la emisión del certificado individualizado (DA1ª uno. 1. a y dos LOE). Está por ver cuál va a ser la aplicación del precepto por parte de los tribunales[53]. El debate queda

---

50. CARRASCO PERERA, Á., «Garantías por cantidades adelantadas en compraventa de vivienda: un paso atrás», *Centro de Estudios de Consumo, Publicaciones Jurídicas*, 2020 (https://centrodeestudiosdeconsumo. com/images/Garantias_por_cantidades_adelantadas_en_compraventa_de_vivienda-_un_paso_atras_.pdf). La Sentencia del Tribunal Supremo de 8 de enero de 2020 ha sido críticamente comentada por los siguientes autores: LÓPEZ SAN LUÍS, R., «Generación de confianza en el comprador por las entregas a cuenta en la adquisición de vivienda sobre plano y responsabilidad de las entidades avalista. Comentario a la STS 8 de enero de 2020», *Cuadernos Civitas de Jurisprudencia Civil*, n°. 114, 2020, pp. 237-250; GONZÁLEZ CARRASCO, M. C., «Las garantías de…», ob. cit., pp. 856-857.

51. SSTS 272/2016, de 22 de abril (ECLI:ES:TS:2016:1782); 626/2016, de 24 de octubre (ECLI:ES:TS:2016:4645); 739/2016, de 21 de diciembre (ECLI:ES:TS:2016:739); 420/2017, de 4 de julio (ECLI:ES:TS:2017:2720); 502/2017, de 17 de septiembre (ECLI:ES:TS:2017:3280); 2/2020, de 8 de enero (ECLI:ES:TS:2020:8); 6/2020, de 8 de enero (ECLI:ES:TS:2020:17); 8/2020, de 8 de enero (ECLI:ES:TS:2020:18).

52. SSTS 476/2013, de 16 de julio (ECLI:ES:TS:2013:3876); 778/2014, de 20 de enero (ECLI:ES:TS: 2015:429); 780/2014, de 30 de abril (ECLI:ES:TS:2015:1930); 322/2015, de 29 de septiembre (ECLI:ES:TS:2015:3870); 420/2017 de 4 de julio (ECLI:ES:TS:2017:2720); 2/2020, de 8 de enero (ECLI:ES:TS:2020:8); 6/2020, de 8 de enero (ECLI:ES:TS:2020:17); 8/2020, de 8 de enero (ECLI:ES:TS:2020:18).

53. Tal y como propone, CARRASCO PERERA, Á., «Garantías por cantidades…» ob. cit., «que se precisa una póliza individual es algo que parece querer dar a entender la nueva regulación contenida

abierto, lo que parece claro es que concluir que la póliza colectiva no es suficiente para la constitución (material) de la garantía[54] sería contrario a la interpretación pro consumidor que se viene haciendo hasta la fecha.

2. El requerimiento previo hecho al promotor

El artículo tercero de la Ley 57/1968 exigía, para ejecutar la garantía frente al garante, que el comprador aportarse documento fehaciente que acreditase el incumplimiento de la obligación principal de entrega y el certificado individualizado de la póliza que tenía carácter ejecutivo[55]. De conformidad con la redacción vigente de la DA1ª LOE (apartados dos. 1. h y dos. 2. b), y suprimida la naturaleza ejecutiva del título de la garantía, el comprador debe requerir, con anterioridad a dirigirse contra el garante, al promotor para que, en el plazo de treinta días, dé cumplimiento a la obligación de devolución de las cantidades anticipadas. Este mismo plazo de treinta días es el que, a su vez, se otorga al garante para que cumpla con la obligación de devolución incumplida por el promotor[56].

En la actualidad, el requerimiento que el deudor debe probar fehacientemente es el que se refiere a esta última reclamación (frente al promotor). Este requerimiento determina el plazo inicial de la obligación de devolución de las cantidades anticipadas, y los treinta días señalados por la DA1ª LOE representan el plazo que se tiene para cumplir. Hasta que este plazo no transcurra, el comprador no podrá pedir al garante la restitución; y ello con independencia de que, como ya hemos señalado, con anterioridad haya o no notificado la resolución del contrato. Se comunique o no la resolución con anterioridad, el requerimiento al promotor para la devolución de las cantidades es siempre necesario; como lo es, también, el incumplimiento de la obligación de restitución en el plazo señalado.

---

en la D. Adic. 1ª de la LOE. El TS no la aplica, empero, por razones de tiempo. Pero, aunque así no fuera, esta norma nueva, producto del miserable *lobbying* de las aseguradoras, debería ser objeto de una interpretación restrictiva, muy fácil de realizar».

54. En cualquier caso, el comprador podrá pedir la resolución del contrato con fundamento en esta causa, iniciar un procedimiento requiriéndole cumplir la Ley sobre garantías, o, incluso, dejar de pagar los anticipos, sin que por ello pueda ser tachado de incumplidor.

55. Mediante Orden de 29 de noviembre de 1968 (apartado 4º, f) se precisaba que, con anterioridad a exigir la restitución de las cantidades a las aseguradoras, se requiriese primero la devolución de las cantidades al promotor. No obstante, tal y como señala parte de la doctrina (STRUCH STRUCH, J., *La nueva regulación de...*, ob. cit., p. 62), la naturaleza reglamentaria de esta disposición frente al carácter legal del artículo tercero que, únicamente, exigía prueba fehaciente de la no iniciación o entrega de la vivienda trajo consigo que, jurisprudencialmente, para ejecutar la garantía frente al garante no se exigiese el requerimiento previo hecho al promotor.

56. Con matizaciones, STRUCH STRUCH, J., *La nueva regulación...*, ob. cit., p. 71, para quien el plazo de treinta días es sólo aplicable a la aseguradora (únicamente el apartado dos. 1. h DA1ª LOE hace referencia a este aspecto), pero no al avalista, que deberá cumplir con la restitución inmediatamente después de que el comprador le reclame el pago.

3. Ingreso de las cantidades anticipadas en una cuenta especial

Junto con los dos requisitos anteriores, para poder reclamar al garante, y aunque este no sea un requisito que expresamente se recoja en la DA1ª LOE en el apartado relativo a la ejecución de la garantía, las cantidades a entregar anticipadamente deben constar en el contrato de compraventa, y sólo las que así consten y se acredite haber pagado quedan cubiertas por la garantía (con respecto a esto último, la DA1ª apartado dos. 1. i LOE, sí señala que las cantidades no acreditadas, aunque consten en el contrato, no deberán ser restituidas).

Asimismo, el contrato de adquisición debe incluir la referencia a la cuenta especial y, por consiguiente, a la entidad depositaria en la que deben ingresarse los adelantos realizados por el comprador en cumplimiento de la obligación asumida contractualmente. A esta entidad corresponde controlar que el dinero ingresado en esa cuenta se destina, exclusivamente, a la construcción de la vivienda en cuestión. La entidad bancaria, sea o no la misma que garantiza la restitución de las cantidades anticipadas, deberá responder frente al comprador en el caso de que incumpla la obligación de control que, por Ley, le ha sido atribuida (DA1ª uno. 1. b LOE) [57].

Según doctrina consolidada del Tribunal Supremo, si las cantidades aportadas coinciden con las recogidas en el contrato y ha quedado debidamente acreditado que efectivamente se han realizado los pagos, la entidad garante debe responder aunque los ingresos no se hayan realizado en la cuenta especial habilitada al efecto [SSTS 222/2001, de 8 de marzo (ECLI:ES:TS:2001:1841); 780/2014, de 30 de abril (ECLI:ES:TS:2015:1930); 142/2016, de 9 de marzo (ECLI:ES:TS:2016:987); 420/2017, de 4 de julio].

También responde la entidad garante aunque la póliza contratada recoja cantidades inferiores a las señaladas contractualmente [SSTS 476/2013 de 3 de julio; 778/2014, de 20 de enero; 780/2014, de 30 de abril; 226/2016, de 8 de abril (ECLI:ES:TS:2016:1500); 436/2016 de 29 de junio (ECLI:ES:TS:2016:3132); 298/2019, de 28 de mayo (ECLI:ES:TS:2019:1720); 6/2020, de 8 de enero (ECLI:ES:TS:2020:17); 8/2020, de 8 de enero(ECLI:ES:TS:2020:18); 24/2021, de 25 de enero (ECLI:ES:TS:2021:117)].

---

57. En opinión de CARRASCO PERERA, Á., «Avales de cuantía inferior a las cantidades adelantadas para la compraventa de viviendas», https://www.ga-p.com/abogados/angel-carrasco-perera, la responsabilidad de la entidad de crédito por todas las cantidades efectivamente realizadas no se debe a una exigencia legal, pues la Ley nada establece al respecto, sino «...a la buena fe. La entidad avalista está sujeta a una *duty of care* frente al cliente; tiene que advertirle y hacerle saber que la póliza individual que está recibiendo no alcanza el total de las cantidades entregadas, y que deberá dirigirse con la queja al promotor. Esto es sin duda así cuando la entidad avalista es la misma que recibe en cuenta los pagos adelantados. Pero también cuando no es éste el caso. De este incumplimiento responde e indemnizará en concepto de daños la diferencia entre lo afianzado y lo pagado».

En mi opinión, una cláusula contractual que recoja la cobertura de la garantía por una cantidad inferior a la señalada en el contrato debería tenerse por no puesta, e integrarse el contenido del contrato conforme al contenido de la DA1ª LOE (arts. 10. bis. 2; 82. 4. b; art. 83 y 86 TRLGDCU; en caso de que se trate de condiciones generales art. 8 Ley 7/1998, de 13 de abril, de Condiciones Generales de la Contratación).

A lo anterior hay que añadir que el apartado uno. 1. a DA1ª LOE, en su redacción actual, establece la obligación del promotor de garantizar la devolución de las cantidades anticipadas *desde la obtención de la licencia de edificación*. Mientras que su apartado tres, dispone que, *en el momento del otorgamiento del contrato de compraventa, el promotor hará entrega al adquirente del documento que acredite la garantía, referida e individualizada a las cantidades que han de ser anticipadas a cuenta del precio*. Es evidente que ambos preceptos podrían plantear un problema de aplicación, en la medida que el primero obliga al promotor a garantizar desde el momento de obtención de la licencia de edificación y el segundo, en cambio, le exige entregar una copia de la garantía al momento de la firma del contrato. Si el contrato se firma en el mismo momento o con posterioridad a la obtención de la licencia, la redacción de ambos preceptos no plantearía ningún problema de cohesión. No ocurre lo mismo si, por el contrario, la firma del contrato de compraventa antecede a la obtención de la licencia. En tal caso, si el comprador realizase anticipos a cuenta del precio desde el momento de la firma del contrato y el promotor se sujetase a su obligación de suscribir la garantía en el momento (futuro) de obtener la licencia de edificación ¿debe entenderse que las primeras cantidades anticipadas, y no sólo las anticipadas con posterioridad a la suscripción de la garantía, están cubiertas por la misma?

Con el fin de proteger los intereses del comprador y siguiendo la finalidad tuitiva de la norma, la doctrina[58] plantea soluciones distintas que conducen a un mismo resultado: entender que la garantía cubre el efectivo anticipo de todas las cantidades contractualmente previstas, con independencia de que la garantía se haya suscrito y tenga eficacia a partir de la obtención de la licencia de edificación. Una cosa es delimitar la eficacia de la garantía al momento de la obtención de la licencia de edificación (pues sólo a partir del mismo es posible la construcción), y otra concluir de ello que la garantía sólo cubre las cantidades señaladas en el contrato de compraventa si dichas cantidades son posteriores a la concesión de la obtención de la licencia de edificación[59]. Conviene recordar a este respecto que la entidad garante tiene acceso al contenido del contrato y, por consiguiente, a la posibilidad de conocer cuándo y en qué condiciones se han adelantado cantidades a cuenta del precio (DA1ª dos. 1. g LOE).

---

58. GONZÁLEZ CARRASCO, M. C., «Las garantías de…», ob. cit., p. 853, para quien la resolución de la licencia de edificación determina el *dies ad quo* de entrada en vigor de la garantía y el *dies ad quem* de la obligación del promotor de constituirla. Más taxativo se muestra, en cambio, STRUCH STRUCH, J., *La nueva regulación…*, ob. cit., pp. 37-41, quien considera que es preciso hacer una interpretación sistemática de ambos apartados y concluir que el comprador debe constituir la garantía desde el momento en el que firma el contrato de compraventa.

59. Un problema distinto es el que se plantea cuando, realizados algunos anticipos conforme a contrato, la promoción fracase antes de obtenerse la licencia de edificación. La Ley no da cobertura a estos supuestos.

4. Plazo para ejecutar la garantía

En la coyuntura social y económica provocada por el denominado «efecto burbuja inmobiliaria» y su posterior estallido, no fueron pocos los casos en los que la reclamación de la restitución de las cantidades frente a las entidades garantes no se realizó en el momento inmediatamente posterior al vencimiento del plazo establecido contractualmente para la entrega de la vivienda. Tal y como se refleja en numerosas resoluciones, la reclamación de restitución se hacía tiempo después a haber vencido el plazo de entrega e incluso, en no pocos casos, una vez finalizada la construcción.

De facto, como se ha avanzado, el argumento del ejercicio intempestivo de la restitución o de la resolución era el utilizado por las entidades garantes para eludir su responsabilidad, imputando al reclamante un claro ejercicio abusivo de sus derechos (art. 7.1 CC). El Tribunal Supremo, por el contrario, no apreciaba actuación desleal en el comprador por el mero hecho de que hubiese transcurrido un tiempo considerable entre el vencimiento de la obligación y la efectiva reclamación de la restitución, siempre y cuando tal inactividad no llevase al promotor, o al garante, a entender justificadamente que no se haría tal reclamación [SSTS 218/2014, de 7 de mayo (ECLI:ES:ES:2014:2391); 778/2015, 20 de enero de 2015 (ECLI:ES:TS:2015:429); 547/2017, 10 de octubre (ECLI:ES:TS:2017:3611); 516/2018, 20 de septiembre (ECLI: ES:TS:2018:3187); SAP de 3 de octubre de 2023 (ECLI:ES:SAP:2023, 14911); SAP Castellón de 15 de septiembre de 2023 (ECLI:ES:SAP:2023:921)].

La reforma de 2015 aborda la cuestión relativa al plazo en el que se podrá reclamar la restitución de las cantidades, introduciendo las siguientes modificaciones en el régimen dispuesto por la DA1ª LOE:

1) El comprador debe requerir fehacientemente al promotor para que, en el plazo de treinta días, proceda a hacer la restitución; sólo en el caso de que esta reclamación no fuera posible, podrá dirigirse directamente contra la entidad garante (DA1ª dos. 1. h y dos. 2. b LOE).
2) El seguro de caución o, en su caso, el aval deberá estar en vigor hasta la fecha prevista contractualmente para la entrega de la vivienda (DA1ª dos. 1. f, y dos. 2. a LOE).
3) En caso de incumplimiento, si las cantidades hubiesen sido garantizadas mediante aval, *transcurrido un plazo de dos años, a contar desde el incumplimiento por el promotor de la obligación garantizada sin que haya sido requerido por el adquirente para la rescisión del contrato y la devolución de las cantidades anticipadas, se producirá la caducidad del aval.* La DA1ª LOE, en cambio, guarda silencio con respecto a la caducidad del seguro de caución.

Sin duda, al hacer frente a una de las cuestiones que mayores problemas planteaba la aplicación de la anterior regulación, la reforma no se materializa con la claridad que cabría esperar, añadiendo, además, una distinción entre el aval y el seguro de caución inexistente hasta el momento.

La garantía no puede tener la misma duración que el plazo previsto para la entrega de la vivienda, pues es, precisamente, a partir del vencimiento de dicho plazo cuando puede hacerse efectiva la misma. Y si se incluyera en el contrato una cláusula de estas características, se tendría por no puesta[60].

Acierta el legislador, sin embargo, cuando señala que ambas garantías deben entenderse canceladas desde el momento en el que el promotor ponga la vivienda a disposición (material y jurídica) del comprador (DA1ª cinco LOE). Así ocurrirá aun cuando esa puesta a disposición se realice fuera de plazo. Como se viene entendiendo por la doctrina jurisprudencial, se podrá solicitar la devolución de las cantidades anticipadas mientras no se requiera al comprador para la escritura.

El problema mayor que plantean los cambios introducidos en la actual redacción de la DA1ª LOE es, sin duda, el relativo al régimen de prescripción o caducidad de la acción para reclamar al garante la restitución de las cantidades.

En el régimen derogado (Ley 57/1968) no se exigía que, con carácter previo a exigir la devolución de las cantidades al garante, el comprador se hubiese dirigido contra el promotor para requerir la restitución de las cantidades anticipadas. La Ley, además, no regulaba expresamente el régimen de caducidad o prescripción de las acciones derivadas de la garantía. La única regulación específica sobre este asunto era la establecida por el artículo 23 LCS, cuando establecía que *las acciones que se deriven del contrato de seguro prescribirán en el término de dos años si se trata de seguro de daños y de cinco si el seguro es de personas*. La aplicación del precepto como régimen supletorio a los casos en los que la garantía hubiese sido prestada por un seguro de caución, provocaba una duplicidad de regímenes sólidamente criticada por la doctrina: si la garantía se prestaba mediante seguro de caución el comprador contaba con un plazo de prescripción de dos años para reclamar a la aseguradora la devolución de las cantidades, mientras que si se suscribía un aval, el plazo de prescripción de la acción era el previsto, con carácter general, en el artículo 1964 CC (cinco años). Para solventar el problema, parte de la doctrina propuso excluir la aplicación del artículo 23 LCS, al entender que la obligación del garante no derivaba del contrato de seguro sino de la propia Ley que regulaba la garantía[61].

---

60. Obviedad que sí parece tener en cuenta el legislador cuando, al referirse al seguro de caución, establece que *será tomador del seguro el promotor, a quien le corresponderá el pago de la prima por todo el periodo de seguro hasta la elevación a escritura pública del contrato de compraventa, de adhesión a la promoción o fase de la cooperativa o instrumento jurídico equivalente* (DA1ª dos. 1. c LOE); o que, *la duración del contrato no podrá ser inferior a la del compromiso para la construcción y entrega de las viviendas. En caso de que se conceda prórroga para la entrega de las viviendas, el promotor podrá prorrogar el contrato de seguro mediante el pago correspondiente de la prima, debiendo de informar al asegurado de dicha prima* (DA 1ª dos. 1 f LOE).

61. SÁEZ DE JUBERA HIGUERO, B., «Responsabilidad por las…», ob. cit., pp. 1283-1284; GONZÁLEZ CARRASCO, M. C., «Las garantías de…», ob. cit., pp. 863-865; STRUCH STRUCH, J., *La nueva regulación…*, ob. cit., pp. 63-64 y 71-73; HERNÁNDEZ MANZANARES, A., «Percibo de cantidades anticipadas en la construcción y venta de viviendas: doctrina jurisprudencial relativa a la Ley 57/1968, de 27 de julio», *Diario La Ley*, mayo 2024.

En el régimen actual, lejos de solventarse el problema, la cuestión se ha agravado, pues no sólo se mantiene la duplicidad de regímenes (ya hemos dicho que el plazo de caducidad de dos años sólo está previsto para el aval), sino que, además, la imprecisión técnica[62] de la norma plantea un nuevo problema añadido: el de esclarecer si lo que la DA1ª dos. 2. c LOE regula es la caducidad del propio aval o el régimen de caducidad de la acción que el comprador tiene contra el avalista para reclamar la restitución de las cantidades. La solución acorde con los intereses del comprador[63], sería la de considerar que la norma regula el plazo de caducidad del aval. El comprador tiene dos años para dirigirse contra el promotor y requerirle la restitución de las cantidades anticipadas. A partir de este momento se interrumpe la caducidad del aval, y el comprador cuenta con el plazo general de cinco años para reclamar al garante (art. 1964 CC). Este mismo plazo es aplicable al comprador cuando se dirige contra el asegurador[64] o, en su caso, contra la entidad depositaria.

Ahora bien, hay que tener en cuenta que la norma admite otra interpretación: el plazo de prescripción o caducidad de la acción que deriva del seguro de caución o del aval es de dos años (art. 23 LCS y DA1ª dos. 2. c LOE, respectivamente). El plazo empezaría a contar desde el momento en el que el promotor incumple con la obligación de entrega de la vivienda, y aglutinaría, igualmente, la reclamación que previamente debe hacerse al promotor.

VI. LA NATURALEZA DE LA GARANTÍA (¿SE TRATA DE UNA GARANTÍA A PRIMER REQUERIMIENTO?)

La garantía lo es por (determinado) incumplimiento del deudor. De lo que se trata ahora es de esclarecer si el garante puede oponer frente al comprador excepciones relativas a contingencias propias de la relación que éste mantiene con el vendedor-promotor (obligación principal) o si, por el contrario, la DA1ª LOE regula la garantía como un *supuesto legal* de garantía a primer requerimiento.

Como es bien conocido, en la estructura típica de la fianza la accesoriedad de la obligación del garante respecto de la obligación principal garantizada, entre otros aspectos, determina que el garante pueda esgrimir frente al acreedor tanto extremos propios de la relación subyacente o de valuta (art. 1853 CC), como relativos a la

---

62. La DA1ª dos. 2. c LOE, establece como *dies a quo* del plazo de dos años de caducidad *el incumplimiento por el promotor de la obligación garantizada sin que haya sido requerido por el adquirente para la resolución del contrato y la devolución de las cantidades anticipadas*. El precepto sólo puede tener sentido si entendemos que la obligación a la que se hace referencia es la obligación del promotor de entregar la vivienda en plazo. De lo contrario, esto es, de entender que es la obligación garantizada (la restitución de las cantidades), el precepto no tendría sentido; para que nazca esta obligación es preciso que previamente el comprador haya requerido la restitución al promotor.

63. SÁEZ DE JUBERA HIGUERO, B., «Responsabilidad por las…», ob. cit., pp. 1283-1284; GONZÁLEZ CARRASCO, M. C., «Las garantías de…», ob. cit., pp. 863-865

64. Entendiendo que el artículo 23 LCS no se aplica al caso por las razones aludidas en el texto.

propia garantía que tengan que ver con la relación obligatoria principal (arts. 1824 y 1847 CC)[65].

Sin embargo, en la práctica, se ha impuesto otro tipo de garantía en virtud de la cual, frente a la reclamación del acreedor, el garante no puede oponer frente al beneficiario las contingencias propias o relativas a la obligación principal subyacente; estaríamos, en este caso, frente a lo que se conoce como una garantía a primer requerimiento.

En mi opinión, la garantía objeto de este estudio responde a este último planteamiento. Estamos ante una garantía a primer requerimiento que, como tal, no permite al garante excepcionar frente al beneficiario cuestiones de ineficacia o de cumplimiento que provengan de la relación de valuta. Como se argumentará a continuación, la DA1ª LOE regula la responsabilidad del garante a partir de la no entrega de la vivienda en el plazo establecido, y siempre que el comprador-beneficiario haya reclamado primero al promotor la devolución de las cantidades anticipadas a cuenta del precio. Ni la imputabilidad del incumplimiento de la obligación de entregar la vivienda, ni la (im)procedencia de la resolución o cualquier otra causa relacionada con el cumplimiento de esta prestación, son cuestiones que deben materialmente enjuiciarse en este procedimiento[66]. Las reclamaciones cuyo objeto lo constituya cualquier cuestión relativa a la relación de valuta, deben plantearse en un procedimiento diferente al de la reclamación de la garantía (anterior o posterior).

Con anterioridad a la reforma de 2015, la doctrina del Tribunal Supremo asentada en la Sentencia de 7 de mayo de 2014[67] reconocía la autonomía de la garantía

---

65. Vid. al respecto las siguientes obras de carácter general: ALVENTOSA DEL RÍO, J., *La fianza: ámbito de responsabilidad*, Comares, Granada, 1988; CARRASCO PERERA, Á., *Fianza, accesoriedad y contrato de garantía*, La Ley, Madrid, 1991 o *Tratado de los Derechos de Garantía*, t. I, Thomson Reuters Aranzadi, Cizur Menor, 2022; GALICIA AIZPURUA, G., *Causa y garantía fiduciaria*, Tirant Lo Blanch, Valencia, 2012; GÓMEZ-BLANES, P., *El principio de accesoriedad en la fianza*, Thomson Aranzadi, Cizur Menor, 2008; GUILARTE ZAPATERO, V., «La fianza», *Comentario del Código Civil*, Ministerio de Justicia, t. II, Madrid, 1991; IMAZ ZUBIAUR, L., *Fianza: Accesoriedad, subsidiariedad y solidaridad*, Atelier, Barcelona, 2024; LÓPEZ SAN LUIS, R., «El principio de accesoriedad en la fianza solidaria», *Libro Homenaje al profesor Bernardo Moreno Quesada*, v. 2., coord. por HERRERA CAMPOS, Universidad de Granada, Universidad de Almería, Universidad de Jaén, 2000, pp. 987 y ss.; NAVAS NAVARRO, S., «La fianza», *Comentarios al Código Civil*, Lex Nova, Valladolid, 2010, pp. 1967 y ss.; PÉREZ ÁLVAREZ, M. A., *Solidaridad en la fianza*, Aranzadi, Pamplona, 1985; RUBIO GARRIDO, T., *Fianza solidaria, solidaridad de deudores y confianza*, Comares, Granada, 2001, o, CASTELLANOS CÁMARA S. y SANCHO MARTÍNEZ, L., «Fianza civil y Mercantil», *Tratado de Contratos*, t. IV (dir. por R. Bercovitz Rodríguez-Cano y coord. por N. Moralejo Imbernón, S. Quicios Molina y S. López Maza), Tirant Lo Blanch, Valencia, 2024, pp. 5092-5119.

66. ASUA GONZÁLEZ, C.I., «La visión jurisprudencial…», ob. cit., p. 12, «lo propio de estas garantías es que se fije su periodo de vigencia, la cantidad que puede cobrar el beneficiario (o un máximo dentro de cuyos márgenes pueda reclamarse) y los requisitos que deban acompañar a la reclamación (afirmación de incumplimiento, reclamación al deudor garantizado, requerimiento resolutorio, previa excusión de garantías, informes de terceros afirmando el incumplimiento, etc.). Lo determinante de la garantía autónoma es que, a salvo la *exceptio doli*, no proceden alegaciones sobre la *verdad de fondo* de extremos relativos a la relación de valuta».

67. A la que siguen SSTS 218/2015, de 22 de abril (ECLI:ES:TS:1534), y 9 de septiembre de 2015 (ECLI:ES:TS:2015:3748).

regulada por la Ley 57/1968, y establecía que, frente al requerimiento del comprador, el garante no podía oponer ninguna de las excepciones relativas a la obligación principal. El Tribunal Supremo unificaba, con esta decisión, el problema que planteaba el carácter divergente de las resoluciones de las distintas Audiencias Provinciales cuando debían resolver sobre la posibilidad o no de oponer la improcedencia de la resolución extrajudicial del contrato de compraventa, en procedimientos que se hubiesen instado únicamente contra la entidad garante.

El Tribunal Supremo basaba su criterio, fundamentalmente[68], en la referencia que la propia Ley hacía a que el incumplimiento de la obligación de entrega podía deberse a *cualquier causa* («*cuando el precepto establece que «por cualquier causa» no llegue a buen fin, está estableciendo un claro criterio objetivo en torno a la exigencia del aval, por lo que el avalista no podrá oponer los motivos de oposición que pudieran corresponderle al avalado, en base al art. 1853 del C. Civil. El art. 1 de la Ley 57/1968 regula la oposición del avalista como figura autónoma, por lo que una vez se acredita el incumplimiento tardío de la obligación garantizada por el aval, no podemos entrar en si la demora es excesiva o no, porque nada de ello permite al legislador que se oponga, ya que, incumplida la obligación de entrega, el avalista debe devolver las cantidades entregadas a cuenta, debidamente reclamadas. No puede situarse al avalista bajo el amparo del art. 1853 C. Civil, pues el art. 1 de la Ley 57/1968 condiciona la exigencia del importe del aval al «caso de que la construcción no se inicie o no llegue a buen fin por cualquier causa en el plazo convenido», resultando indiferente para el legislador que el retraso haya sido más o menos breve. Este pronunciamiento sobre la obligación de pago del avalista, se hace en base a que en el presente procedimiento solo se ha dirigido la acción contra la entidad de crédito. Tampoco se pidió, por tanto, la rescisión ni la resolución frente al promotor o vendedor*»).

Tras la reforma operada en el año 2015, la DA1ª LOE no se refiere a la *causa* del incumplimiento, y el título constitutivo de la garantía ha perdido su ejecutabilidad. Teniendo en cuenta la argumentación del Tribunal Supremo en la doctrina expuesta, ¿debería la supresión de la expresión *por cualquier causa* significar que la actual formulación legal incorpora la imputabilidad de la conducta como requisito esencial del supuesto de hecho de la garantía?[69]

Con carácter general, una respuesta positiva nos conduciría a concluir que, tras la reforma de 2015, no podemos afirmar que lo que regula la DA1ª LOE es una garantía a primer requerimiento; ya que sólo el incumplimiento imputable al deudor daría lugar a la reclamación frente al garante[70]. Se introduciría, así, la imputabilidad

---

68. Se hacía alusión también al carácter ejecutivo.

69. Así parecen entenderlo, aunque no se muestre conforme con la opción legislativa, REDONDO TRIGO, F., «Cantidades anticipadas por…», ob. cit., p. 124, o, STRUCH STRUCH, J., *La nueva regulación…*, ob. cit., pp. 61-63 y 69-71.

70. En opinión de, CARRASCO PERERA, Á., CORDERO LOBATO, E., MARÍN LÓPEZ, M., *Tratado de los…*, ob. cit., p. 507, «si la garantía se formula en términos de obligación de pago a pr. en caso de resolución, la garantía no puede ser autónoma, salvo que quede claro que basta la mera declaración de resolución hecha por el beneficiario».

como parte necesaria del incumplimiento que da lugar a la ejecución de la garantía (y en su caso, también, a la resolución del contrato[71]) solicitada por el comprador, y que se podría enjuiciar conjuntamente con la reclamación formalizada frente al garante (aunque la demanda no haya sido interpuesta contra el promotor y el garante al mismo tiempo).

No obstante, como se ha avanzado, por las razones que se indican a continuación, considero que la supresión de la referencia al incumplimiento *por cualquier causa* no debe llevarnos a concluir que la DA1ª LOE no contiene una garantía a primer requerimiento en el sentido avanzado con anterioridad. Tras la reforma, se mantienen intactas las características sobre las que se sostiene este régimen específico de pago, y que son las siguientes:

1) No encontramos en toda la redacción de la DA1ª LOE ninguna referencia a la culpa (u otro criterio de imputabilidad) del deudor que nos lleve a concluir que sólo el incumplimiento imputable presupone el supuesto de hecho de la garantía; como tampoco la hay para deducir que sólo en estos casos es posible instar la resolución del contrato que da lugar a la restitución de las cantidades. La DA1ª LOE ni siquiera emplea el término «incumplimiento» para definir la conducta del deudor que, en un sentido más relativo del término, pudiera relacionarse con la imputabilidad[72] [tal y como ocurre con la regulación relativa a otros medios con los que cuenta el acreedor frente al incumplimiento; entre otros, la mora (art. 1100 CC) o la indemnización de los daños y perjuicios (art. 1101 CC)] [73].
La resolución que el artículo 1124 CC regula como uno de los remedios posibles frente al incumplimiento, no exige que la conducta del deudor tenga que ser imputable. Jurisprudencialmente, aun cuando la cuestión relativa a la exigencia de la conducta *dolosa* o *meramente imputable* no

---

71. Hay quien considera, en cambio, que la imputabilidad con respecto a la obligación de entrega de la vivienda carece de relevancia; pues estamos ante una obligación dineraria, a la que no resultan aplicables los artículos 1182 y ss. CC. En este sentido, CARRASCO PERERA, Á., CORDERO LOBATO, E., GONZÁLEZ CARRASCO, M. C., *Derecho de la…*, ob. cit., p. 498, entienden que «los aseguradores o fiadores no pueden alegar la concurrencia de un caso fortuito que imposibilitara el cumplimiento de la obligación de entrega de la vivienda, pues no es ésta la obligación cuyo cumplimiento garantizan, sino la de devolver dinero que, como tal, no está sujeta a las causas de exoneración de los artículos 1182 y 1184 CC». En términos similares DOMÍNGUEZ ROMERO, J., *La recuperación de las cantidades anticipadas por el adquiriente de vivienda en construcción*, Tirant Lo Blanch, Valencia, 2010, p. 63.

72. BUSTILLO SAIZ, M. M., *Sobre la atipicidad…*, ob. cit., p. 269, para quien la imputabilidad de la conducta es esencial al incumplimiento al que se refiere el artículo 68 LCS, entre otras razones, porque «así se deduce, por un lado, de las modificaciones constatadas en el proceso de elaboración de la norma, que vio sustituido el término amplio de falta de cumplimiento, comprensivo de cualquier causa que lo provoque incluidos por ello los supuestos de inimputabilidad de la infracción del crédito, por el de incumplimiento, que alude literalmente a la imputabilidad de dicho incumplimiento al deudor, del que por ello resulta responsable». Cosa que, como se ha señalado en el texto, no ocurre con la DA1ª LOE.

73. MORALES MORENO, A., «La noción unitaria de incumplimiento en la Propuesta de Modernización del Código Civil», *Estudios sobre incumplimiento y resolución* (dir. por. I. González Pacanowska y C. L. García Pérez), Thomson Reuters Aranzadi, Navarra, 2014, pp. 26-31; DÍEZ-PICAZO, L., *Fundamentos del Derecho…*, II, ob. cit.

encuentra una propuesta unificada y constante en la doctrina del Tribunal Supremo, nada ha impedido que, en los casos de *imposibilidad sobrevenida* (no imputable) de la prestación, se haya declarado la resolución del contrato. El incumplimiento que da pie a la resolución engloba cualquier conducta que suponga no ejecutar o contravenir el contenido contractual, con independencia de si el no cumplimiento de la prestación se debe o no a una conducta imputable al deudor.

La Ley únicamente exige que el beneficiario reclame extrajudicialmente la devolución de las cantidades primero al promotor (lo cual equivale a la resolución extrajudicial del contrato de compraventa). En este sentido, conforme a la doctrina jurisprudencial, no es obligatoria la previa declaración judicial de resolución del contrato que sirva de soporte a la discusión de fondo sobre el incumplimiento de la obligación de entrega del promotor y la procedencia de la resolución. Como tampoco lo es que la demanda judicial se dirija contra el garante y el promotor simultáneamente [SSTS 476/2013, de 3 de julio (ECLI:ES:TS:2013:3876); 218/2014, de 7 de mayo (ECLI:ES:TS:2014:2391]. Ello supondría desvirtuar la eficacia de la garantía a primer requerimiento: si se demandara conjuntamente a ambos[74] se podrían discutir, más allá de la prueba líquida (sin limitación de prueba), en el mismo procedimiento de ejecución de garantía, cuestiones relativas al cumplimiento de la obligación principal (entregar la vivienda en el plazo establecido)[75].

2) La DA1ª LOE establece que el tiempo es un elemento esencial del programa contractual. Más allá de que la naturaleza esencial del plazo se incorpore al contrato para dar respuesta a un concreto interés subjetivo del comprador en que la vivienda se concluya en un determinado plazo, dentro del régimen articulado por la DA1ª LOE, lo que la esencialidad parece sugerir es que, si el promotor ha recibido por adelantado cantidades a cuenta del precio, debe *legalmente* cumplir con el plazo de la obligación. De manera que, únicamente, el comprador que admita transigir con una prórroga evitará que se pueda solicitar la resolución del contrato.

Una vez establecido el plazo de entrega de la vivienda (lo que normalmente responde a la propuesta del promotor), éste asume la realización y consecución, *en tiempo*, de todas las gestiones necesarias que conduzcan a la entrega de la vivienda. En este sentido, además de los deberes de prestación asumidos por el promotor (obtención de los materiales, proyecto, dirección y ejecución de la obra, solicitud de autorizaciones administrativas…), éste

---

74. Algo que, paradójicamente, pese a la doctrina del Tribunal Supremo, no es poco habitual en la práctica judicial [SSTS 476/2013, de 3 de julio de 2013 (ECLI:ES:TS:2013:3876); 778/2014, de 20 de enero de 2015 (ECLI:ES:TS:2015:429); 256/2019, de 7 de mayo (ECLI:ES:TS:2019:1440)].

75. ASUA GONZÁLEZ, C. I, «La visión jurisprudencial…», ob. cit., p. 25. Asimismo, CARRASCO PERERA, Á., CORDERO LOBATO, E. y MARÍN LÓPEZ, M., *Tratado de los*…, ob. cit., pp. 514 y 648; MARIMÓN DURÁ, R., «La garantía independiente…», ob. cit., p. 227.

también hace suyo el riesgo de que no llegue a alcanzarse el resultado garantizado en el plazo establecido, aunque la causa no le sea imputable[76].

3) La norma, tanto para el seguro de caución como para el aval, exige que el beneficiario *requiera de manera fehaciente al promotor para la devolución de las cantidades*, y que éste *en el plazo de treinta días no haya procedido a su devolución*. El requerimiento fehaciente[77] al promotor y la constancia de que no se ha procedido a la devolución son suficientes para exigir al garante el abono de las cantidades.

El hecho de que, además del requerimiento al promotor, la DA1ª LOE se refiera a la responsabilidad del avalista como solidaria, no es obstáculo para defender que estamos ante un supuesto legal de garantía a primer requerimiento (puede considerarse superfluo o innecesario, aunque sea bastante habitual)[78]. El requerimiento previo al promotor es necesario para que comience a computar el plazo de treinta días que le otorga la Ley para proceder a la devolución; a partir de este momento no es más que una obviedad que el beneficiario puede dirigir su reclamación, indistintamente, contra el promotor o el garante.

Para dejar constancia del incumplimiento de la obligación de devolución, bastará con que el beneficiario aporte el documento que evidencie que, en la forma contractualmente estipulada, el promotor no ha procedido a su devolución. Así, por ejemplo, si la devolución debía hacerse mediante ingreso en una cuenta bancaria del beneficiario, bastará con que se aporte una copia de operaciones de la cuenta, emitida por la entidad financiera corres-

---

76. MORALES MORENO, A., «La noción unitaria...», ob. cit. p. 37. El autor, siguiendo las interesantes puntualizaciones que realiza KÖTZ, puntualiza que «en el momento de la celebración del contrato cada contratante tiene la oportunidad de comprobar si puede ser cumplida la prestación y puede asumir, conforme al contrato, una garantía de ello, de la que, de existir, no se puede exonerar, probando que en ese momento no conocía los obstáculos al incumplimiento, y que su desconocimiento no le era imputable. No olvidemos que la dificultad proviene de que la asunción de la garantía esté conectada al juego (más o menos objetivado) de la autonomía de la voluntad. Además de los ejemplos anteriores, KÖTZ señala otros: la garantía del empresario de la construcción en cuanto a la fecha de terminación de la obra, o la referente a la existencia del cargamento vendido, o que la cosa transmitida tiene determinadas cualidades o está libre de determinados defectos». En el caso que nos ocupa, el contenido contractual de la garantía, vendría impuesto por el carácter imperativo de la DA1ª.

77. En el Diccionario de la Lengua Española, son sinónimos del término fehaciente: fidedigno, irrefutable, irrebatible, evidente, indiscutible, cierto, obvio (https://dle.rae.es/fehaciente?m=form). Por lo que bastará con demostrar que el requerimiento de pago ha sido realizado y recibido, para dar por cumplido este requisito. Según la OCU, se consideran medios fehacientes de notificación, por permitir dar a conocer tanto el contenido, como el emisor y receptor de la notificación: la carta entregada en mano y cuya copia se firma por el receptor; el telegrama con acuse de recibo; el burofax con acuse de recibo y certificación del texto, o el conducto notarial. No lo son, en cambio, los sms, el whatsapp... (https://www.ocu.org/consumo-familia/derechos-consumidor/consejos/notificacion-fehaciente).

78. ASUA GONZÁLEZ, C., «La visión jurisprudencial...», ob. cit., p. 23; CARRASCO PERERA, Á., CORDERO LOBATO, E., MARÍN LÓPEZ, M., *Tratado de los...*, ob. cit., pp. 506-507.

No parece tener la misma opinión, STRUCH STRUCH, J., *La nueva regulación...*, p. 71, para quien, tras la reforma, se establece una solidaridad no uniforme, en tanto se requiere la reclamación previa al promotor.

pondiente, en la que conste que, transcurridos treinta días desde el requerimiento, el promotor no ha hecho efectiva la devolución. En cualquier caso, lo que debe quedar claro es que, tratándose de una garantía a primer requerimiento, la aportación de estos documentos no puede dar lugar a la apertura en el proceso de ningún tipo de diligencia que tenga por objeto la valoración (o enjuiciamiento) de su contenido. El juez podrá admitir o no los documentos que acompañan a la demanda, en función de si los considera o no suficientes como para constatar la existencia de los requisitos exigidos por la Ley para la ejecución de la garantía, pero lo que no podrá es hacer cuestión de fondo del asunto.

Es cierto que, con anterioridad a establecer los requisitos documentales que se precisan para la ejecución de la garantía, la DA1ª LOE se refiere al otro incumplimiento (el de la obligación de entregar la vivienda) que, junto con la devolución de las cantidades, constituye la base o supuesto de hecho de la garantía[79]. Pero en este último caso, nada se establece con respecto a la necesidad de probar la concurrencia de tales hechos[80] (la mínima apertura de la prueba socavaría la naturaleza de su configuración como garantía a primer requerimiento). Una cosa es que se aluda al incumplimiento o a que el beneficiario tenga que expresar la razón por la que solicita la devolución, y otra distinta que se pueda discutir o aportar prueba en contra dichos motivos[81].

---

79. Resulta lógico entender que, si la garantía (a primer requerimiento o no) está prevista para los casos de incumplimiento de la obligación principal, dicho incumplimiento forme parte del supuesto de hecho de la garantía. Es intrínseco a la naturaleza accesoria de la garantía que el deudor no cumpla con la prestación a la que se ha obligado, «con independencia del molde de responsabilidad» que se establezca (IMAZ ZUBIAUR, L., *Fianza: accesoriedad, subsidiariedad...*, ob. cit., pp. 120-121). En la garantía a primer requerimiento lo relevante no es que la reclamación se haga por referencia a dicho incumplimiento, sino si se puede o no contradecir. Si la garantía es a primer requerimiento, no debe hacerse. En este sentido, ASUA GONZÁLEZ, C. I., «La visión jurisprudencial...», ob. cit., pp. 12-13 y 22-23; MARIMÓN DURÁ, R. «La garantía independiente...», ob. cit., pp. 227-229; CARRASCO PERERA Á., CORDERO LOBATO, E., MARÍN LÓPEZ, M., *Tratado de los...*, ob. cit., pp. 504-506.

80. En relación con el régimen establecido por la Ley 57/1968, STRUCH STRUCH, J., «La nueva regulación...», ob. cit., p. 70: lo que debía aportarse era el «documento fehaciente que integraba el título ejecutivo y que podía consistir en cualquier documento fidedigno o que diera fe de la no iniciación de las obras o no entrega de la vivienda como, por ejemplo, un certificado del Ayuntamiento correspondiente o un acta notarial». En términos similares, TIRADO SUÁREZ, F. J., «Estudio sobre el carácter ejecutivo de la póliza de seguros de caución de cantidades anticipadas para la construcción de viviendas», *Problemas actuales de la justicia* (coord. por V. M. Moreno Catena), Tirant Lo Blanch, 1988, pp. 597-604.

81. ASUA GONZÁLEZ, C. I., «La visión jurisprudencial...», ob. cit., pp. 22-23.

En lo que hace a la garantía que aquí se estudia, defienden una postura contraria: GONZÁLEZ CARRASCO, M. C., «Garantías por cantidades...», ob. cit., para quien la imposibilidad de oponer cuestiones que estén relacionadas con el incumplimiento de la obligación principal de entrega (el carácter no esencial del retraso, por ejemplo), no se debe a que estamos ante una garantía a primer requerimiento, sino a que la obligación garantizada es, simplemente, la obligación de restituir las cantidades anticipadas. En opinión de la autora, en cualquier caso, el comprador debe acreditar la falta de inicio o finalización a la fecha prevista, junto con el requerimiento fehaciente hecho al promotor, y el transcurso de los treinta días. En el mismo sentido, con relación al régimen establecido por la derogada Ley 57/1968,

Sentado, por consiguiente, que nos encontramos ante una garantía (seguro de caución o aval) *a primer requerimiento*, restaría por determinar qué excepciones puede oponer el garante frente a la reclamación del beneficiario y qué otras, por el contrario, quedan excluidas.

En lo que hace a las excepciones (in)oponibles por el garante frente al beneficiario, y siguiendo la clasificación propuesta por la doctrina más destacada[82], se diferencian los siguientes tipos de excepciones:

1) Las excepciones relativas a la relación subyacente y las relativas a la garantía por relación a ésta. En las garantías a primer requerimiento ningún aspecto que guarde relación con la obligación principal puede ser opuesto frente al beneficiario. Razón por la cual, en el procedimiento judicial en el que el beneficiario requiera el cumplimiento de la obligación garantizada (la devolución de las cantidades) no se podrá discutir sobre cuestiones de fondo que atañen al cumplimiento de la obligación principal; tales como, por ejemplo, la inimputabilidad del incumplimiento, la improcedencia de la resolución, la determinación del plazo de entrega de la vivienda o los requisitos contractuales relativos a la entrega misma. La única excepción admisible por relación a estas circunstancias es la relativa a la excepción de abuso de derecho o fraude por parte del beneficiario (*exceptio doli*), que analizaremos con posterioridad.

2) Las excepciones entre el garante y el deudor; en concreto, tal y como especifica la DA1ª dos.1.e LOE en relación con el seguro de caución, el impago de la prima del seguro por parte del tomador (promotor). Estas excepciones no son oponibles frente al beneficiario, pero su inoponibilidad no es una consecuencia propia del carácter autónomo o no de la garantía, sino que responde a la regla general que asienta la eficacia relativa del contrato.

3) Las excepciones propias del garante por su relación con el beneficiario (comprador). Al contrario que las anteriores, este tipo de excepciones sí pueden oponerse por el garante frente a la reclamación del beneficiario. Si

---

CARRASCO PERERA, Á., CORDERO LOBATO, E. y GONZÁLEZ CARRASCO, M. C., *Derecho de la Construcción…*, ob. cit., pp. 602-603, para quienes, no obstante, nada impide que el propio garante otorgue a la garantía la naturaleza de garantía a primer requerimiento, y responda frente a la mera reclamación del beneficiario «sin necesidad de probar la veracidad de los hechos en los que se funda la reclamación»; DÍEZ SOTO, C. M. «Cantidades anticipadas en la compraventa de vivienda y concurso del promotor», *Tratado de la compraventa. Homenaje al profesor Rodrigo Bercovitz*, t. II, Aranzadi, Cizur Menor, 2013, pp. 969-970, para quien, conforme al régimen derogado, la resolución y sus causas podían ser opuestas por el garante cuando la restitución de las cantidades se demandase en el marco del proceso declarativo. Si, por el contrario, «la vía utilizada por el comprador para dirigirse frente al tercero garante es la del juicio ejecutivo al que se refiere el art. 3.2 de la Ley 57/1968 y, a estos efectos, no es fácil determinar si, tal como aparece legalmente configurado el acceso a esta vía, y teniendo en cuenta la estricta limitación de las causas de oposición a la ejecución que se deriva de los arts. 557 y 559.1 LEC, existen términos hábiles para que el tercero demandado pueda oponer la falta previa de resolución del contrato».

82. CARRASCO PERERA, Á., CORDERO LOBATO, E. y MARÍN LÓPEZ, M., *Tratado de los…*, ob. cit., pp. 492-493; ASUA GONZÁLEZ, C. I., «La visión jurisprudencial…», ob. cit., pp. 26-29; AÑÓN CALVETE, J., «Características de la…», ob. cit., pp. 30-31.

bien es verdad que, en el tipo de relaciones que quedan cubiertas por la garantía que aquí se estudia, creo que es poco plausible su concurrencia (cabría, por ejemplo, pensar en la posibilidad de recurrir a la compensación cuando el beneficiario, a su vez, fuese deudor del banco que hubiera prestado el aval[83]).

4) Las excepciones propias de la garantía que estén relacionadas con las causas de invalidez de la propia garantía, con sus elementos configuradores o con los presupuestos de reclamación. Está en la conceptualización de las garantías a primer requerimiento[84] la posibilidad del garante de oponer cualquiera de estas causas frente al requerimiento de pago hecho por el beneficiario. En concreto, en lo que hace a la garantía por cantidades anticipadas, el garante podrá oponerse a la devolución cuando ésta se solicite con fundamento en un tipo de incumplimiento distinto al que constituye el riesgo cubierto por la garantía (esto es, cualquier incumplimiento distinto al de la no iniciación de la obra o al de la entrega de la vivienda fuera de plazo). También podrá hacerlo cuando el comprador reclame al garante una cantidad superior a la suma recogida en el contrato en concepto de anticipo(s) del precio; sin que, por el contrario, pueda el garante limitar cuantitativamente su responsabilidad aludiendo a que en el negocio de garantía la cantidad cubierta es inferior a la señalada en el contrato de compraventa (en este sentido, el contenido de la DA1ª LOE tiene carácter imperativo). Como, del mismo modo, y por relación a los presupuestos de reclamación prefijados en la DA1ª LOE, el garante puede oponer la falta de requerimiento previo al promotor, que no hayan transcurrido los treinta días que la Disposición otorga al promotor para el cumplimiento de la restitución, o, aunque no se recoge expresamente en la norma como presupuesto de reclamación, que no se haya acreditado el efectivo adelanto de las cantidades contractualmente señaladas.

Como hemos señalado antes, al margen de las excepciones relativas al contrato de seguro o al aval ahora enumeradas, la única vía posible de oposición relacionada con la obligación principal es la excepción de abuso de derecho o fraude por parte del beneficiario (*exceptio doli*). En este contexto sólo pueden emerger los casos en los que la excepción de la falta de derecho del beneficiario (comprador) se sustente en una «prueba líquida»[85], esto es, aquellos que de «manera incontrovertible, segura, irrefutable y de inmediata interpretación»[86] permiten constatar que el beneficiario ha procedido abusivamente. No existe ni en la legislación ni en la

---

83. Sobre la discusión doctrinal existente en relación con la (in)oponibilidad de las excepciones personales que el garante pudiera tener contra el beneficiario, en especial, la compensación, consultar por todos a: ASUA GONZÁLEZ, C. I., «La visión jurisprudencial...», ob. cit., pp. 28-29.

84. ASUA GONZÁLEZ, C. I., «La visión jurisprudencial...», ob. cit., p. 35.

85. DÍEZ-PICAZO, L., *Fundamentos del Derecho...*, II, ob. cit., p. 535; BUSTILLO SAIZ, M. M., *Sobre la atipicidad...*, ob. cit., p. 133.

86. ASUA GONZÁLEZ, C. I., «La visión jurisprudencial...», ob. cit., p. 31.

jurisprudencia una enumeración o determinación de los criterios que nos permitan delimitar el tipo de documentos o situaciones que respondan a estos cánones; a nivel doctrinal se habla de hechos notorios, sentencias o laudos arbitrales anteriores a la reclamación frente al garante[87].

Lo que no da lugar a duda es que, para la preservación de la esencia de las garantías a primer requerimiento, en ningún caso la *exceptio doli* puede presuponer la apertura de ningún periodo de prueba que permita el enjuiciamiento de cuestiones no revisables (oponibles) en el procedimiento de la garantía. La admisión de la apertura de un mínimo periodo de prueba desplazaría la naturaleza de la garantía a primer requerimiento hacia un modelo en el que, si bien las causas de excepción están limitadas, el garante sí podría alegar determinadas cuestiones relativas a la obligación de valuta. Asimismo, la virtualidad de la garantía a primer requerimiento puede perderse cuando en el procedimiento se tramitan conjuntamente cuestiones relativas a la relación de valuta y a la garantía, al haber demandado el beneficiario tanto al deudor como al garante.

En el ámbito de las garantías por cantidades anticipadas para la adquisición de una vivienda en construcción, el abuso de derecho por parte del beneficiario podría llegar a apreciarse en los siguientes casos: cuando el comprador, en contra de sus propios actos, solicita la devolución de las cantidades anticipadas ante el promotor (primeramente) o el garante sin haber instado antes la resolución y estando ahora la vivienda en disposición de ser entregada fuera de plazo, cuando sea manifiesto el cumplimiento legítimo por parte del promotor de cualquiera de las dos prestaciones (más probablemente, la de la devolución de las cantidades)[88] o cuando, habiéndose incluido en el contrato una cláusula adicional que prorrogue la fecha de entrega (a la que el garante no se ha sumado), el comprador inste la ejecución de la garantía antes de que transcurra el tiempo de prórroga nuevamente acordado.

Más dudoso resulta, por el contrario, que se pueda paralizar la solicitud del comprador sobre la base del incumplimiento no imputable del deudor. Pues, como aquí se ha argumentado, o bien es manifiesto que el incumplimiento se deriva exclusivamente de actos que conciernen al comprador, o bien la irrefutable prueba de la inimputabilidad del deudor va a estar muy limitada si se tiene en cuenta la naturaleza esencial del plazo en la obligación de entrega asumida por el promotor.

Se desconoce, en este sentido, cuál es el alcance de los límites que en la práctica judicial se imponen a la admisión de la *exceptio doli* en relación con las exigencias propias de la prueba líquida; en aquellos casos en los que considero que podría haber

---

87. Para una lectura más detallada de los supuestos y requisitos descritos en el texto: CARRASCO PERERA, Á., CORDERO LOBATO, E. y MARÍN LÓPEZ, M., *Tratado de los…*, ob. cit., pp. 512-516; MARIMÓN DURÁ, R., «La garantía independiente…», ob. cit., pp. 247-250; CABREJAS GUIJARRO, M. M., «Delimitación entre un aval a primer requerimiento y una fianza solidaria con cláusula de pago a primer requerimiento», *Revista CEFELEGAL*, n° 147, abril 2013, p. 166; ANGULO RODRÍGUEZ, L., «Panorama de encuadre de las garantías personales atípicas», *Estudio de Derecho Mercantil en homenaje al profesor Manuel Broseta Pont*, Tirant Lo Blanch, v. I, 1995.p. 25; DÍEZ-PICAZO, L., *Fundamentos del Derecho…*, II, ob. cit.,, pp. 534-535, o ASUA GONZÁLEZ, C. I., «La visión jurisprudencial…», ob. cit., p. 30.

88. En este caso también cabría oponer la cancelación cuando el promotor haya hecho entrega de la vivienda, aun fuera de plazo (DA1ª cinco).

sido admitida —conducta abusiva del comprador que solicita la devolución, una vez la vivienda está finalizada, y aun habiendo asumido conductas propias de un propietario—, la virtualidad de la garantía a primer requerimiento queda neutralizada al interponer el comprador la demanda, conjuntamente, frente al promotor y la entidad garante [SSTS 778/2015, de 20 de enero (ECLI:ES:TS:2015:429) y 256/2019, de 7 de mayo (ECLI:ES:TS:2019:1440)]. En los pocos casos en los se actúa exclusivamente contra el garante y el Tribunal Supremo admite el ejercicio abusivo del derecho por parte del comprador, lo que en realidad ocurre es que no se cumple con uno de los principales elementos configuradores de la garantía: el riesgo cubierto. En estos supuestos el promotor no ha incumplido con su obligación de entregar la vivienda en el plazo establecido, sino que es la escrituración lo que ha quedado aplazado por la dejadez imputable a ambas partes contractuales [SSTS 547/2017, de 10 de octubre (ECLI: ES:TS: 2017:3611); 516/2018, de 20 de septiembre (ECLI:ES:TS: 2018:3187)].

VII. ¿PUEDEN EL GARANTE Y EL PROMOTOR RECUPERAR LAS CANTIDADES ABONADAS?

Reconocida la naturaleza *a primer requerimiento* de la garantía objeto de estudio, se procede a continuación a esbozar, en líneas generales, los efectos que conlleva el pago realizado por el garante en favor del beneficiario.

1. Recuperación por parte del garante de las cantidades abonadas al beneficiario

El garante *solvens* cuenta con dos vías para recuperar las cantidades que ha pagado al beneficiario, tras haber ejecutado éste la garantía.

1) El garante podrá activar la vía de regreso contra el deudor para recuperar las cantidades que ha abonado al beneficiario. Para el seguro de caución, el régimen del regreso se recoge en el apartado j de la DA1ª. dos.1 LOE. Conforme a dicho apartado, *el asegurador podrá reclamar al promotor-tomador las cantidades satisfechas a los asegurados a cuyo efecto se subrogará en los derechos que correspondan a éstos*[89]. Nada dice, en cambio, la DA1ª LOE sobre el alcance de la vía de regreso del avalista frente al deudor. Por lo que debemos entender que le son aplicables los artículos 1838 y 1839 CC, relativos al

---

89. Con carácter general el artículo 68 LCS establece que, *por el seguro de caución el asegurador se obliga, en caso de incumplimiento por el tomador del seguro de sus obligaciones legales o contractuales, a indemnizar al asegurado a título de resarcimiento o penalidad los daños patrimoniales sufridos dentro de los límites establecidos en la Ley o en el contrato. Todo pago hecho por el asegurador deberá serle reembolsado por el tomador del seguro.*

GONZÁLEZ CARRASCO, M. C., «Las garantías de…2, ob. cit., p. 862, en opinión de quien la DA1ª LOE no regula una garantía a primer requerimiento, por efecto de la subrogación el deudor (promotor) podrá oponer (y con ello perjudicar) al garante las excepciones que al comprador no hubiera opuesto el asegurador.

regreso del fiador. Tanto la compañía aseguradora como el avalista, por tanto, cuentan en la vía de regreso con las garantías y privilegios que tenía el crédito del beneficiario contra el deudor, por efecto de la subrogación[90].

A diferencia de lo que ocurre con la fianza en general, tratándose como se trata la garantía que ahora se estudia de una garantía a primer requerimiento, lo importante es asentar que tampoco en la vía de regreso podrá el deudor oponer frente al garante las excepciones que guarden relación con la obligación de valuta[91]; ciertamente, el deudor no deberá repetir lo pagado en la vía de regreso, únicamente, en aquellos casos en lo que el garante, teniendo la oportunidad de hacerlo, no se haya opuesto al pago con fundamento en la falta de alguno de los presupuestos legalmente previstos para la reclamación de la garantía, para la cancelación de la garantía, o en cualquiera otra causa que, en su caso, fundamente la *exceptio doli*[92].

2) El garante podrá reclamar al beneficiario en un procedimiento posterior. En este punto, considero —siguiendo a destacada aunque minoritaria doctrina[93]—

---

90. Aplicado a la garantía que aquí se estudia, nos inspiramos en GALICIA AIZPURUA, G., «El derecho de regreso del fiador *solvens*: régimen sustantivo y clasificación concursal», *Anuario de Derecho Civil*, I, 2023, pp. 55-56, al concluir que «el fenómeno subrogatorio, a pesar de la letra del artículo 1212 CC (norma extraña introducida de forma sorpresiva en el Anteproyecto de 1882-1888), no comporta la subsistencia del crédito pagado, puesto que así lo demuestran los antecedentes históricos, la ubicación sistemática de la figura y una interpretación armónica conjunta de las normas concernidas. Por tanto, el fiador-gestor *solvens* no dispone de dos vías para recuperar lo pagado, sino de una sola: la acción de reembolso del artículo 1838 CC ataviada con las garantías y privilegios en los que se haya subrogado. Tal y como afirma la STS de 25 mayo 2012, el fiador, «*una vez cumple la prestación debida por su afianzado, está facultado ex lege para recuperar, en vía de regreso, lo que haya pagado. Dispone para ello de la acción de reembolso por la cantidad total de la deuda, en cuyo ejercicio el artículo 1839 del Código civil —en relación con los artículos 1210 CC, regla tercera, y 1838 CC, regla primera, del mismo texto legal— le favorece, al mandar que sea considerado como subrogado en la posición del acreedor satisfecho, con el fin de permitirle que se beneficie de la antigüedad del crédito garantizado y de sus privilegios, preferencias y garantías*».

91. ASUA GONZÁLEZ, C. I., «La visión jurisprudencial…», ob. cit., p. 38

92. En este caso, tal y como afirma ASUA GONZÁLEZ, C. I., «La visión jurisprudencial…», ob. cit., p. 39, «si el ordenante cuestiona el regreso no puede evitarse un *juicio* sobre el eventual éxito de la *exceptio doli*». Cuestión distinta es la relativa a si el garante está obligado o no a interponer al *exceptio doli* frente a la reclamación de comprador.

93. La mayoría de la doctrina se inclina por la postura contraria; admitiendo, con carácter excepcional, la legitimación del garante para proceder contra el beneficiario cuando la vía de regreso no sea posible (BUSTILLO SAIZ, M. M., *Sobre la atipicidad…*, ob. ci., pp. 184 y ss.) o, cuando el deudor fuese insolvente (NÚÑEZ ZORRILLA, M. C., *La problemática actual de las denominadas garantías independientes o autónomas*, Marcial Pons, Madrid, 2001, pp. 280-283).

Para un análisis en profundidad de las garantías a primer requerimiento como fórmulas contractuales atípicas, o sobre su compatibilidad con otras garantías como, por ejemplo, el seguro de caución, vid. CAMACHO DE LOS RÍOS, F. J., *El seguro de caución*, ob. cit., pp. 49-149; MARIMÓN DURÁ, R., «La garantía independiente o a primer requerimiento», *Las garantías en el Derecho mercantil: problemática actual*», coord. Por Marqués Mosquera y De La Camara Entrena, *Cuadernos de Derecho y* Comercio, Fundación Notariado, 2021, pp. 234-237; CARRASCO PERERA, Á., CORDERO LOBATO, E., MARÍN LÓPEZ, M., *Tratado de los…*, ob. cit., pp. 475-524 y 599-614; BUSTILLO SAIZ, M. M., *Sobre la atipicidad…*, ob. cit.; BARRÉS BENLLOCH, M. P., *Régimen jurídico del seguro de caución*, Aranzadi, 1996; ESTRADA ALONSO, Eduardo, *Las garantías abstractas en el tráfico mercantil*, Civitas, Madrid, 2000; NÚÑEZ

que, en el ordenamiento español, para hablar de garantías a primer requerimiento no es obligatorio sostener su naturaleza sobre la imposibilidad de hacer valer, en un procedimiento posterior, la improcedencia de fondo de la reclamación. Se puede admitir un modelo de garantía en el que la clave de la diferencia con respecto al modelo típico de la fianza (la falta de accesoriedad) sea únicamente provisional[94], sin perjuicio de que, mediante pacto expreso, pueda también diseñarse una garantía no accesoria en términos absolutos[95].

El esquema regulado por la DA1ª LOE respondería, en mi opinión, a lo que se conoce como fórmula de pago *solve et repete*, conforme a la cual se desplazan sobre el deudor (o el garante) los costes de un procedimiento (*ad hoc*) cuyo objeto es la reclamación del pago que se considera improcedente por cuestiones de fondo relacionadas con la obligación subyacente[96].

2. Acción del promotor frente al comprador por relación a contingencias propias de la relación subyacente

Aunque el comprador haya recuperado las cantidades anticipadas a cuenta del precio, nada obsta para que el promotor inicie un procedimiento que tenga por objeto enjuiciar la procedencia o improcedencia de la resolución del contrato por parte del comprador, y que ha dado lugar a la consiguiente restitución por el garante (acción contractual de cumplimiento). Si llegase a estimarse la solicitud, esto es, declarada la improcedencia de la resolución y condenado el comprador a cumplir con su prestación, deberá éste efectuar el pago total del precio de compra estipulado. Se incluirán en el precio, obviamente, las cantidades recuperadas, todo ello sin perjuicio de la indemnización por daños que se estime aprobar por incumplimiento[97].

ZORRILLA, M. C., *La problemática actual...*, ob. cit, o CERDÁ OLMEDO, M., *Garantía independiente*, Editorial Comares, Granada, 1991.

94. CARRASCO PERERA Á., CORDERO LOBATO, E. y MARÍN LÓPEZ, M., *Tratado de los...*, ob. cit., p. 501, para quienes, «todas las obligaciones de pago (la del comprador, inquilino, prestatario, etc.) pueden ser pactadas a pr., y es claro que ello no comporta que el tipo contractual correspondiente deje de ser el que es para convertirse en un contrato de garantía atípico».

95. ASUA GONZÁLEZ, C. I., «La visión jurisprudencial...», ob. cit., pp. 40-41, y CARRASCO PERERA, Á., CORDERO LOBATO, E. y MARÍN LÓPEZ, M., *Tratado de los...*, ob. cit., pp. 516-518.

96. CARRASCO PERERA, Á., CORDERO LOBATO, E. y MARÍN LÓPEZ, M., *Tratado de los...*, ob. cit., p. 487, «lo que comporta la cláusula de pago a primer requerimiento no es una simple inversión de la carga de la prueba del cumplimiento/incumplimiento, sino una inversión de los costes de pleitear, que se trasladan al garante o al deudor, que deberán reclamar ex post, una vez que el beneficiario tenga el dinero en su poder, merced a que la cláusula conduce al *solve et repete* (así, correctamente SAP Madrid, secc. 20ª, 16 de julio 1998*)*»; en términos similares, ANGULO RODRÍGUEZ, L., «Panorama de encuadre de las garantías personales atípicas», *Estudio de Derecho Mercantil en homenaje al profesor Manuel Broseta Pont*, Tirant Lo Blanch, v. I, 1995, p. 26.

97. CARRASCO PERERA, Á., CORDERO LOBATO, E. y MARÍN LÓPEZ. M., *Tratado de los...*, ob. cit., pp. 497-498.

VIII. ÍNDICE DE LAS RESOLUCIONES CITADAS

Sentencias del Tribunal Constitucional

— STC 152/1988, de 20 de julio (BOE núm. 23, 24 de agosto de 1988)
— STC 15/1989, de 26 de enero (BOE núm. 43, de 20 de febrero de 1989)
— STC 80/2018, de 5 de julio (BOE núm. 189, de 5 de julio de 2018)
— STC 16/2018, de 22 de febrero (BOE núm. 72, de 22 de marzo de 2018)
— STC 32/2018, de 10 de abril (BOE núm. 124, de 21 de mayo de 2018)
— STC 43/2018, de 26 de abril (BOE núm. 130, de 28 de mayo de 2018)

Resoluciones del Tribunal Supremo

— STS 222/2001, de 8 de marzo (ECLI:ES:TS:2001:1841)
— STS 1024/2004, de 18 de octubre (ECLI:ES:TS:2004:6576)
— STS 1284/2006, de 20 de diciembre (ECLI:ES:TS:2006:7973)
— STS 812/2007, de 9 de julio (ECLI:ES:TS:2007:5011)
— STS 456/2011, de 14 de junio (ECLI:ES:TS:2011:4263)
— STS 497/2011, de 12 de julio (ECLI:ES:TS:2011:4850)
— STS 706/2011, de 25 de octubre (ECLI:ES:TS:2011:6847)
— STS 679/2012, de 16 de noviembre (ECLI:ES:TS:2012:7798)
— STS 731/2012, de 10 de diciembre (ECLI:ES:TS:2012:8161)
— STS 221/2013, de 11 de abril (ECLI:ES:TS:2013:2254)
— STS 476/2013, de 16 de julio (ECLI:ES:TS:2013:3876)
— STS 540/2013, de 13 de septiembre (ECLI:ES:TS:2013:4496)
— STS 778/2014, de 20 de enero (ECLI:ES:TS:2015:429)
— STS 77/2014, de 3 de marzo (ECLI:ES:TS:2014:737)
— STS 780/2014, de 30 de abril (ECLI:ES:TS:2015:1930)
— STS de 5 de mayo de 2014 (ECLI:ES:TS: 2014:2038)
— STS 218/2014, de 7 de mayo (ECLI:ES:TS:2014:2391)
— STS 733/2015, de 21 de diciembre (ECLI:ES:TS:2015:5263)
— STS 778/2015, de 20 de enero (ECLI:ES:TS:2015:429)
— SSTS 133/2015, de 23 de marzo (ECLI:ES:TS:2015:1425)
— STS 237/2015, de 30 de abril (ECLI:ES:TS:2015:1708)
— STS 434/2015, de 23 de julio (ECLI:ES:TS:2015:3443)
— STS 322/2015, de 23 de septiembre (ECLI:ES:TS:2015:3870)
— STS 732/2015, de 30 de diciembre (ECLI:ES:TS:2015:5629)
— STS 174/2016, de 17 de marzo (ECLI:ES:TS:2015:5263)
— STS 272/2016, de 22 de abril (ECLI:ES:TS:2016:1782)
— STS 336/2016, de 20 de mayo (ECLI:ES:TS:2016:2298)
— STS 360/2016, de 1 de junio (ECLI:ES:TS:2016:2567)
— STS 420/2016, de 24 de junio (ECLI:ES:TS:2016:2960)
— STS 436/2016, de 29 de junio (ECLI:ES:TS: 2016:3132)
— STS 626/2016, de 24 de octubre (ECLI:ES:TS:2016:4645)
— STS 675/2016, de 16 de noviembre (ECLI:ES:TS:2016:5104)

— STS 436/2016, de 29 de junio (ECLI:ES:TS:2016:3132)
— STS 739/2016, de 21 de diciembre (ECLI:ES:TS:2016:739)
— STS 420/2017, de 4 de julio (ECLI:ES:TS:2017:2720)
— STS 502/2017, de 17 de septiembre (ECLI:ES:TS:2017: 3280)
— STS 547/2017, de 10 de octubre (ECLI: ES:TS: 2017:3611)
— STS 636/2017, de 23 de noviembre (ECLI:ES:TS: 2017:4115)
— STS 422/2018, de 4 de julio (ECLI:ES:TS:2018:2636)
— STS 516/2018, de 20 de septiembre (ECLI:ES:TS: 2018:3187)
— STS 256/2019, de 7 de mayo (ECLI:ES:TS:2019:1440)
— STS 274/2019, de 21 de mayo (ECLI:ES:TS: 2019:1629)
— STS 298/2019, de 28 de mayo (ECLI:ES:TS:2019:1720)
— STS 459/2019, de 22 de julio (ECLI:ES:TS:2019:2667)
— STS 623/2019, de 20 de noviembre (ECLI:ES:TS: 2019:3760);
— STS 1/2020, de 8 de enero (ECLI:ES:TS:2020:12)
— STS 2/2020, de 8 de enero (ECLI:ES:TS:2020:8)
— STS 6/2020, de 8 de enero (ECLI:ES:TS:2020:17)
— STS 8/2020, de 8 de enero (ECLI:ES:TS:2020:18)
— STS 147/2020, de 4 de marzo (ECLI:ES:TS:2020:727)
— STS 453/2020, de 23 de julio (ECLI:ES:TS: 2020:2526)
— STS 479/2020, de 21 de septiembre (ECLI:ES:TS:2020:3013)
— STS 23/2021, de 25 de enero (ECLI:ES:TS:2021:239)
— STS 24/2021, de 25 de enero (ECLI:ES:TS:2021:117)
— STS 93/2021, de 22 de febrero (ECLI:ES:TS:2021:671)
— STS 671/2022, de 17 de octubre (ECLI:ES:TS:2022:3746)
— STS 792/2022, de 18 de noviembre (ECLI:ES:TS:2022:4248)
— ATS de 26 de abril de 2023 (ECLI:ES:TS:2023:4842A)
— ATS de 13 de septiembre de 2023 (ECLI:ES:TS:2023:11141A)
— ATS de 18 de octubre de 2023 (ECLI:ES:TS:2023:14224A)
— STS 1566/2023, de 13 de noviembre (ECLI:ES:TS:2023:4664)

Sentencias de Audiencias Provinciales

— SAP Cantabria de 14 de septiembre 2023 (ECLI:ES:APC:2023:1132)
— SAP Castellón de 15 de septiembre de 2023 (ECLI:ES:APC2023:921)
— SAP Madrid de 21 de septiembre de 2023 (ECLI:ES:APM:2023:2863)
— SAP Madrid de 3 de octubre de 2023 (ECLI:ES:AP:2023:14911)

IX. BIBLIOGRAFÍA

ÁLVAREZ MORENO, M. T., «Resolución del contrato de compraventa de vivienda por el incumplimiento del vendedor-constructor, al no entregar la vivienda con licencia de primera ocupación», *Comentarios a las sentencias de unificación de doctrina: civil y mercantil*, dir. por M. Yzquierdo Tolsada, v. V, 2016, pp. 105-125.
ALVENTOSA DEL RÍO, J., *La fianza: ámbito de responsabilidad*, Comares, Granada, 1988.

ANGULO RODRÍGUEZ, L., «Panorama de encuadre de las garantías personales atípicas», *Estudio de Derecho Mercantil en homenaje al profesor Manuel Broseta Pont*, Tirant Lo Blanch, v. I, 1995, pp. 135-154.

ASUA GONZÁLEZ, C. I., «La visión jurisprudencial de la garantía a primer requerimiento», *Cuadernos de Derecho Privado*, nº 7, 2023, pp. 10-44.

AÑÓN CALVETE, J., «Características de la Ley 57/1968, especial referencia a la sentencia de pleno de la sala civil del TS nº 218/2014, de 7 de mayo», *Revista Jurídica de la Comunidad Valenciana*, nº 53, 2015, pp. 7-32.

BARRÉS BENLLOCH, M. P., *Régimen jurídico del seguro de caución*, Aranzadi, Cizur Menor, 1996.

BUSTILLO SAIZ, M. M., *Sobre la atipicidad de las garantías a primera demanda y del seguro de caución*, Comares, Granada, 2014.

BATALLER GRAU, BOQUERA MATARREDONA, J., OLAVARRIA IGLESIA, J., *El contrato de seguro en la jurisprudencia del Tribunal Supremo*, Tirant lo Blanch, Valencia, 1999.

CABREJAS GUIJARRO, M. M., «Delimitación entre un aval a primer requerimiento y una fianza solidaria con cláusula de pago a primer requerimiento», *Revista CEFELEGAL*, nº147, 2013, pp. 164-169.

CAMACHO DE LOS RÍOS, F. J., *El seguro de caución*, Fundación MAFRE ESTUDIOS, Madrid, 1994.

CARRASCO PERERA, Á., *Fianza, accesoriedad y contrato de garantía*, La Ley, Madrid, 1991.

CARRASCO PERERA, Á., CORDERO LOBATO, E., GONZÁLEZ CARRASCO, M. C., *Derecho de la Construcción y la Vivienda*, Dilex, Madrid, 2008.

CARRASCO PERERA, Á., CORDERO LOBATO, E., MARÍN LÓPEZ, M., *Tratado de los Derechos de Garantía*, t. I, Thomson Reuters-Aranzadi, Cizur Menor, 2022.

CARRASCO PERERA, Á., «Una buena sentencia dentro de una jurisprudencia inestable: ¿cuándo puede resolver el comprador de vivienda por el retraso en el plazo pactado para la entrega? STS de 30 de diciembre de 2015 (RJ 2015/5748)», *Centro de Estudios de Consumo. Publicaciones Jurídicas*, 2016 (https://centrodeestudiosdeconsumo.com/images/CONTRATOS_INMOBILIARIOS/Una-buena-sentencia-dentro-de-una-jurisprudencia-inestable_cu%C3%A1ndo-puede-resolver-el-comprador-de-vivienda-por-el-retraso-en-el-plazo-pactado-para-la-entrega-.pdf).

CARRASCO PERERA, Á., «Garantías por cantidades adelantadas en compraventa de vivienda: un paso atrás», *Centro de Estudios de Consumo. Publicaciones Jurídicas*, 2020(https://centrodeestudiosdeconsumo.com/images/Garantias_por_cantidades_adelantadas_en_compraventa_de_vivienda-_un_paso_atras_.pdf).

CARRASCO PERERA, Á., «Avales de cuantía inferior a las cantidades adelantadas para la compraventa de viviendas» (https://www.ga-p.com/abogados/angel-carrasco-perera).

CASTELLANOS CÁMARA S. y SANCHO MARTÍNEZ, L., «Fianza civil y Mercantil», *Tratado de Contratos*, t. IV (dir. por R. Bercovitz Rodríguez-Cano y coord. por N. Moralejo Imbernón, S. Quicios Molina y S. López Maza), Tirant Lo Blanch, Valencia, 2024, pp. 5085-5185.

CERDÁ OLMEDO, M., *Garantía independiente*, Comares, Granada, 1991.

CLEMENTE MEORO, M., «El retraso y la resolución en la compraventa de inmuebles», *Estudios sobre incumplimiento y resolución*, dir. por I. González Pacanowska y C. L. García Pérez, Thomson-Reuters Aranzadi, Cizur Menor, 2014.

CLEMENTE MEORO, M., *La resolución de los contratos por incumplimiento: presupuestos, efectos y resarcimiento del daño*, Bosch, Barcelona, 2009.

DELGADO ECHEVERRÍA, J., «La mora del deudor», *Elementos de Derecho Civil*, II, v. I, *Parte general. Delito y cuasidelito*, Bosch, Barcelona, 1985.

DÍAZ MARTÍNEZ, A., «Cantidades anticipadas en la compraventa de vivienda en construcción. (Interpretación y aplicación jurisprudencial de la Ley 57/1968)», *Revista Doctrinal Aranzadi Civil-Mercantil*, n° 9, 2015 (BIB 2015\4804).

DÍAZ MARTÍNEZ, A., «La resolución de la compraventa de vivienda instada por el comprador en la reciente jurisprudencia: algunos reflejos de la depresión del mercado inmobiliario», *Revista Doctrinal Aranzadi Civil-Mercantil*, n° 7, 2013 (BIB 2013\2202).

DÍEZ-PICAZO, L., *Fundamentos de Derecho Patrimonial*, II, *Las relaciones obligatorias*, Thomson Civitas, Cizur Menor, 2008.

DÍEZ SOTO, C. M., «Cantidades anticipadas en la compraventa de vivienda y concurso del promotor», *Tratado de la compraventa. Homenaje al profesor Rodrigo Bercovitz*, t. II, Aranzadi, Cizur Menor, 2013, pp. 963-974.

DOMÍNGUEZ ROMERO, J., *La recuperación de las cantidades anticipadas por el adquirente de vivienda en construcción*, Tirant Lo Blanch, Valencia, 2010.

ECHEVERRÍA SUMMERS, F., «El contrato de compraventa de vivienda sobre plano», *Tratado de la Compraventa. Homenaje al profesor Rodrigo Bercovitz*, t. II, dir. por Á. Carrasco Perera, Thomson Reuters, Navarra, 2013, pp.1103-1114.

ESTRADA ALONSO, E., *Las garantías abstractas en el tráfico mercantil*, Civitas, Madrid, 2000.

GALICIA AIZPURUA, G., *Causa y garantía fiduciaria*, Tirant Lo Blanch, Valencia, 2012.

GALICIA AIZPURUA, G., «El derecho de regreso del fiador *solvens*: régimen sustantivo y clasificación concursal», *Anuario de Derecho Civil*, fascículo I, enero-marzo, 2023, pp. 7-74.

GARCÍA VICENTE, J. R., «Comentario a la Sentencia del 3 de julio de 2013. Resolución del contrato de compraventa de vivienda por retraso en el cumplimiento de la obligación de entrega. Indeterminación del plazo: cláusula abusiva», *Revista de Cuadernos Civitas de Jurisprudencia Civil*, n° 95, 2014 (BIB 2014\1607).

GIL RODRÍGUEZ, J., «Unidad y pluralidad de vínculos», *Manual de Derecho Civil*, II, *Derecho de obligaciones. Responsabilidad civil. Teoría General del Contrato*, Marcial Pons, 2000.

GUILARTE ZAPATERO, V., «La fianza», *Comentario del Código Civil*, Ministerio de Justicia, t. II, Madrid, 1991.

GÓMEZ-BLANES, P., *El principio de accesoriedad en la fianza*, Thomson Aranzadi, Cizur Menor, 2008.

GONZÁLEZ CARRASCO, M. C., «La constitución en mora y la resolución por incumplimiento contractual», *Estudios sobre incumplimiento y resolución*, dir. por I. González Pacanowska y C. L. García Pérez, Thomson Reuters Aranzadi, Navarra, 2014, pp. 291-319.

GÓNZALEZ CARRASCO, M. C., «Las garantías de devolución de las cantidades entregadas a cuenta del precio de la vivienda en construcción», *Las Garantías en el Derecho Mercantil: problemática actual*, coord. por Marqués Mosquera y De la Cámara Entrena, Cuadernos de Derecho y Comercio, Madrid, 2021, pp.839-870.

GONZÁLEZ CARRASCO, M. C., «Garantías por cantidades entregadas a cuenta del precio de la vivienda no entregada en estado de alarma (RD 463/2020 y DA1ª LOE)», *Centro de Estudios de Consumo. Publicaciones Jurídicas* (https://centrodeestudiosdeconsumo.com/index.php/4637-las-perlas-jur%C3%ADdicas-del-covid-19).

HERNÁNDEZ GIL, A., *Derecho de obligaciones*, t. III, Espasa Calpe, 1988.

HERNÁNDEZ MANZANARES, A., «Percibo de cantidades anticipadas en la construcción y venta de viviendas: doctrina jurisprudencial relativa a la Ley 57/1968, de 27 de julio», *Diario La Ley*, 2024.

IMAZ ZUBIAUR, L., *Fianza: Accesoriedad, subsidiariedad y solidaridad*, Atelier, Madrid, 2024.

KARRERA EGIALDE, M., «La fianza general (global)», *Revista Crítica de Derecho Inmobiliario*, n° 979, 2023, pp. 1339-1391.

LÓPEZ SAN LUIS, R., «El principio de accesoriedad en la fianza solidaria», *Libro Homenaje al profesor Bernardo Moreno Quesada*, v. II, coord. por Herrera Campos, Universidad de Granada, Universidad de Almería, Universidad de Jaén, 2000, pp. 446-475.

LÓPEZ SAN LUÍS, R., «Generación de confianza en el comprador por las entregas a cuenta en la adquisición de vivienda sobre plano y responsabilidad de las entidades avalistas. Comentario a la STS 8 de enero de 2020», *Cuadernos Civitas de Jurisprudencia Civil*, n° 114, 2020, pp. 237-250.

MARIMÓN DURÁ, R., «La garantía independiente o a primer requerimiento», *Las garantías en el Derecho mercantil: problemática actual*, coord. por Marqués Mosquera y De La Cámara Entrena, *Cuadernos de Derecho y Comercio*, Fundación Notariado, 2021.

MARTÍN FABA, J. M., «Régimen proyectado de garantías de cantidades entregadas a cuenta del precio en compras de viviendas», *Centro de Estudios de Consumo. Publicaciones Jurídicas* (http://centrodeestudiosdeconsumo.com).

MARTÍN FABA, J. M., «Las garantías por cantidades adelantadas «antes de la obtención de la licencia de edificación» en la DA 1.ª LOE», *Centro de Estudios de Consumo. Publicaciones jurídicas*, 2021 (https://centrodeestudiosdeconsumo.com/images/Regimen_proyectado_de_garantias_de_cantidades_entregadas_a_cuenta.pdf).

MARTÍN OSANTE, J. M., «La defensa de los consumidores en la compraventa de viviendas tras la entrada en vigor del texto refundido 1/2007», *Revista de Derecho Patrimonial*, n° 24, 2010 (BIB 2010\133).

MARTÍNEZ GÓMEZ, S., «Sobre las cantidades entregadas a cuenta del precio de viviendas en construcción: aportaciones a cooperativas y compra de viviendas alojativas», *Boletín de Novedades CESCO*, 2024 (http://centrodeestudiosdeconsumo.com/images/Sobre_las_cantidades_entregadas_a_cuenta.pdf)

MORALES MORENO, A., «La noción unitaria de incumplimiento en la Propuesta de Modernización del Código Civil», *Estudios sobre incumplimiento y resolución*, dir. por I. González Pacanowska y C. L. García Pérez, Thomson Reuters Aranzadi, Navarra, 2014, pp. 23-46.

NAVAS NAVARRO, S., «El incumplimiento de la obligación», *Manual de Derecho Civil*, II, *Derecho de obligaciones. Responsabilidad civil. Teoría general del contrato*, Marcial Pons, Madrid, 2000.

NAVAS NAVARRO, S., «La fianza», *Comentarios al Código Civil*, Lex Nova, Valladolid, 2010, pp. 1987-1988.

NAVARRO CASTRO, M., «La resolución de los contratos por incumplimiento anticipado», Estudios *sobre incumplimiento y resolución*, dir. por I. González Pacanowska y C. L. García Pérez, Thomson Reuters Aranzadi, Navarra, 2014, pp. 167-195.

NÚÑEZ ZORRILLA, M. C., *La problemática actual de las denominadas garantías independientes o autónomas*, Marcial Pons, Madrid, 2001.

ORTIZ DEL VALLE, M. C., «La doctrina del Tribunal Supremo sobre la anulabilidad de la compraventa de vivienda futura por vicio en el consentimiento con ocultación de irregularidades urbanísticas. Delimitación del riego cubierto por las garantías previstas en la legislación sobre cantidades anticipadas (STS de 12 de septiembre de 2016 (RJ 2016,4437)» (https://revistas.innovacionumh.es/index.php/lexmercatoria/article/view/544).

PÉREZ ÁLVAREZ, M. Á., *Solidaridad en la fianza*, Aranzadi, Cizur Menor, 1985.

PÉREZ VEGA, Á., «Algunas consideraciones tras la reforma legal en sede de la obligación del promotor de garantizar las cantidades entregadas a cuenta del precio para la compra de la vivienda», *Revista de Derecho Privado*, n° 40, 2016, pp. 167-195.

PLANA ARNALDOS, M. C., «Resolución y restitución», *Estudios sobre incumplimiento y resolución*, dir. por I. González Pacanowska y C. L. García Pérez, Thomson Reuters Aranzadi, Navarra, 2014, pp. 503-532.

REBOLLEDO VARELA, Á. L., «Compraventa de vivienda: reclamaciones del comprador por incumplimiento de la obligación de entrega conforme a lo pactado. Fecha de entrega, calidades, superficies, escritura pública, inscripción registral, cargas y gravámenes», *Revista Doctrinal Aranzadi Civil-Mercantil*, n° 6, 2005 (BIB 2005\1096).

REDONDO TRIGO, F., «Cantidades anticipadas por la compra de la vivienda en construcción. Incumplimiento por el promotor-vendedor del plazo de entrega», *Comentarios a las sentencias de unificación de doctrina: civil y mercantil*, dir. por Yzquierdo Tolsada, v. VI, 2016, pp. 113-126.

REGLERO CAMPOS, L. F., «Sentencia de 27 de mayo de 2004. Seguro de caución sobre reintegro de cantidades para la compra de viviendas. Ley 27 de julio 1968. Obligaciones del asegurado para obtener la indemnización pactada», *Cuadernos Civitas de Jurisprudencia Civil*, n° 67, 2005, pp. 325-360.

RUBIO GARRIDO, T., *Fianza solidaria, solidaridad de deudores y cofianza*, Comares, Granada, 2001.

SÁENZ DE JUBERA HIGUERO, B., «La responsabilidad por las cantidades anticipadas o entregadas a cuenta en la compraventa de viviendas en construcción», *Revista Crítica de Derecho Inmobiliario*, n° 778, 2020, pp. 1265-1292.

STRUCH STRUCH, J., *La nueva regulación de las cantidades anticipadas para la adquisición de viviendas en construcción*, Tirant Lo Blanch, Valencia, 2017.

TIRADO SUÁREZ, F. J., «Estudio sobre el carácter ejecutivo de la póliza de seguros de caución de cantidades anticipadas para la construcción de viviendas», *Problemas actuales de la justicia*, coord. por Moreno Catena, Tirant Lo Blanch, Valencia, 1988, pp. 593-604.

VERDERA SERVER, R., «Los avales prestados en la compraventa con cantidades aplazadas conforme a la Ley 57/1968», *Tratado de compraventa. Homenaje al profesor Rodrigo Bercovitz*, t. II, Aranzadi, Cizur Menor, 2013, pp. 975-986.

VITERI ZUBIA, I., *El pago anticipado en las obligaciones a plazo. El derecho al reembolso anticipado en el sector específico del crédito*, Tirant lo Blanch, Valencia, 2013.